Torsten Sasse
Michael Haase

Im Schatten der Pyramiden

Torsten Sasse
Michael Haase

IM SCHATTEN DER PYRAMIDEN

Spurensuche
im Alten Ägypten

ECON

Die Deutsche Bibliothek – CIP-Einheitsaufnahme
Sasse, Torsten:
Im Schatten der Pyramiden : Spurensuche im alten Ägypten /
Torsten Sasse ; Michael Haase. –
Düsseldorf: ECON, 1997 (2. Auflage 1998)
ISBN 3-430-17903-3
NE: Haase, Michael:

Lektorat: Claudia Schlottmann
Gesetzt aus der Bembo, Linotype
Satz und Lithografie: Heinrich Fanslau GmbH, Düsseldorf
Papier: Papierfabrik Schleipen GmbH, Bad Dürkheim
Druck und Bindearbeiten: Graphischer Großbetrieb Pößneck
Printed in Germany
ISBN 3-430-17903-3
2. Auflage 1998

Für meine lieben Freunde Elisabeth und Erich von Däniken, die mich lehrten, keine Angst zu haben vor kühnen Gedanken und daß ein phantastischer Traum schnell zur Realität werden kann.

Torsten Sasse

Für meine liebe Frau Christine Mende und meine lieben Eltern Erika und Heinz Haase, die mir stets Kraft und Zuversicht für meine Arbeit gaben.

Michael Haase

Inhalt

Danksagung

Kein Buch schreibt sich von allein, und niemand schreibt ein Buch ohne die Hilfe und Unterstützung von Familie, Freunden, Kollegen und wohlmeinenden Fachleuten. Deshalb wollen wir an erster Stelle unseren Frauen Jeannette Reichert (und ihrem Sohn Philipp) und Christine Mende danken, ohne deren Liebe, Verständnis und unschätzbare Hilfe wir nicht so effektiv und in Ruhe hinter unseren Computern und in den Filmstudios hätten arbeiten können. Unsere lieben Eltern, Ellen und Herbert Sasse sowie Erika und Heinz Haase, mögen uns verzeihen, daß wir uns in den letzten Monaten sehr rar gemacht haben. Wir bedanken uns bei ihnen mit diesem Buch für ihre Geduld und ihren moralischen Beistand.

Film und Buch »Im Schatten der Pyramiden« wären sicherlich nicht entstanden ohne das große Engagement und die grundlegenden fachlichen Arbeiten von Rudolf Gantenbrink, dem wir zu Dank verpflichtet sind und von dem wir hoffen, daß er der Archäologie noch eine Weile erhalten bleibt.

Dank auch an Friedemann Rehse, unseren Kameramann, an die Cutterin Anette Lahmann und den Cutter Salar Ghazi, die Toningenieure Reiner Penzholz und Oliver Lumpe, den Sprecher Thomas Schwarz, die Produzenten Wolfram Deutschmann und Armin Fausten (Kick-Film), die Computerspezialisten Francesco Sacco und Christian Würdemann, den Redakteur Pierre A. Le

Page sowie an die ARD-Kontraste-Redaktion, insbesondere an Jürgen Engert und Hermann Engelbrecht, und last but not least an Harald Prokosch, Gerhard Horstmeier, Stanley Schmidt und Christiane Jontza von der SFB-Abendschau für die wohlwollende Unterstützung.

In Ägypten unterstützten uns Professor Rainer Stadelmann, der Journalist Michel Rauch, der Generalsekretär der Antikenverwaltung Mohamed Nur-el-Din, der Chef des Giza-Plateaus Zahi Hawass und der Ägyptologe und Giza-Inspektor Henry M. Ayoud.

Wertvolle fachliche Ratschläge erhielten wir zudem von den Ägyptologen Dr. Rolf Krauss (Berlin) und Dr. Rosemarie Klemm (München), dem Geologieprofessor Dietrich Klemm (München) sowie von Dr. Hans Gaier (LINDE Gastechnik/München), dem Experimentalphysiker Horst-Detlef Gassmann (HILTI Bohrtechnik/Liechtenstein) und dem Chef der Baulogistik/Potsdamer Platz Dr. Wilhelm Maier.

Ein herzliches Dankeschön geht in die Schweiz an Erich von Däniken (Beatenberg), der bereitwillig sein unerschöpfliches Archiv für uns öffnete und immer uneigennützig für uns da war. Dasselbe gilt für den Diplombibliothekar Ulrich Dopatka (Bern/Schweiz).

Für das zusätzlich bereitgestellte Bildmaterial danken wir Christine Mende, Erich von Däniken und Reiner Penzholz sowie Constanze Schargan, die drei wunderbare Zeichnungen entwarf, die sich nahtlos in unser Bildkonzept einpaßten.

Besonders bedanken möchten wir uns an dieser Stelle bei den Mitarbeitern des ECON-Verlages, allen voran beim Programmleiter Lutz Dursthoff und bei unserer Lektorin Claudia Schlottmann, die uns beim Schreiben des Buches unschätzbare Dienste leisteten, sowie bei Hans Winkens für die Herstellung.

Abschließend wollen wir auch unsere Freunde und Bekannten nicht vergessen, mit denen wir während der letzten Jahre geistig und praktisch auf den Spuren der Pyramiden wandelten und viel über diese grandiosen Bauwerke der alten Pharaonen diskutierten. Stellvertretend seien Dirk Brakebusch, Jörg Dendl, Claudia und Peter Fiebag, Johannes Fiebag, Sigrid und Jürgen Fiebiger, Manuela und Michael Franzkowski, Tanja und Thomas Heinrich und Frank Werner erwähnt.

Torsten Sasse und Michael Haase
Berlin, Februar 1997

Einleitung

Im Schatten der ägyptischen Pyramiden, nahezu unbemerkt von der Öffentlichkeit, ereignet sich gegenwärtig der größte Skandal der modernen Archäologie. Vor vier Jahren schon nahm er seinen Anfang, und kein Ende ist in Sicht. Die Totenstadt von Giza bei Kairo hat sich in einen Jahrmarkt der Eitelkeiten verwandelt. Ehrgeiz und Enttäuschung, Neid und Ränkespiele lösen einander ab – und das alles unter dem Deckmantel der Wissenschaft.

Die Beteiligten:
Rudolf Gantenbrink, ein engagierter, idealistischer Ingenieur aus München, eine Mischung aus »Tatmensch« und »Denkmaschine«, der sich Hals über Kopf in die Cheops-Pyramide verliebt, ins Abenteuer stürzt und dabei eine phantastische Entdeckung macht;
Prof. Rainer Stadelmann, der international anerkannte große Herr der deutschen Ägyptologie, der Ärger und Aufregung möglichst vermeiden will;
und schließlich die Verantwortlichen der ägyptischen Antikenverwaltung, die mißtrauisch wie der Sphinx über ihre Pfründe wachen.

Das Objekt der Begierde:
Eine winzige, geheimnisvolle Tür am Ende eines Schachtes, tief im Mauerwerk der Cheops-Pyramide verborgen. Eine Tür, die es eigentlich gar nicht geben dürfte. Denn für die Ägyptologen

ist alles denkbar, nur eines nicht: eine »Pforte«, die man womöglich öffnen kann und die den Weg freigibt in eine dahinterliegende Kammer.

Die Opfer:
Der Fortschritt, die wissenschaftliche Forschung und damit letztlich wir alle.

Dabei hatte sich in den vergangenen Jahren doch alles so wunderbar beruhigt und im Sinne der Wissenschaft gefügt. Alle Versuche von sensationslüsternen »Schatzsuchern«, den altägyptischen Monumenten die letzten Geheimnisse abzutrotzen, waren gescheitert. Sie hatten begreifen müssen, daß es nichts mehr zu enträtseln gab: keine Kammern, keine Gänge, keine Schätze. Kaum ein antikes Bauwerk war schließlich so gut erforscht wie das letzte noch existierende Weltwunder, das rund 4600 Jahre alte Grabmal von Pharao Cheops.
Seit Napoleon 1798 nicht nur Soldaten, sondern auch Gelehrte in Ägypten aufmarschieren ließ und damit das Zeitalter der Ägyptologie begründete, hat diese junge Wissenschaft rasante Fortschritte gemacht. Eine der größten und wichtigsten Kulturen der Menschheitsgeschichte erwachte wieder zum Leben. Unzählige Forschergenerationen bereisten das alte Land am Nil, setzten den Spaten an und wurden postwendend fündig. Kaum ein Tag verging, an dem sie nicht irgendwo zwischen Assuan und Kairo einen Tempel vom Sand der Jahrtausende freischaufelten oder eine neue Pyramide entdeckten. Auch das Geheimnis der Hieroglyphen hielt dem Genie eines gewissen Jean-François Champollion nicht lange stand. Ihm gelang die Entzifferung der fremdartigen Schriftzeichen. Für seine Nachfolger ebnete er so den Weg, nicht nur die grandiosen Bauwerke Ägyptens besser zu verstehen, sondern auch tief in die Gedankenwelt eines faszinierenden Volkes einzutauchen.
Hervorragende Gelehrte, ebenso wie Abenteurer und Schatzsucher mit klangvollen Namen begaben sich in den folgenden zwei Jahrhunderten auf Spurensuche: Giovanni Battista Caviglia,

Richard Howard-Vyse, Auguste Mariette, Karl Richard Lepsius, Gaston Maspero, George Andrew Reisner, Wayman Dixon, William Flinders Petrie, Ludwig Borchardt, Jean Philippe Lauer und viele andere mehr. Sie alle fanden in mühevoller Kleinarbeit heraus, wie das alte Ägypten entstanden ist, wie seine Einwohner lebten, was sie aßen, wie sie dachten und an welche Götter sie glaubten. Die Wissenschaftler der Moderne entzifferten Inschriften, verglichen ihre Grabungsergebnisse und machten sich schließlich daran herauszufinden, wie ein vermeintlich primitives Steinzeitvolk in der Lage war, etwas so Grandioses zu errichten wie die Pyramiden. Die phänomenalen Grabmäler wurden freigelegt und vermessen, wissenschaftlich geradezu seziert und vor allem entmythologisiert. Auf keiner einzigen der über neunzig ägyptischen Pyramiden lag ein Fluch des Pharao, es gab darin keine Schätze à la Tutanchamun, keine grausamen Todesfallen nach Hollywood-Art, in denen unerschrockene Grabräuber in ihrer Gier nach Gold und Edelsteinen qualvoll verendeten, keine Schatzkammern – und sie beinhalteten auch keine mystischen, mathematischen oder esoterischen Botschaften. Kurzum: Die Pyramiden waren zwar architektonische Meisterwerke, deren Baumeister zweifellos über ein erstaunliches technisches Knowhow verfügten, aber damit hatte es dann auch sein Bewenden. Bald, so schien es, hatte die Archäologie das allerletzte Rätsel geknackt. Überraschungen, fundamentale neue Erkenntnisse waren nicht mehr zu erwarten. Das Zeitalter der Entdeckungen schien endgültig vorbei. Viele Ägyptologen begannen, es sich in ihrem Schneckenhaus – oder in ihrem Elfenbeinturm, ganz wie man will – bequem zu machen. Als oberstes Ziel galt nicht mehr die spektakuläre Ausgrabung, sondern die Katalogisierung und Auswertung bereits bekannter Funde sowie deren Ausstellung in Museen für die breite Öffentlichkeit. Eine ehrenwerte, notwendige, interessante, aber wenig aufregende Tätigkeit.

Doch diese trügerische Ruhe wurde am 22. März 1993 mit, für wissenschaftliche Verhältnisse, brachialer Urgewalt zerstört. An jenem Tag nämlich erbrachte Rudolf Gantenbrink den Beweis, daß sich seriöser Forscherehrgeiz, Neugierde und Abenteuerlust keineswegs zwangsläufig ausschließen. Und zahllose Archäologen rund um den Globus schreckten nach langer Zeit wieder einmal aus ihrem selbstgewählten Winterschlaf auf und blickten mit einer Mischung aus Erstaunen und Entsetzen in die gleißende Sonne Ägyptens.

Denn Gantenbrink hatte etwas getan, was die klassische Ägyptologie zwar nicht rundweg ablehnt, jedoch mit Scheu und Skepsis betrachtet: Der Ingenieur aus München hatte die Mittel moderner Hochtechnologie in einem eher konservativ eingestellten Wissenschaftszweig eingesetzt. Natürlich sind die Altertumsforscher unserer Tage längst nicht mehr nur mit Hacke und Spaten bewaffnet, gleichwohl haftet ihnen noch immer der Ruf an, weltfremde Sonderlinge zu sein, die nicht so recht in der Gegenwart zu Hause sind.

Der Skandal war vorprogrammiert. Der unkonventionell agierende Gantenbrink war zutiefst überzeugt, daß das Pyramidenrätsel noch immer nicht vollständig gelöst war, und er hatte es sich in den Kopf gesetzt, nach neuen Wegen in die alte Weit zu suchen. Doch da war es bereits zu spät. Kurz nach der Erkundung eines mysteriösen, noch unerforschten Schachtes, an dessen Ende sich besagte »Tür« befand, kam es zum Bruch. Der Cheops-Krimi aber, von dem wir in diesem Buch erzählen wollen, sollte erst beginnen.

1996 entstand zu diesem Thema unser Dokumentarfilm »Im Schatten der Pyramiden«, produziert im Auftrag des »Sender Freies Berlin« und der »Deutschen Welle« und mittlerweile auch von der ARD ausgestrahlt. Was passiert, wenn ein Fachmann und ein Laie aufeinanderstoßen? Warum werden wichtige Forschungsprojekte blockiert? Ursprünglich beschäftigten uns nur diese Fragen. Doch je tiefer wir in die Materie eintauchten, um so klarer wurde uns: Mit Ägyptens Vergangenheit stimmt etwas nicht! Es gibt noch viele Geheimnisse, viele Fragen, deren Antworten wir nicht kennen, Nüsse, die wir noch knacken müssen.

Kunst und Können der alten Baumeister waren viel größer als wir bisher glaubten. Tatsächlich steht die Altertumswissenschaft in vielen Bereichen noch ganz am Anfang. Dies ist kein Vorwurf, sondern ein Faktum. Und Tatsache ist auch: Die klassische Archäologie allein ist an den Grenzen ihrer Möglichkeiten angelangt. Die schon bestehende interdisziplinäre Zusammenarbeit mit den Natur- und Ingenieurwissenschaften muß ausgeweitet werden. Die Pyramiden Ägyptens, diese Gebirge aus Stein, werfen ihre mächtigen Schatten in die unendliche Wüste und verdecken damit zahlreiche wichtige Spuren; so beeindruckt sind wir von den gewaltigen, tonnenschweren Kalksteinblöcken der Pyramiden, daß wir die winzigen Hinweise auf das Wirken der altägyptischen Architekten gänzlich übersehen: Sägespuren beispielsweise oder Bohrungen im harten Granitgestein, die einem sprachwissenschaftlich ausgebildeten Altertumsforscher nichts bedeuten, einem Techniker hingegen wertvolle Informationen liefern können. Diese vermeintlichen Kleinigkeiten sind es, denen wir uns in diesem Buch zuwenden wollen. Kleinigkeiten, die ein völlig neues Licht auf die Pyramiden werfen, die uns zeigen, daß das Zeitalter der Entdeckungen eben doch noch nicht zu Ende ist, sondern – im Gegenteil – gerade erst beginnt.

Um Mißverständnissen vorzubeugen, sei hier nachdrücklich betont: Die klassische Ägyptologie hat in der Vergangenheit unschätzbar wertvolle Arbeit geleistet. Sie tut dies gegenwärtig und wird auch in Zukunft unersetzlich bleiben. Doch zuweilen fehlt es ihr an kühner Phantasie und frischem Mut, die notwendig sind, um losgelöst von alten Denkmustern zu neuen Erkenntnissen zu kommen. Insofern gründet sich dieses Buch auf den reichen Erfahrungs- und Wissensschatz der Forschung, nimmt sich aber gleichwohl die Freiheit, überall dort, wo ihre »gesicherten Erkenntnisse« unzureichend oder widersprüchlich erscheinen, unbefangen nachzuhaken und Fragen zu stellen.

Bevor wir nun jedoch abseits aller Touristenpfade auf Spurensuche gehen, müssen die historischen Grundlagen definiert sein, welche die ägyptische Hochkultur erst möglich machten und deren Überreste uns heute noch genauso faszinieren wie die Menschen des Mittelalters und der Antike. Unsere Reise führt uns weit zurück in die Vergangenheit, als Europa noch am Rand der Steinzeit lebte und die ersten Kulturen im Orient sich anschickten, das »Licht der Erkenntnis« in die Welt hinauszutragen.

Die Eckpunkte unseres Zeitintervalls bilden zwei mächtige Pharaonen: Snofru und Sahure. Sie sind zwar längst nicht so berühmt wie beispielsweise Cheops oder Ramses II., aber sie zählen gleichwohl zu den Großen ihrer Dynastien. Zwischen dem Wirken von Snofru, dem Begründer der sogenannten 4. Dynastie, und Sahure, einem König der 5. Dynastie, liegen etwa eineinhalb Jahrhunderte. In diesem Zeitraum wurden die größten und aufwendigsten Pyramidenkomplexe Ägyptens gebaut. Daß sie die Jahrtausende überdauerten, ist nicht nur das Verdienst einer religiösen Idee, die sich wohl auch hinter dem Pyramidenbau verbirgt, sondern vielmehr der Triumph der altägyptischen Baumeister. Von daher ist dieses Buch nicht zuletzt dem Intellekt und dem Können der Architekten und Organisatoren der beeindruckendsten Bauwerke auf unserer Erde gewidmet.

Zu Beginn des Raumfahrtzeitalters und einer weltumspannenden Computervernetzung erscheinen uns diese steinernen Riesenbauten wie Rätsel aus einer Zeit jenseits der menschlichen Vorstellung. Auch wenn jene glanzvolle Epoche Ägyptens Jahrtausende zurückliegt, stehen wir heute dennoch staunend und ehrfürchtig vor den Überresten dieser Kultur, deren Erhaltung zu den wichtigsten Aufgaben unserer Zeit gehört.

I

Zwischen Raum und Zeit

Der frühe Grabkult in Ägypten

»Diese Zeit ist uns so weit entrückt, daß wir über die politischen und wirtschaftlichen Verhältnisse, die hochentwickelte Technik, die künstlerische Meisterschaft und das religiöse Weltbild – Aspekte, die innerhalb der nächsten fünfhundert Jahre viele beherrschende Züge des antiken Ägyptens prägten – größtenteils nur spekulieren können.«

Peter A. Clayton
über die frühdynastische Epoche Ägyptens

Ein Land vor unserer Zeit

Der Anfang ...
Weit vor Beginn unserer eigenen Geschichte, als die europäischen Kulturen noch nicht geboren waren, entstand an den Ufern des Nils wie aus dem Nichts eine Kultur, die sich zu einer der außergewöhnlichsten in der gesamten Menschheitsgeschichte entwickeln sollte: das Ägypten der Pharaonen. Nach den Überlieferungen des ägyptischen Priesters Manetho (um 300 v. Chr.), auf den die heute gültigen Eckdaten der Chronologie Altägyptens zurückgehen, und den Berechnungen moderner Ägyptologen, lag die Geburtsstunde des legendären Pharaonenimperiums etwa 3 100 Jahre vor unserer Zeitrechnung.[1] Diesem

historischen Ereignis waren lange Auseinandersetzungen zwischen unterschiedlichen am Nil lebenden Volksgruppen vorausgegangen. Erst als die letzte Schlacht geschlagen war, das nomadenhafte Hirtenvolk aus dem Niltal (Oberägypten) über den seßhaften Bauernstaat im Nildelta (Unterägypten) siegte, begann ein langsamer, sich über mehrere Generationen hinziehender Prozeß der »Vereinigung beider Länder«, aus dem sich schließlich der erste Pharaonenstaat entwickelte. Einem gewissen »Menes« war es vergönnt, als legendärer Gründerheros des ägyptischen Einheitsstaates in die Geschichtsschreibung einzugehen. »Menes«, bis heute eine mythische, gesichtslose Gestalt, wird von den Ägyptologen mit den historischen Königen Narmer (»Attackierender Wels«) oder Hor Aha (»Zupackender Falke«) identifiziert. Mit ihnen begann die etwa 400 Jahre währende sogenannte frühdynastische Epoche (1. und 2. Dynastie, um 3100–2700 v. Chr.) der altägyptischen Geschichte.
Dies war eine Zeit der Neuorientierung, aber auch des sprunghaften kulturellen Wachstums. Ähnlich wie wir es in unserer Zeit bei der Wiedervereinigung Deutschlands miterleben, mußten auch vor 5 000 Jahren im zwangsvereinigten Ägypten unzählige menschliche und verwaltungstechnische Hürden genommen, die Bedürfnisse und Anforderungen zweier zwar ähnlicher, aber eben doch unterschiedlicher Volksgruppen befriedigt werden. Ab diesem Zeitpunkt trat auch eine intellektuelle Elite auf den Plan, Mathematiker, Astronomen und Techniker, die die Geschicke der jungfräulichen Hochkultur am Nil mitlenken sollten. Nur ihrem Können und der Potenzierung ihrer Intelligenz war es letztlich zu verdanken, daß sie eine Bresche in das Dickicht der menschlichen Unwissenheit jener Tage schlugen: Ägypten, das »Licht des Ostens«, hatte begonnen, in hellem Glanz zu erstrahlen.
... das Ende und die »Wiedergeburt«:
Als die Ägypter dem griechischen Historiker Herodot im 5. vorchristlichen Jahrhundert am Fuße des Giza-Plateaus so manche Geschichte über das Pharaonenreich erzählten, hatten die in seinem Blickfeld befindlichen Pyramiden schon mehr als 2000

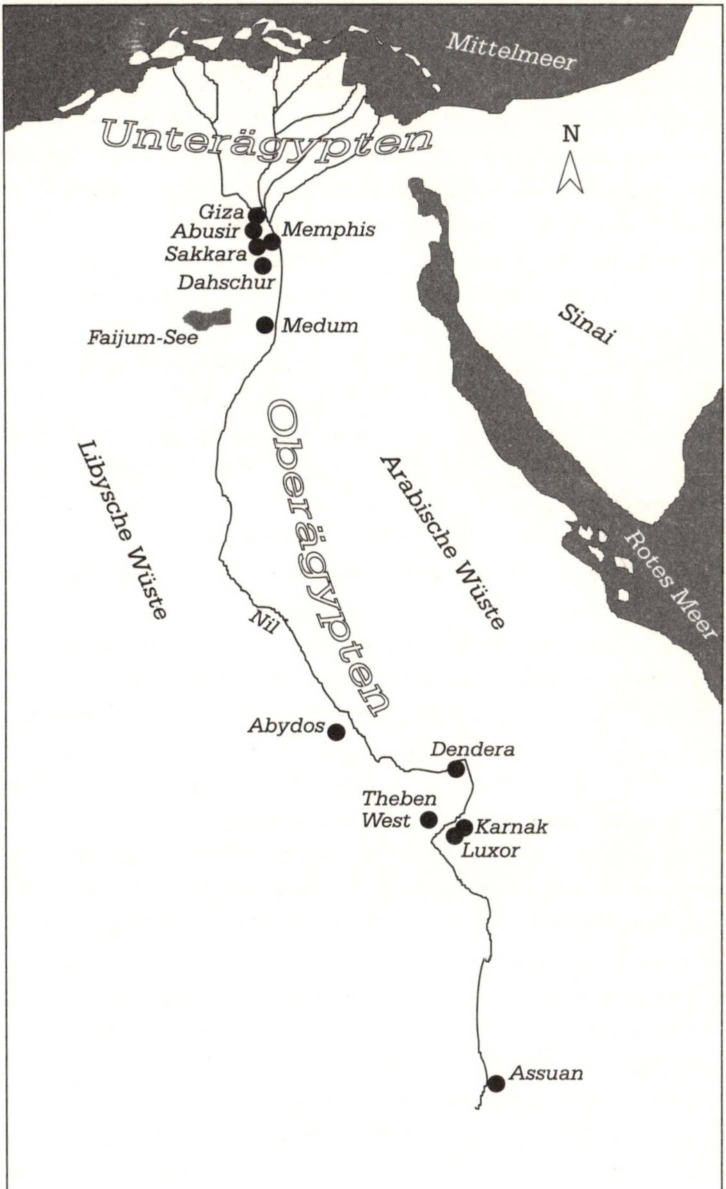

Wichtige archäologische Stätten in Ägypten. *(Skizze: Michael Haase)*

Jahre lang ihre Schatten über die königliche Nekropole geworfen. Längst war Ägypten durch fremde Götter infiltriert, die altägyptische Kultur, die sich lange Zeit durch ihre Homogenität und Kontinuität auszeichnete, durch so manche Besatzungsmacht, die am Nil regierte, »entstellt«. Das einst so mächtige Pharaonenimperium war nur ein Schatten seiner selbst, driftete in die kulturelle und politische Bedeutungslosigkeit, wurde zum Spielball der neuen Herren des östlichen Mittelmeerraumes.

Als über 800 Jahre später, zu Beginn des 4. Jahrhunderts, die letzten ägyptischen Tempel geschlossen wurden, verschwand eine über 3400 Jahre alte Kultur endgültig im Nichts. Die Hieroglyphenschrift geriet in Vergessenheit, das Wissen um die pharaonischen Sitten und Bräuche versank im Nebel des Vergessens, Legenden und Mythen entstanden. Schon früh im 1. nachchristlichen Jahrtausend standen die Bewohner Ägyptens nur noch staunend und kindlich unwissend vor den Ruinen ihrer Vorfahren. Diese »Demontage« der altägyptischen Kultur, mit der Christianisierung eingeleitet, wurde durch das »Schwert Allahs«, die islamische Eroberung Ägyptens, im frühen Mittelalter konsequent fortgesetzt und ist selbst heute in so manchen Köpfen extremer islamischer Fundamentalisten noch nicht abgeschlossen.

Nur vereinzelt sind uns spätantike und frühmittelalterliche Arbeiten über die »heidnischen Bauten«, wie die Pyramiden und Tempel von Christen und Arabern genannt wurden, überliefert worden. Viele dieser durch Mutmaßungen, Spekulationen und eigene kulturelle Dogmen geprägten Beschreibungen werden heutzutage von den Ägyptologen nur bedingt ernstgenommen, stellen sie doch oft ein verzerrtes Bild von der Geschichte des pharaonischen Ägypten dar.

Das große Erbe der alten Nilkultur wäre wohl vollkommen verlorengegangen, wenn nicht im Zeitalter der Aufklärung im feudalistischen Europa das Interesse an fremdländischen, vor allem an orientalischen Sitten und Gebräuchen wiedererwacht wäre. Infolgedessen wurde die alte Kultur am Nil hof- und salonfähig, die Erforschung altägyptischer Altertümer eingeleitet und bis

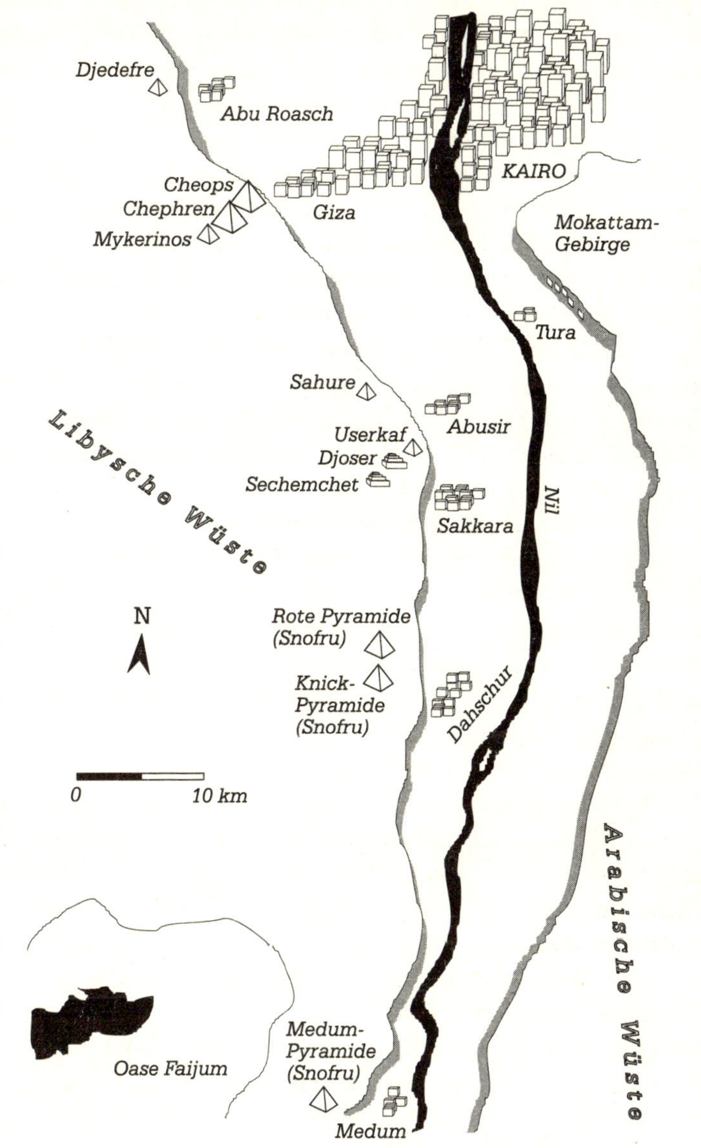

Wichtige Pyramidenanlagen zwischen Abu Roasch und Medum.
(Skizze: Michael Haase)

heute vorangetrieben, gemäß dem Motto: »Der Geist der Pharaonenzeit ist zwar vergangen, aber nicht tot«.[2] Das alte Ägypten hatte begonnen, sein Schweigen zu brechen.

Religion, Kult und Grabbau

Wir blicken derzeit auf fast 200 Jahre ägyptologischer Forschung zurück. Die Gelehrten unserer Tage wüßten nur sehr wenig über die alte Kultur am Nil, hätten die Ägypter nicht aufgrund ihrer tiefen Religiosität unzählige monumentale, mit Inschriften übersäte Tempel errichtet, vor allem aber ihre Gräber für ein Weiterleben nach dem Tode mit kostbaren Beigaben ausgerüstet. Nirgendwo anders auf unserem Planeten wurden dabei auf so engem Raum mehr archäologische Reichtümer im Boden versenkt als auf dem etwa 1 000 Kilometer langen und nur wenige Kilometer schmalen Fruchtlandstreifen entlang des Nil. Große Teile dieses Kulturerbes aus einer Zeit, als Paläste und Göttertempel entstanden und die Wüste entlang des Nil einer riesigen Totenstadt glich, sind glücklicherweise erhalten geblieben.
Überall begegnen den Archäologen und den Touristen heute mit den dekorativen Tempeln oder aufwendig gestalteten Grabanlagen Spuren der religiös-mythologischen Vorstellungen der ägyptischen Vergangenheit. Wie ein roter Faden zieht sich der Glaube an überirdische Mächte und Kräfte im Diesseits und im Jenseits durch die Geschichte der Ägypter. Kultische Handlungen, ausgeführt von mächtigen, in Priestergewänder gehüllten Eminenzen, die hinter den Königen standen, prägten das gesellschaftliche Leben des Landes, definierten Politik, Rechtsprechung, sogar den Alltag der Menschen.
Besonders ausgeprägt waren die Vorstellungen der Ägypter vom Leben nach dem Tod. Anders als in unserer heutigen, von Katastrophen gepeinigten Zeit, da das Sterben medienwirksam via Satellit in jeden Haushalt gelangt und allein der Gedanke an die eigene Vergänglichkeit als Schreckgespenst viele regelrecht lähmt, machte der Tod die Ägypter nicht apathisch, sondern

regte ihre Schöpferkraft und Phantasie sogar noch an. Fest in dem Glauben, daß der körperliche Tod nicht das Ende des menschlichen Daseins ist, sondern lediglich ein Übergangsstadium, dem ein zweites, ewiges Leben im Jenseits folgt, strebten die Ägypter in dieser anderen Welt ein vergleichbares Leben wie auf Erden an. So entwickelten sie spezifische Riten, die diesem Glaubensdogma entsprachen und anhand festgelegter Regeln vollzogen wurden: Die sterblichen Überreste mußten für ein Weiterleben präpariert, mit den notwendigen Grabbeigaben für das Jenseits ausgerüstet und an einem sicheren und geschützten »Ort für die Ewigkeit« plaziert werden. Zu ihrem ewigen Andenken wurde ein ausgeklügelter und kompliziert wirkender Totenkult zelebriert.
Die Pyramiden, die Gräber der Könige, waren solche speziellen Orte, wie archäologische Grabungen sowie diverse schriftliche Überlieferungen eindeutig belegen. Umgeben von einem komplexen System sakraler Bauwerke, die einzig und allein dem Toten- und Verehrungskult des Königs dienten, stellten sie für die Ägypter »Tore« zu einer besseren Welt dar.
Wie erklärt sich dieser »Gigantismus«, den die Ägypter im Zusammenhang mit der Bestattung ihrer Könige betrieben? Ebenso wie zukünftige Archäologen in einem fernen Jahrtausend die religiösen Sprüche auf den Grabsteinen unserer Friedhöfe nicht werden deuten können, ohne etwas von unserer christlichen Glaubenslehre zu verstehen, mußten die Archäologen unserer Tage sich eingehend mit den Grundprinzipien der ägyptischen Religion beschäftigen, um die Ursprünge des monumentalen Grabbaus in Ägypten ergründen zu können. Sie kamen zu dem Ergebnis: Ausschlaggebend für die Entwicklung des spezifischen Grabkults in Ägypten war die Stellung des Königs innerhalb der ägyptischen Gesellschaft. Besonders gut läßt sich dies an den Jenseitsvorstellungen erkennen, die im klassischen Pyramidenzeitalter vorherrschten: Zum einen gab es das Bestreben nach »Fortdauer über den Tod hinaus«,[3] eine einfache Formel, nach der der normale Ägypter zwar sterben mußte, seine Seele aber im Jenseits weiterexistieren konnte. Zum anderen treffen wir auf die

wahre »Unsterblichkeit«, die nach den Vorstellungen der Ägypter den Tod negiert und ewig währt. Während normale Menschen auf eine Fortdauer nach dem Tode hoffen durften, war diese Unsterblichkeit im Alten Reich das Vorrecht einer einzigen Person, des Königs. Nur ihm, in dem die Ägypter ein auf Erden wandelndes »Abbild« ihres Weltengottes Horus sahen, war es vergönnt, eine höhere Existenzform zu erlangen.

Das hatte seine Gründe: Der König war der »Garant für seine Zeit« und hatte Kraft seiner gottgleichen Autorität für die »Einhaltung der Ordnung der Welt im Auftrag der Götter«[4] zu sorgen. Praktisch bedeutete dies: Sein Wirken und Wohlergehen brachte der ganzen Gesellschaft Frieden, Fruchtbarkeit und Gerechtigkeit. Dabei war sein Operationsgebiet nicht auf das Diesseits beschränkt. Wie im Leben nahm er auch im Jenseits eine Mittlerrolle zwischen Menschen und Göttern ein. Damit zog er »sozusagen seine ganze Gesellschaft mit sich nach in das Jenseits und garantierte ihnen durch sein Weiterleben ebenfalls das Weiterleben.«[5]

Außerdem konnte der nach seinem Tode unsterblich gewordene König als Mittler zwischen den Welten seine Hände auch schützend über die Gräber seiner ehemaligen Untertanen halten. Dies zeigt sich unter anderem darin, daß man in der unmittelbaren Umgebung der königlichen Friedhöfe des Alten Reiches unzählige private Gräber vorfindet, deren Existenz das besondere, fast ideologisch gesteuerte Verhältnis zwischen dem König und einer kleinen Schar privilegierter Untergebener – Beamter und Priester – widerspiegelt. Nur diese Staatsdiener, die sich das Wohlwollen des Königs erarbeiteten, konnten darauf hoffen, daß ihnen die nötigen Handwerker zur Verfügung gestellt, kostbare Gegenstände für die Grabausrüstung gestiftet, vor allem aber begehrte Bauplätze in der Nähe der Königsnekropole zugewiesen wurden. Neben diesen materiellen Vorteilen erwarben sie durch diverse Titel im diesseitigen Leben eine biographische Bedeutsamkeit, die ihnen eine Art Unsterblichkeit im Gedächtnis der nachfolgenden Generationen sicherte. Kurzum: Die Einflußnahme des Königs auf den Totenkult der Beamten und Priester

machte diese offiziellen, »vom König versorgten« Gräber zum Statussymbol ganzer Generationen.
Vor diesem Hintergrund wird klar, daß die Ägypter nicht zum Bau der königlichen Grabanlagen gezwungen werden mußten, Sklaventum aus den eigenen Reihen war nicht notwendig: Alle Aktivitäten im Dienste des Königs wurden auf der Grundlage des Glaubens im Zusammenhang mit dem kosmischen Gleichgewicht der Welt gesehen, das es zu erhalten galt. Der monumentale Bau, die Pflege und Verehrung des königlichen Grabes waren für die Ägypter ein »Akt der Bekenntnis zum Gottesstaat«[6] und gleichzeitig die »Eintrittskarte« in ein gesegnetes Jenseits. Nur auf dieser religiösen Grundlage läßt sich die Einzigartigkeit der monumentalen Grabmäler in Ägypten erklären. Sie waren im wahrsten Sinne des Wortes religiös notwendig, um dem König ewige Unsterblichkeit zu gewährleisten, der seinerseits für das Wohlergehen des Volkes sorgen konnte. In diesem Sinne kann man die Pyramiden als »Erkennungsmarken«, als Symbole einer universellen Existenz des Glaubens, interpretieren.

Frühe Experimente

Die Pyramiden, die bevorzugten Königsgräber der ersten beiden großen Blütezeiten Ägyptens, des Alten Reiches (3.–6. Dynastie, um 2700–2150 v. Chr.) und des Mittleren Reiches (11.–12. Dynastie, etwa 2040 bis 1780 v. Chr.), sind eine Schöpfung der frühen 4. Dynastie. Natürlich wurde ihre Form und Architektur nicht von heute auf morgen entwickelt, wie Ausgrabungen und theoretische Studien gezeigt haben. Sie entstanden weder aufgrund einer spontanen Inspiration, noch sind sie das Werk einer einzigen Generation von Architekten. Vielmehr experimentierten die Ägypter mit den architektonischen Formen ihrer Grabmäler viele Jahrhunderte, ehe sie die ideale Form fanden. Man erkennt heute eine kontinuierliche architektonische Evolution, die sich an allen wichtigen Bestandteilen, von der Bautechnik bis hin zu den Strukturen der Kammersysteme, ablesen läßt.

Die beiden ersten Experimentierfelder der Ägypter hießen Sakkara und Abydos. Im 500 Kilometer südlich von Kairo gelegenen Abydos wurden die Könige der 1. und 2. Dynastie begraben, während zur gleichen Zeit in der Beamtennekropole von Sakkara die hohen Würdenträger und Staatsdiener (womöglich sogar der eine oder andere König) ihre letzte Ruhestätte fanden. An beiden Orten, vor allem aber in Sakkara, entwickelten sich die baulichen Grundstrukturen, die letztlich zur Pyramidenform führten.

Die erste Entwicklungsstufe, sozusagen die Ursprungsform der Pyramide, ist die sogenannte Mastaba (arab.: Sitzbank), ein meist flacher, kastenförmiger und steil geböschter, den Häusern der Lebenden nachempfundener Lehmziegel- oder Steinbau. Er besteht aus einem Komplex von Grab- und Kulträumen und läßt sich bis in die vordynastische Frühgeschichte Ägyptens zurückverfolgen, als man die Toten noch in Hügel- oder Hausgräbern bestattete. Die Mastabas wurden mit Vorrats- und Verehrungsräumen ausgestattet, so daß die Seelen der Verstorbenen weiterexistieren konnten und die Opfergaben symbolisch entgegennahmen, die ihre Hinterbliebenen ihnen brachten.

Einmal erprobt, entwickelte sich der neue Grabtypus im Laufe der Jahrhunderte in Form und Funktion schnell weiter. In den ersten beiden Dynastien hauptsächlich als Königsgrab benutzt, wurde die Mastaba nach der »Erfindung der Pyramidenform« landesweit zum bevorzugten Grab für Fürsten, Beamte und Priester. Bis zu diesem Zeitpunkt hatten sich schon wesentliche architektonische Elemente der späteren Pyramidenkomplexe herauskristallisiert: Barkengruben, kleine Totentempel, Fallsteinvorrichtungen, stufenförmige Grabaufbauten, gen Norden gerichtete Eingangskorridore, schützende Umfassungsmauern, um nur die wichtigsten zu nennen.

Bemerkenswert war hierbei die bergbautechnische Fähigkeit der Ägypter, sich wie Maulwürfe tief in die felsige Erde zu bohren, wie die aus der 2. Dynastie stammenden großen unterirdischen Galeriegräber in Sakkara belegen. Dort finden sich wahre Labyrinthe aus Grabkammern, Galerien und Magazinen bis zu einer

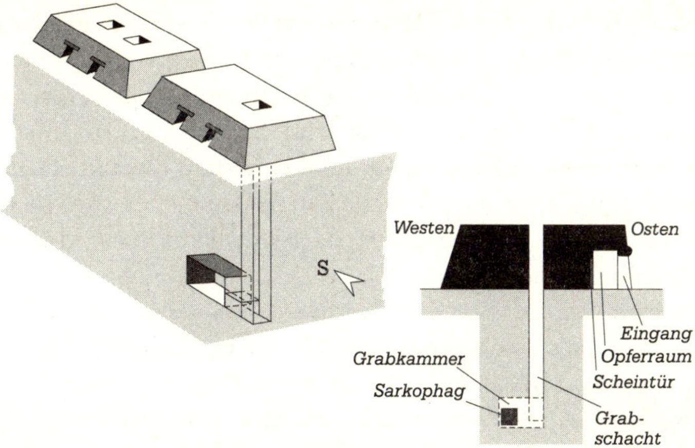

Aufbau einer Mastaba aus der 4. Dynastie.
(Skizze: Michael Haase, nach H. Junker)

Länge von 120 Metern, die eine verblüffende Geradlinigkeit aufweisen, so als ob man zu der Zeit den Kompaß erfunden hätte. Diese Gräber zeigen, daß die Ägypter nicht mehr nur in der Lage waren, mit Kupfer- und Hartgesteinwerkzeugen die vielen Steingefäße zu formen, die heutzutage zu Tausenden fast unbeachtet in den Museen unserer Welt verstauben, sondern auch Methoden und Arbeitsmittel entwickelten, mit denen sie große Mengen an Steinen im Über- und Untertagebau be- und verarbeiten konnten – eine wichtige Voraussetzung für die Realisierung des ersten steinernen Monumentalbaus der Welt.

Aufbruch zum Himmel

Nach der »Vereinigung der beiden Länder« wurde die Gründung einer Reichshauptstadt notwendig: An der Südspitze des Deltas wurde Memphis gegründet und zum ständigen Sitz der Zentralverwaltung ernannt. Von der einstigen Größe der mächtigen

Stadt ist nichts erhalten geblieben. Nur spärliche Überreste sind heute in einem Freiluftmuseum nahe des Dorfes Sakkara, gut 20 Kilometer südlich von Kairo entfernt, zu besichtigen.

Zu Beginn der 3. Dynastie, als Abydos als Begräbnisstätte der ägyptischen Könige aufgegeben wurde, entwickelte sich der große Fürsten- und Beamtenfriedhof von Memphis zum Nabel der ägyptischen Welt. Hier sollte die weitere Geschichte des Pyramidenbaus geschrieben werden. Besonders ein Name ist mit diesem Gräberfeld für alle Zeit verknüpft: König Djoser.

Nachdem Djoser – oder Netjerichet (»Von göttlicher Gestalt«), wie er zu Lebzeiten genannt wurde – etwa um das Jahr 2680 v. Chr. an die Macht kam, ereigneten sich in Ägypten erstaunliche Dinge: Trotz anfänglicher innenpolitischer Querelen gelang es ihm, sein Reich im Süden bis Assuan, der späteren offiziellen Südgrenze Ägyptens, auszudehnen und den Abbau von Kupfer auf der Sinai-Halbinsel zu intensivieren. Auf der Grundlage seiner unangefochtenen Herrscherlegitimation – dem König gehörten aller Grund und Boden, alle Rohstoffe und landwirtschaftlichen Einkünfte – errichtete Djoser ein unglaublich effektives und straff organisiertes Staatsgefüge. Das gesamte Land wurde in überschaubare und leicht zu verwaltende Gaue eingeteilt, auf diese Weise die Grundlage geschaffen, alle Nilbewohner zu erfassen und für den »staatlichen Arbeitsdienst« verfügbar zu machen. Nun konnte man darangehen, einen Berg aus Stein in die Wüste zu setzen, der Djoser Unsterblichkeit verleihen sollte.

Hier kommt ein zweiter Mann, ebenfalls unsterblich in die Geschichte eingegangen, ins Spiel: Imhotep, ein mit Ämtern überladenes, intellektuelles Allroundgenie der ersten Menschheitsstunde, insbesondere aber der »Chefarchitekt« Djosers, genannt »Vorsteher aller Arbeiten des Königs«. Zusammen mit einem Stab hochbegabter Ingenieure hatte er die Aufgabe, für Djoser ein Grabmal zu bauen, welches die Ewigkeit überdauern sollte: die erste Stufen-Pyramide Ägyptens, gelegentlich auch Stufen-Mastaba genannt, den größten pyramidenähnlichen Steinbau der damaligen Welt.

Das Grabmal des Djoser ist eine von über 180 Pyramiden, die zwischen 2680 v. Chr. und 350 n. Chr. auf altägyptischem und nubischem Boden (heutiges Ägypten und Sudan) errichtet wurden. *(Foto: Michael Haase)*

In Sakkara wurden die Könige mehrerer Dynastien begraben. Im Vordergrund die Überreste der Pyramide des ersten Königs der 5. Dynastie, Userkaf. Im Hintergrund das Grabmal des Djoser. *(Foto: Michael Haase)*

Die Umformung des traditionellen Königsgrabes von der Mastaba zur Stufen-Pyramide vollzog sich scheinbar schlagartig. Seitdem moderne Archäologen die ersten Schutt- und Sandberge vom Djoser-Grabmal wegschaufelten, hat man eine ganze Reihe von Ansätzen diskutiert, wie die »Erfindung« der pyramidalen Form zu erklären ist. Man verglich Djosers Grab mit den mesopotamischen Zikkurraten, versuchte seine Monumentalität mit den gewachsenen Ansprüchen des Königtums zu erklären, sah seine grobe geometrische Form von Sonnenstrahlen hervorgerufen, die durch die Brechung an den Wolken schräg zur Erde fallen. Dazu gesellten sich religiöse Deutungen: Die Stufen-Pyramide entspreche einer Art »Steinrampe«, auf der der Gottkönig zum Himmel aufsteige, oder stelle symbolisch den Urhügel dar, der die Ägypter zeitlebens an ihre Weltentstehung, das Auftauchen des ersten Stückes Land aus dem sogenannten Urozean, erinnere. All dies kann, muß aber nicht zu der Idee geführt haben, pyramidenähnliche Bauwerke zu errichten.

Da die pyramidale Form weltweit – von den babylonisch-sumerischen Tempeltürmen über die chinesischen Pyramidengräber bis hin zu den Tempel- und Grabbauten der mesoamerikanischen Völker – eine fast archetypische Baustruktur darstellt, liegen wir sicherlich nicht falsch, diese sakrale Bauform einfach als Ausdruck des menschlichen Bedürfnisses zu verstehen, etwas Stabiles, Turmartiges in die Höhe, den Göttern näher, zu bauen. Wir glauben inzwischen, daß die Ägypter, wie so viele andere religiöse Völker auch, nur das Ziel vor Augen hatten, mit ihren Bauwerken eine Verbindung zum Himmel herzustellen und ihre Verbundenheit mit den Göttern zum Ausdruck zu bringen.

Der erste Götterberg

Das Grabmal von Djoser sieht heute aus wie sechs stufenförmig aufeinandergestapelte Mastabas. Neu waren seinerzeit nicht nur Form und Ausmaße des Grabes, sondern auch das Baumaterial, mit dem es errichtet wurde. Massiver, haltbarer Kalkstein ersetzte

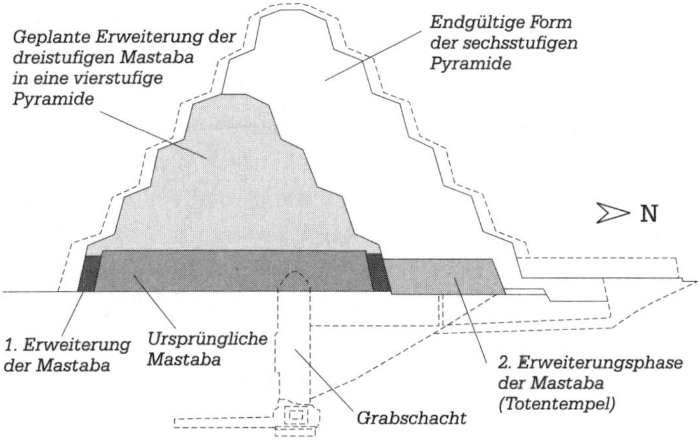

Übersicht der einzelnen Erweiterungsphasen der Stufen-Pyramide des Djoser. *(Skizze: Michael Haase, nach J.-Ph. Lauer)*

den vergänglichen Lehmziegel, aus denen zuvor die königlichen Grabmäler bestanden hatten.

Die Ausgrabungen und Rekonstruktionen, die seit den sechziger Jahren unter maßgeblicher Beteiligung und Leitung des bekannten französischen Ägyptologen Jean-Philippe Lauer durchgeführt werden, lassen unterschiedliche Bauabschnitte erkennen: Den Kern des Grabmals bildet eine riesige quadratische, einstufige Mastaba, die über dem Grabschacht, der zur Sargkammer führt, thront. Sie wurde gleich nach ihrer Fertigstellung in ostwestlicher Richtung zu einem Dreistufenbau erweitert. Noch zögerten die Baumeister, den Steinbau in die Höhe zu treiben, waren die verwendeten Steine von eher geringer Größe, ähnlich den Ziegeln der Bauten aus den ersten beiden Dynastien. Dann, Imhotep und seine Mannen nahmen allen Mut zusammen, begann das eigentliche Wagnis im Pyramidenbau: Sie wandelten schließlich die dreistufige Mastaba noch zweimal um und gaben ihr die heute erkennbare sechsstufige Pyramidenform.

Nach ihrer Fertigstellung maß Djosers Stufen-Pyramide ungeheure 109 x 121 Meter an der Basis und erreichte eine Höhe von über 62 Metern. Der Steinkoloß war vollständig mit glattpolierten, in der Sonne strahlenden Blöcken verkleidet. Die oberste Stufe wurde abgerundet und muß wohl als Vorläufer der Pyramidione, der Abschlußsteine der späteren Pyramiden, gelten.
Wie Berechnungen zeigen – etwa 270 000 Kubikmeter Kalksandstein wurden in der Stufen-Pyramide verbaut, das entspricht einem Gesamtgewicht von ca. 650 000 Tonnen –, konzentrierte dieser Bau zum ersten Mal in der ägyptischen Geschichte eine ungemein große Anzahl von Arbeitern aller Berufszweige, die nur durch ein perfekt ausgeklügeltes logistisches Versorgungssystem zusammengehalten werden konnten.
Dies führt uns wieder zurück zu Imhotep. Die Stufen-Pyramide hatte auf die Ägypter einen derartig gewaltigen Eindruck gemacht, daß ihr Konstrukteur ihnen noch lange im Gedächtnis blieb. Imhotep, der »Erste nach dem König von Oberägypten«, »Schatzmeister des Königs von Unterägypten« und »Hoherpriester von Heliopolis«, um nur einige seiner Titel zu nennen, wurde schon gegen Ende des Alten Reiches und im Mittleren Reich als Weiser des Volkes verehrt, im Neuen Reich gar als Sohn des Schöpfergottes Ptah verherrlicht.
Obwohl wir von ihm kein einziges zeitgenössisches Bildnis besitzen, zeugen viele tausend kleiner Statuen aus späterer Zeit, die ihn sitzend mit einer Papyrusrolle auf den Knien zeigen, eindrucksvoll von seiner dominierenden Rolle als Architekt und Organisator der königlichen Bauarbeiten.
Imhoteps Grab wurde bis zum heutigen Tage nicht gefunden, nicht einmal die ungefähre Lage lokalisiert. Denkbar ist, daß sich seine letzte Ruhestätte im Bereich nördlich der Stufen-Pyramide befindet, der noch immer unter Sand, Schutt und Geröll begraben liegt.
Vielleicht verbirgt es sich aber auch nicht in der näheren Umgebung des Djoser-Komplexes. Es ist nicht auszuschließen, daß der geniale Baumeister seinen Herrn und König überlebte und am Bau der Stufen-Pyramide von Djosers Nachfolger Sechemchet

(»Mächtig von Gestalt«) mitwirkte. Dieses Königsgrab, heute nur eine klägliche, bis auf die Grundmauern zerstörte Ruine, wurde erst vor wenigen Jahrzehnten entdeckt und liegt noch größtenteils unter dem Wüstensand begraben. Womöglich ist das Grab des Imhotep in diesem Bereich zu suchen. Eine der ganz großen Entdeckungen Ägyptens steht uns demnach noch bevor.

II

Snofru – Herr der Pyramiden

Der Beginn des Pyramidenzeitalters

»Wer über Zeit spricht,
ist zutiefst dem alten Ägypten verpflichtet.«

Erik Hornung
in: »Geist der Pharaonenzeit«

Der Erbe des Djoser

Das klassische Pyramidenzeitalter wurde etwa um das Jahr 2625 v. Chr. eingeläutet, als ein König – dessen genaue Herkunft bis heute im Dunkel der Vergangenheit verborgen liegt – auf der ägyptischen Bühne erschien. Dieser König – der Begründer der 4. Dynastie –, der dieser Epoche nachhaltig seinen Stempel aufdrückte, ist unter dem griechischen Namen Snofru (altägyptisch: Seneferu, »Von großer Schönheit«) in die Geschichte eingegangen.

Während Snofrus Regierungszeit, die laut den Gelehrten zwischen 16 und 48 Jahre gewährt haben soll, gelang es seinen Ingenieuren, die Stufen-Pyramide weiterzuentwickeln und die klassische Form der Pyramiden zu »erfinden«. Damit wurde wiederum eine jahrhundertelange, bis heute noch längst nicht vollständig erforschte Phase des technischen Experimentierens eingeleitet, bei der nicht jeder Pyramidenbau auf Anhieb glückte.

Snofru selbst ließ sich drei große Pyramidenkomplexe errichten, die ihn zum größten Bauherrn des Alten Reiches machten. Hochrechnungen zufolge haben seine Arbeiter alleine in diesen Pyramiden etwa 3,7 Millionen Kubikmeter Stein verbaut, ein Rekord im Pharaonenreich.
Die Ursachen dieser Leistungsexplosion zu Beginn der 4. Dynastie liegen bis heute im Dunkeln. Ihre Mechanismen lassen sich nur erahnen: Unter Snofru muß es gelungen sein, das technologische Erbe und das intellektuelle Potential der 3. Dynastie derart zu bündeln, daß es zeitweise sogar möglich war, an zwei weit voneinander entfernten Pyramidenkomplexen gleichzeitig zu bauen. Snofrus Staatsapparat organisierte die Infrastruktur des Landes straffer als je zuvor, gewährleistete eine noch effektivere Versorgung der Bevölkerung und kurbelte den Import wertvoller Handelswaren aus den umliegenden Ländern an. Die neue Supermacht am Mittelmeer schickte sich an, mit ihren Großbauten die zukünftigen Welten in ihren Bann zu schlagen. Auch das pyramidale Jahrtausendwerk Ägyptens, das letzte noch erhaltene Weltwunder der Antike, die großen Pyramiden von Giza, hatte seinen Ursprung in Snofrus Bautätigkeit.

Der Fall Medum

Die einzigartige Spur von Snofrus »Pyramidengigantismus« beginnt bei Medum, einem kleinen, etwa 70 Kilometer südlich von Kairo gelegenen Ort nahe der großen Oase El-Faijum. Dort steht am Rande der Wüste die mächtige, ca. 65 Meter hohe Ruine seines ersten Grabmals.
Die ursprünglichen Dimensionen dieser Pyramide, deren Planung und erste Bauphase – gemäß einigen Ägyptologen – auch auf Snofrus Vorgänger Huni (»Der Zerschmetterer«) zurückgehen könnte, lassen sich heute nur noch schwer erahnen. Die eigentümliche, turmähnliche Gestalt, die ihr im Mittelalter den Namen »Falsche Pyramide« einbrachte, wohl weil man glaubte, sie sei auf einem Hügel erbaut, hat in den letzten Jahrzehnten

immer wieder zu Mutmaßungen über ihre Baugeschichte geführt. Heute ist man aufgrund umfangreicher Sondierungen am Bauwerk so gut wie sicher, daß das ungewöhnliche Aussehen der Pyramide durch einen schon in griechisch-römischer Zeit einsetzenden und gezielt vorangetriebenen Steinraub zustande kam. Hierbei wurde die Verkleidung von oben nach unten, und nicht, wie im Mittelalter sonst üblich, von unten nach oben abgetragen. Der heute sichtbare, die Pyramide umgebende Schutthügel, unter dem sich noch die untere Verkleidungsschicht der Pyramide befindet, könnte demnach ein Relikt dieser Steinraubaktivitäten sein, womöglich aber auch eine ganz andere Entstehungsgeschichte besitzen, wie wir in einem späteren Kapitel sehen werden. Wie dem auch sei: Aufgrund der großen strukturellen Zerstörungen an der Medum-Pyramide kann man ihre Baugeschichte – im Gegensatz zu der vieler anderer, besser erhaltener Grabmäler – nachvollziehen. Dabei stellt man fest, daß sie eng mit den anderen beiden Pyramiden Snofrus verbunden, die Errichtung jedes einzelnen Bauwerks in gewissem Maße von den anderen abhängig ist.

Die Geschichte der drei Snofru-Pyramiden ist geprägt von den Sehnsüchten und vom Leid eines Königs, der um seinen Einzug ins göttliche Himmelreich bangen mußte, sowie vom Erfolg und Mißerfolg einiger Architekten, die Höllenqualen durchlebten, um am Schluß dennoch als Triumphatoren in die Ewigkeit einzugehen. Wir kennen ihre Namen, wir sahen ihre Gräber. Hier ist ihre Geschichte.

Snofrus Grabbau in Medum wurde, ausgehend von einem nicht näher bekannten Kernbau, in zwei Bauphasen errichtet. In Anlehnung an die Königsgräber der 3. Dynastie baute man in einzelnen, aneinanderliegenden Schalen zuerst eine 7-stufige, dann eine 8-stufige Pyramide. Auch wenn die äußere Form noch der traditionellen Bauweise Tribut zollte, war das Kammersystem ein aussagekräftiges Beispiel für die innovativen Ideen der Architekten und Baumeister dieser Epoche. Vom Eingang, der erstmals nicht ebenerdig angelegt, sondern hoch an der Nordseite des Grabmals installiert wurde, führt ein absteigender Gang ins Innere. Über ein horizontales Teilstück und einen senkrechten kaminartigen Schacht erreicht man direkt die verhältnismäßig kleine Grabkammer, die im Gegensatz zu früheren Gräbern nicht tief im Fels verborgen, sondern in Höhe des Bodenniveaus der Pyramide liegt.

Noch bemerkenswerter an der Grabkammer ist ihre eigentümliche Deckenkonstruktion. Zum ersten Mal bauten die Ägypter ein sogenanntes Kraggewölbe, eine Art Giebeldach mit getreppten Seitenwänden. Die Ägypter benutzten diese Deckenkonstruktion vermutlich aus statischen Gründen. Man wollte damit den immensen Druck und die Kräfte, die auf der Grabkammer lasteten, in die Horizontale umlenken. Dieser Geniestreich der noch jungen ägyptischen Ingenieursgilde macht uns deutlich, wie schnell die Statiker nach Djosers erstem »Turmbau von Sakkara« die Naturkräfte, insbesondere die Druck- und Gravitationskräfte, zu beherrschen lernten, wie schnell sie aber auch von ihren eigenen Entwicklungen überholt wurden. Denn so wie heutige Computergenerationen durch die Eigendynamik ihrer Branche nach nur wenigen Jahren technisch veraltet sind, wurden im Pyramidenbau die Kraggewölbe nach nur zwei Generationen durch richtige Giebeldachkonstruktionen abgelöst. Kaum 70 Jahre später verzichtet Snofrus Enkel Chephren beim Bau seiner Pyramide in Giza erstmals vollständig auf ein Kraggewölbe. Danach tauchten sie nie mehr auf.

Als die Stufen-Pyramide von Medum funktionstüchtig und mit allen für sie notwendigen Kultbauten versehen in einer feierlichen, von Priestern abgehaltenen Zeremonie dem König übergeben wurde, überragte sie das legendäre Djoser-Grab um gut 20 Meter. Unvorstellbare 400 000 Kubikmeter Stein, umgerechnet eine Million Tonnen Gewicht, lasteten auf dem karstigen Wüstenboden. Doch fast so, als ob diese gigantische Leistung innerhalb eines Pharaonenlebens scheinbar mühelos wiederholbar gewesen wäre, geschah dann etwas völlig Unerwartetes: Etwa in seinem fünfzehnten Regierungsjahr ordnete Snofru an, Medum zu verlassen. Er siedelte ins 40 Kilometer nördlich gelegene Dahschur um.

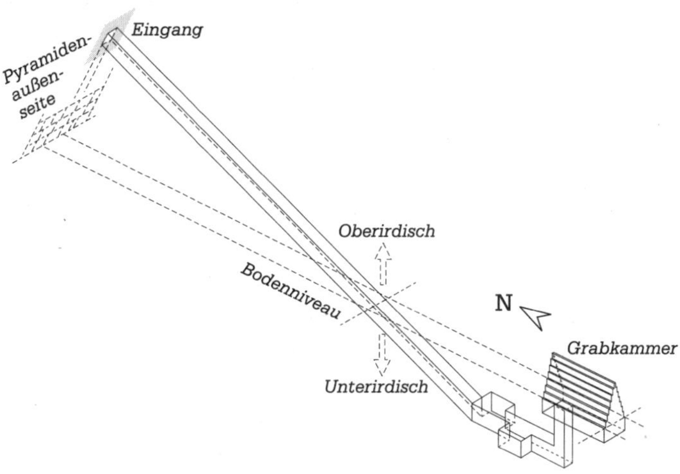

Das Kammersystem der Medum-Pyramide.
(Skizze: Michael Haase, nach R. Stadelmann)

Das Verlassen der Königsresidenz und damit auch seines intakten Grabmals in Medum gibt uns bis heute ein Rätsel auf. Viele Ägyptologen führen wirtschaftliche und strategische Gründe an: Medum sei zu weit von der Reichshauptstadt Memphis entfernt, das Land von dort aus nicht optimal zu verwalten und zu regieren gewesen. Außerdem habe ein großes Seebecken für den Handel mit den Nachbarn gefehlt.[7]

Zwar erfüllte Dahschur, dicht an Memphis und den Handelswegen nach Palästina und dem Sinai gelegen, zudem mit einem großen, noch heute existierenden Seebecken ausgestattet, alle diese Kriterien, doch können wir die Argumente der Fachleute nicht ganz nachvollziehen. Waren denn den Beratern des Königs die wirtschaftlichen Abhängigkeiten, die sie mit der Wahl von Medum in Kauf nahmen, nicht klar gewesen? Es ist für uns, die wir die alten Ägypter als wahre Meister der Logistik kennengelernt haben, nur schwer vorstellbar, daß die damaligen Strategen des Reiches ein derartig gigantisches Projekt wie den Bau des

königlichen Grabmals in Medum sozusagen en passant, im Vorübergehen, planten. Sicherlich, die Wahl von Medum als Residenz und königliche Nekropole war eine eigentümliche Entscheidung, aber mit Blick auf die große wirtschaftliche Bedeutung der Oase El-Faijum eine durchaus verständliche.
Fand der Umzug nach Dahschur wirklich ausschließlich aufgrund wirtschaftlicher Faktoren statt, so entpuppt sich die Wahl von Medum schlichtweg als eklatanter Irrtum von Snofrus Regierungsmannschaft, der vielleicht, wie es heute üblich geworden ist, so manchen »den Kopf kostete«.
Wir bleiben trotz alledem skeptisch: Das letzte Wort in dieser Angelegenheit ist noch nicht gesprochen. Womöglich machen wir uns von den Vorgängen in dieser Zeit, die durch so manchen kriegerischen Feldzug Snofrus in Richtung Nubien oder Libyen gekennzeichnet war, ein völlig falsches Bild. Ein Bild, so glauben wir, das zukünftige Grabungen, vor allem an den Privatgräbern der Snofru-Dynastie in Dahschur, wieder zurechtrücken könnten.

Die Katastrophe von Dahschur

Nichts im Leben passiert zufällig. Alles, was geschieht, unterliegt dem Prinzip der Kausalität, jede Wirkung hat ihre Ursache. Das war beim Pyramidenbau nicht anders. So wie die Entwicklung des Space-Shuttles, die den zukünftigen Sprung zum Nachbarplaneten Mars einleitet, undenkbar wäre ohne die Erfolge der Apollo-Missionen, die einst von Cape Kennedy starteten, um den Mond zu erobern, so führten zu Beginn der 4. Dynastie alle Pyramidenpfade nach Dahschur. Dort, etwa zehn Kilometer südlich vom Sakkara-Plateau entfernt, liegt die eigentliche Geburtsstätte der Pyramidenwelt. Dort wurden neue Konzepte für den Grabbau entwickelt und mit unglaublichem Aufwand an Menschen und Material konsequent und »gottesfürchtig« umgesetzt. Nur wer die Pyramiden von Dahschur gesehen hat, kann die schnelle Entwicklung im klassischen Pyramidenzeitalter

wirklich nachvollziehen, denn sie stellen die »missing links« zwischen den Stufen-Pyramiden der 3. Dynastie und den königlichen Grabmälern der 4. Dynastie dar. Auch die Pyramide des Cheops hat in Dahschur ihren Ursprung.
Begonnen hat diese Fortentwicklung mit dem Bau der sogenannten Knick-Pyramide, Snofrus zweitem großen Projekt. Die »Erscheinung des Snofru«, wie diese Pyramide von den Ägyptern genannt wurde, sollte dabei zum Schicksalsbau einer ganzen Dynastie werden. Mit der Grundsteinlegung begann man unmittelbar nach dem Umzug von Medum nach Dahschur, gleichzeitig fing man mit dem Bau der neuen Residenz an. Trotz der erst relativ geringen Erfahrung im Pyramidenbau wollte der Architektenstab Snofrus, allen voran seine Söhne Nefermaat und Rahotep, in Dahschur regelrecht nach den Sternen greifen: Sie planten im Süden von Dahschur die Errichtung der ersten, in geometrischer Hinsicht echten Pyramide der Weltgeschichte. Die dem König vorgelegten Pläne und Zeichnungen offenbarten ein wagemutiges Bauvorhaben, das sicherlich nach seinem Geschmack war. Über eine Million Kubikmeter Stein, mehr als doppelt soviel wie in Medum, sollten zu einem neuen Götterberg aufgetürmt werden. Die anvisierte Basislänge betrug 157 Meter,[8] die geplante Höhe des etwa 58 Grad steilen Bauwerkes ungefähr 124 Meter, so hoch wie ein 45stöckiges Gebäude.
Doch als ob die Götter diese »Maßlosigkeit« bestrafen wollten, wurden die Baumeister mit ihren kühnen Plänen schnell wieder auf den Boden der Tatsachen heruntergeholt. Der Pyramidenstumpf hatte schon über ein Drittel der ursprünglich geplanten Höhe (etwa 49 Meter) erreicht, da traten die ersten Unregelmäßigkeiten an der viel zu steil hochgezogenen Pyramide auf. Lange und breite Risse im Mauerwerk sowie bedrohlich wirkende Senkungen im Kammersystem waren die Folge.
Die Verantwortlichen erkannten die Gefahr sofort und verordneten den Bauarbeitern eine Zwangspause. Alle verfügbaren Spezialisten, selbst die längst im verdienten Ruhe- und Wohlstand lebenden Baumeister der späten 3. Dynastie, wurden her-

beigerufen, um das Areal an der Pyramide nochmals auf Herz und Nieren zu prüfen, die Schäden zu begutachten.
Die Ursache war schnell gefunden und für die königlichen Architekten äußerst beunruhigend, um nicht zu sagen katastrophal: Aufgrund eigener Fehlberechnungen oder einer unzureichenden Prüfung des Bauareals hatte man keinen massiven Kalksteinuntergrund für die Pyramide gewählt, sondern ein relativ weiches, mergelig gelagertes Schiefergestein. Diese Art Untergrund konnte dem Gewicht des Pyramidenstumpfes nicht standhalten und gab, enormen Spannungen und großem Druck ausgesetzt, an einigen Stellen nach.
Panik brach unter den Fachleuten aus. Waren zuvor durch den königlich angeordneten Umzug Ressourcen und Arbeitskraft beim Bau des Medum-Grabmals »unsinnig« verschwendet worden, drohte nun auch die zweite Begräbnisstätte zu einer Bauruine zu werden. Der König, selbst schon im gesetzten Alter, muß wahrlich geschockt gewesen sein und um seinen Übergang ins ersehnte Himmelreich gebangt haben. Er suchte Rat bei den Göttern, übte aber gleichzeitig großen Druck auf seine am Bau maßgeblich beteiligte Verwandtschaft aus. Lösungen mußten her, Notkonzepte schnell und effektiv realisiert, die Bauarbeiter währenddessen bei Laune gehalten werden.
So unberechenbar die Katastrophe ihren Anfang nahm, so schnell, zügig und vor allem klug reagierten die Bauleiter mit ihrem Rettungsversuch. Immer das Ziel Pyramide vor Augen, entschloß man sich, einschneidende Umbauten vorzunehmen. Zur Stabilisierung des gesamten Bauwerks legte man einen etwa 16 Meter starken, im Neigungswinkel verringerten Kalksteinmantel wie einen Hüftgürtel um den beschädigten Pyramidenstumpf. Außerdem entschied man, den oberen, noch fehlenden Teil der Pyramide mit einem stark reduzierten Neigungswinkel und mit kleineren Steinen weiterzubauen, um dadurch die Höhe des Bauwerks und letztlich das Gewicht auf den von Rissen durchzogenen Pyramidenstumpf zu verringern. Hierdurch kam das markante Aussehen der Pyramide zustande, die wir heute äußerst anschaulich Knick-Pyramide nennen.

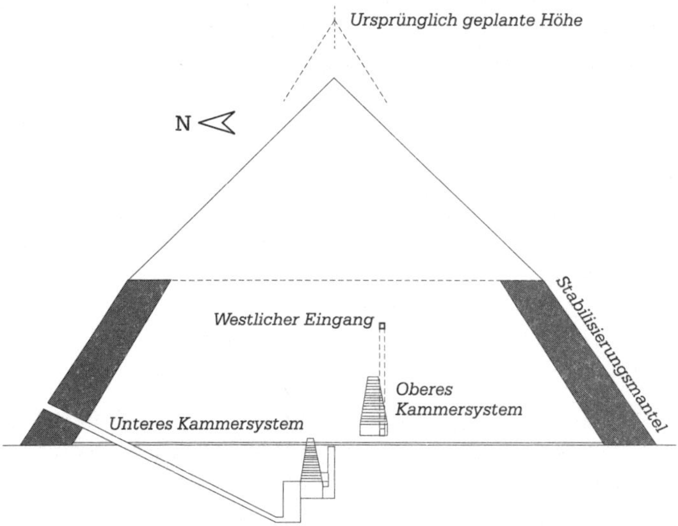

Nordsüdschnitt der Knick-Pyramide. Sie besitzt zwei Kammersysteme mit separaten Eingängen an der Nord- und Westseite. Vermutlich wurden sie ursprünglich als getrennte Einrichtungen während einer gemeinsamen Bauphase errichtet und zu einem unbekannten Zeitpunkt miteinander verbunden. In den Kammern, über denen ein Kraggewölbe thront und von denen zwei als Grabkammern angesehen werden, wurden wie in Medum keinerlei Spuren von Sarkophagen entdeckt.
(Skizze: Michael Haase, nach J. Dorner)

Die Arbeiten am Grabmal gingen weiter, die Baukatastrophe war allerdings nicht mehr zu verhindern. Weitere Senkungen an den Schnittstellen der verstärkten Schale traten auf, auch die Risse und Strukturschäden im Kammersystem wurden immer größer und damit gefährlicher. Sie konnten nicht mehr ausreichend mit Gipsmörtel gekittet und kaschiert werden.
Mit jeder neuen Steinlage, die das Gewicht der Pyramide oberhalb des Knickes langsam aber stetig vergrößerte, traten wie in einer chemischen Kettenreaktion neue, irreparable Schäden auf. Selbst die äußere Form, der angebaute Mantelbereich der Pyramide »krümmte« sich unter der Last der Millionen Kalksteine, so

als ob die Pyramide zu platzen drohte. Sowohl im unteren als auch im oberen Bereich der Außenseite ist heute eine konvexe, bis zu 60 Zentimeter dicke, nach außen gerichtete Krümmung erkennbar.[9] Besonders auffallend ist diese Verformung im nördlichen Korridor, wo der äußere Mantel so weit abgesackt ist, daß dort ein über 20 Zentimeter hoher Deckenabsatz entstehen konnte. Schnell wurde den Architekten klar: Die »Unversehrtheit« der sterblichen Überreste des Königs konnte nicht mehr gewährleistet werden. Die mittlerweile fast fertiggestellte Knick Pyramide wurde zum absoluten Sicherheitsproblem.

Wieder ruhten die Arbeiten, wieder wurden eiligst Meetings abgehalten, neue Zeichnungen und Berechnungen erstellt. Parallel dazu schickte man geologisch kundige Fachleute in die nähere Umgebung von Dahschur, sogar wieder zurück nach Medum. Man überprüfte die Ressourcen des Landes, checkte endlos lange Rekrutierungslisten für ein neues und frisches Arbeiterheer.

Dann legten die Architekten, in ihrer Ehre gekränkt und fast unterwürfig, aber perfekt vorbereitet, ihre neuen Berechnungen schnell dem König vor. Sie schlugen Snofru die Aufgabe der verunstalteten Pyramide und den Bau eines dritten Grabmals in unmittelbarer Nähe seiner Residenz vor. Kein Detail wurde vergessen, alle zeitlichen und logistischen Konzeptionen, veranschlagten Bauzeiten und Arbeitereinteilungen für die Errichtung des neuen Grabes kamen auf den Tisch.

Alles weitere lag nun beim König, der aber wohl keine andere Wahl hatte, als dem Vorschlag zuzustimmen, allerdings nicht ohne vorher nochmals mit seinen Göttern in Klausur zu gehen. Nach einer kurzen Zeit der Ratlosigkeit gab er den von den Architekten schon erwarteten, erlösenden Befehl zur Aufgabe der »geknickten Pyramide«.

Damit war das Thema Knick-Pyramide aber noch nicht abgeschlossen. Auch wenn man den Plan aufgab, sie als Königsgrab zu benutzen, wurde der Bau trotzdem zügig und planmäßig fertiggestellt. Die Pyramide erreichte noch die beachtliche Höhe von über 104 Metern. Bei einer Basislänge von fast 190 Metern liegt

Tief in der Wüste liegt die Knick-Pyramide. Blick von Nordosten. An der noch erhaltenen Verkleidung ist der »Knick« gut zu erkennen. *(Foto: Michael Haase)*

Detailaufnahme der Nordflanke mit dem nördlichen Eingang in die Pyramide. *(Foto: Michael Haase)*

ihr Volumen in der Größenordnung von ungefähr 1,3 Millionen Kubikmetern. Die größte antike Bauruine besteht aus etwa 2,5 Millionen Kalksteinquadern, die in schätzungsweise 14 Jahren aufgetürmt wurden.

Fast so, als versuchten der König und seine Planungsstrategen, trotz allem ihr Gesicht zu wahren, wurde die Knick-Pyramide dem gläubigen Volk vom Klerus als eine Art Kultpyramide präsentiert, als eine Art »Königsmal« der unsterblichen Macht der Götter und damit ganz Ägypten gewidmet. Niemand erhob seine Stimme zu einer kritischen Bemerkung, niemand stellte den göttlichen Charakter der verunstalteten Pyramide in Frage. Die Pyramide war wie ihr Bauherr unantastbar.

An der Ostseite errichtete man eine Königskultstätte, ausgerüstet mit einem Stelenpaar und einer kleinen Opferplatte, deren Überreste noch heute deutlich zu erkennen sind. Mit dem Verehrungskult konnte begonnen werden, während kaum zwei Kilometer nördlich die Bauarbeiter schon wieder ihre Steinhämmer schwangen, die Schlitten ihre schweren Lasten transportierten.

Ironie des Schicksals: Kurioserweise ist es gerade der größte Fehlschlag der altägyptischen Architekturgeschichte, der uns heute den besten Eindruck von der damaligen Pyramidenbaukunst verschafft. Denn von allen ägyptischen Pyramiden ist die Knick-Pyramide diejenige, die am besten erhalten ist. Sie besitzt noch etwa 70 Prozent ihrer Außenverkleidung, mehr als alle anderen Pyramiden zusammen.

Die Wiederauferstehung von Medum

Nach der Aufgabe der Knick-Pyramide wurde die »Akte« Medum wieder geöffnet: Man wollte die Stufen-Pyramide mit einer glatten Außenverkleidung ummanteln, sie also zu einer echten Pyramide umfunktionieren. Dieses Vorgehen ist bis heute rätselhaft geblieben.

Wieso ließ der König, anstatt alle Kräfte auf den Bau seiner drit-

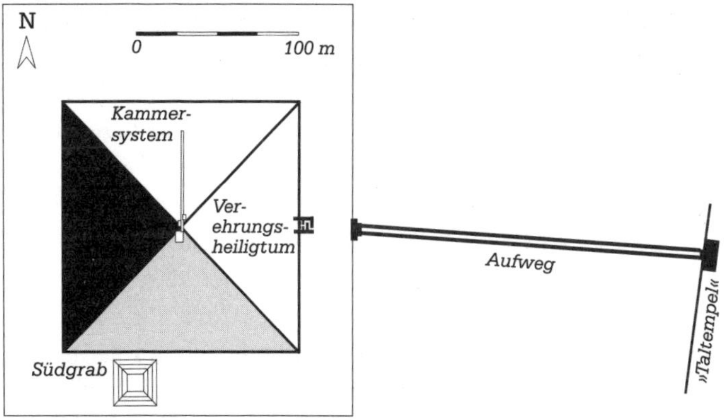

Die Pyramidenanlage von Medum enthält schon die wesentlichen morphologischen Elemente, die jahrhundertelang das Aussehen der königlichen Grabstätten bestimmen sollten. Anstelle eines Totentempels findet sich hier – ähnlich wie bei der Knick-Pyramide – ein Stelenheiligtum, der Taltempel ist durch einen monumentalen Torbau angedeutet. *(Skizze: Michael Haase, nach R. Stadelmann)*

ten Pyramide zu konzentrieren, jahrelang parallel die ältere Stufen-Pyramide modernisieren? Mußte er doch sein Arbeiterheer, die Fachspezialisten und Architekten auf zwei Baustellen verteilen. Die Bauvorhaben verloren somit automatisch an Effektivität, der Faktor Zeit wurde schwerer zu berechnen.

Warum also diese Teilung der Kapazitäten? Es muß für den König und seine Bauleiter zwingende Gründe gegeben haben, die aber im Nebel der Geschichte verlorengegangen sind. Wir können nur spekulieren. Vielleicht war Medum zu einem Experimentierfeld für die Architekten auserkoren worden, nachdem ihnen der chaotische Verlauf beim Bau der Knick-Pyramide zum ersten Mal ihre Grenzen aufgezeigt hatte? Probierten sie am Verkleidungsmantel neue Techniken für das Verlegen der Steinblöcke aus? Oder plante ein verzweifelter Snofru, sich seines fortgeschrittenen Alters und vor allem der langjährigen Bauzeit seiner dritten Pyramide wohl bewußt, im Falle seines unvorher-

gesehenen Ablebens die schnell zu modernisierende Medum-Pyramide als Grabmal zu benutzen?
Wie dem auch sei. Die Pyramide in Medum wurde in einer Rekordzeit von etwa vier bis sechs Jahren verkleidet, erreichte eine Höhe von etwa 92 Metern und wurde, niemand hätte dies bei der Grundsteinlegung wohl vermutet, zur ersten fertiggestellten und geometrisch wohlgeformten Pyramide Ägyptens. Trotz ihrer nagelneuen Umhüllung konnte sie sich aber nicht mit der Bauruine der Knick-Pyramide messen: Ihr Gesamtvolumen betrug etwa halb soviel wie das der Knick-Pyramide, wobei allerdings der zuletzt »installierte« Verkleidungsmantel fast das gesamte Volumen der Stufen-Pyramide des Djoser umfaßte.
Noch eine kleine Zahlenspielerei: Insgesamt hatten die Ägypter in den ersten beiden Snofru-Pyramiden fast zwei Millionen Kubikmeter Stein verbaut, eine – verglichen mit Djoser – etwa siebeneinhalb mal größere Bauleistung, die durchaus mit denen der Giza-Pyramiden wetteifern kann. Imhotep, gerade erst etwa 60 Jahre tot, wäre angesichts dieser Bauleistung sicher vor Neid erblaßt.
Wir wollen Medum nicht verlassen, ohne noch auf die neuartige Gestaltung des Gesamtkomplexes einzugehen. Wie auf einer Schaubühne errichtet für den letzten Gang des Verstorbenen, bauten die Ägypter erstmals eine Reihe von Gebäuden von Osten nach Westen auf, aus denen sich die zentralen Kultanlagen der späteren Pyramidenkomplexe entwickeln sollten: Taltempel, Aufweg, Totentempel und schließlich das Grabmal, die Pyramide. Jedes dieser Gebäude hatte eine festgelegte sakrale Funktion:

- Der *Taltempel* spielte bei der Begräbniszeremonie eine wichtige Rolle. Hier wurden in bestimmten Räumen rituelle Reinigungs- und Mumifizierungszeremonien für den verstorbenen König abgehalten. Er besaß Anlegestellen für die königlichen Barken und war über einen Binnenhafen und einen Stichkanal mit dem Nil verbunden, so daß er wohl schon beim Bau des Pyramidenkomplexes als Umschlagplatz für die benötigten Materialien eine zentrale Rolle innehatte.

Kalksteinstatue von König Djoser, dem Bauherrn der ersten Stufen-Pyramide Ägyptens, aus dem Ägyptischen Museum in Kairo. *(Foto: Michael Haase)*

Reliefdarstellung von König Snofru auf einer Stelle, die aus dem Ausgrabungsareal der Knick-Pyramide stammt. *(Foto: Michael Haase)*

Die Pyramide von Medum. An ihrer freigelegten Nordwestecke ist die Verkleidung der letzten Bauphase erkennbar. *(Foto: Michael Haase)*

- Der *Aufweg,* der den Taltempel stets mit dem Totentempel verband, war ein langer, meist überdachter und oftmals mit Reliefs dekorierter Verbindungstunnel, der nur bei der Begräbniszeremonie benutzt wurde. Neben seiner kultischen Bedeutung wurde er sicherlich während der Bauphase als Transportweg benutzt.
- Der *Totentempel* schließlich, der fast immer an der Ostseite der Pyramide errichtet wurde, diente ausschließlich dem Verehrungskult des Königs. Hier befanden sich die heiligen Kulträume, in denen die Königspriester die Riten und Opferungen für sein Fortleben vollzogen.

Rituell auf den Totenkult des Königs ausgerichtet, bildeten diese Umgebungsbauten mit dem Grabmal, der Pyramide, eine untrennbare Einheit, oder um mit den Worten des großen französischen Ägyptologen Lauer zu sprechen: »Wer immer sich mit dem Pyramidenproblem befaßt (...) und sie – die Pyramide – dabei als Einheit für sich, ohne Beziehung zur Gesamtanlage, betrachtet, verfällt einem Irrtum, gleich demjenigen, der eine Kirche ausschließlich unter dem Gesichtspunkt des Kirchturms sieht.«[10]

Die erste Pyramide

Das letzte Kapitel der Bautätigkeit Snofrus wurde im Norden von Dahschur geschrieben. Offensichtlich hatte man aus den Fehlern der Vergangenheit gelernt und sich für König Snofrus dritte Pyramide nach einem neuen, geeigneteren Platz umgesehen. Für das neue Grabmal, das wiederum den Namen »Erscheinung des Snofru« erhielt, wurde etwa zwei Kilometer nördlich der Knick-Pyramide eine Hochebene gewählt. Zum einen gewährleistete deren stabile Untergrundstruktur, daß dieser Pyramidenbau nicht in einem Fiasko enden würde, zum anderen war der neue Baugrund strategisch so günstig gewählt, daß die königliche Residenz, das Baubüro, die Arbeitersiedlungen und

Die Flanken der Roten Pyramide des Snofru sind noch meterhoch mit Flugsand bedeckt. Die Ausgrabungen sind bis heute nicht abgeschlossen. Blick auf die Nordostecke. *(Foto: Michael Haase)*

Das restaurierte Pyramidion der Roten Pyramide ist das älteste seiner Art und steht heute an der Ostseite der Pyramide. *(Foto: Michael Haase)*

Magazine der Knick-Pyramide weiter genutzt werden konnten. Außerdem lag ganz in der Nähe ein vielversprechendes Steinbruchareal.

Wie eine »Inschrift« auf einem Eckstein der Pyramide, der bei Ausgrabungen am Fundament gefunden wurde, besagt, begannen die Bauarbeiten etwa im 29. oder 30. Regierungsjahr Snofrus. Seine dritte Pyramide, die wegen des rötlich aussehenden lokalen Kalksandsteins die Rote Pyramide genannt wird, wurde ohne große Verzögerungen, ungefähr in 16 Jahren Bauzeit, fertiggestellt – die erste auf Papyrus geplante und vollendete (geometrisch wohlgeformte) Pyramide Ägyptens.

Man begnügte sich mit einem relativ flachen Böschungswinkel von 45 Grad, mit dem man im oberen Bereich der Knick-Pyramide anscheinend gute Erfahrungen gemacht hatte. Dagegen waren die Seiten der Roten Pyramide, die schon fast die Ausmaße der Cheops-Pyramide erreichte, 30 Meter länger als die der Knick-Pyramide, wobei die Höhe etwa gleich war. Auch die Bauleistung an der letzten Pyramide Snofrus läßt sich wieder in beeindruckende Zahlenwerte fassen: Ihr Volumen beträgt etwa 1,7 Millionen Kubikmeter, die umgerechnete Steinmenge liegt bei über vier Millionen Blöcken.

Snofru war es aber nicht mehr vergönnt, die Fertigstellung seiner Pyramidenanlage zu erleben. Als er um das Jahr 2580 v. Chr. starb, war zwar sein Grabmal fertiggestellt, die Umgebungsbauten befanden sich allerdings noch im Rohbau. Da das religiöse Begräbniszeremoniell einen reibungslosen, zeitlich fest vorgegebenen Ablauf erforderte, beeilten sich die Bauarbeiter, die Nekropole den Priestern »funktionstüchtig« zu übergeben. Wie heutige Ausgrabungen zeigen, wurden die Umgebungsbauten der Pyramide zwar in Stein begonnen, aber eilig in Ziegelbauweise fertiggestellt.

Mit der Roten Pyramide ging eine Epoche zu Ende, in der sich die Grabarchitektur Ägyptens stetig und nachvollziehbar von der Mastaba über die Stufen-Pyramide bis zur Pyramide – von der 1. Dynastie über Djoser bis zu Snofru – entwickelte. Charakteristisch für diese schnelle Evolution und das wohl bestechendste

Zeichen für die Beherrschung der logistischen und transporttechnischen Probleme dieser Epoche ist der stetige Zuwachs des Volumens insbesondere der drei Snofru-Pyramiden. Der Höhepunkt sollte aber erst mit der großen Pyramide von Giza erreicht werden, dem Grabmal des Cheops.

III

Kontakt mit Cheops

Die große Pyramide
von Giza

»Welch ein Unglück für die Hoffnungen,
die diese Herrscher des Alten Reiches gehegt hatten!
Ihre mächtigen Bauwerke stehen heute noch,
obwohl die Hände der Plünderer und die Zeit sie in
Jahrhunderten entstellten, doch nichts ist von den
gebrechlichen menschlichen Körpern übriggeblieben,
zu deren Schutz sie entworfen worden waren.«

Leonard Cottrell

Das Giza-Plateau

Als Snofru starb, hatte der Pyramidenbau in Ägypten in organisatorischer, logistischer und bautechnischer Hinsicht den absoluten Höhepunkt erreicht. Niemals mehr sollte es einem ägyptischen König gelingen, mehr Steinblöcke zu verbauen als Snofru am Ende des 26. vorchristlichen Jahrhunderts. Die Bauleiter der nachfolgenden Könige konnten diese Leistung allerdings noch durch eine Perfektionierung schon bestehender Konzepte übertreffen und zumindest für ein paar Generationen den Weg der Gigantomanie im Pyramidenbau konsequent fortsetzen.
Der Machtwechsel innerhalb des Snofru-Clans ging völlig reibungslos vonstatten. Snofrus Sohn und legitimer Thronfolger Cheops, der altägyptisch »Chufu« (Kurzform von »Chuefui-

Chnum«, »Chnum schützt ihn«) genannt wurde, übernahm etwa 28jährig die Staatsgeschäfte am Nil und ließ nach der Bestattung seines Vaters sofort die notwendigen Maßnahmen zum Bau seiner eigenen Residenz und Grabpyramide einleiten.

Cheops hatte nicht die Absicht, in die Fußstapfen seines Vaters zu treten. Trotz des gelungenen Baus der Roten Pyramide trauten seine Geologen dem Areal bei Dahschur kein weiteres Großprojekt mehr zu. Sie wußten aufgrund ihrer Berechnungen sehr genau, welches gigantische Gewicht sie mit der neuen Pyramide in den Wüstensand setzen wollten. Mit der noch relativ frischen Erinnerung an die Baukatastrophe von Dahschur-Süd, die die meisten Strategen von Cheops als Kinder miterlebt hatten, suchte man mit Bedacht und äußerster Sorgfalt nach einer geeigneten Begräbnisstelle. Die Wahl fiel schließlich auf ein etwa 42 Meter hohes Felsplateau, das sich fast 30 Kilometer nördlich von Dahschur befindet. Ausschlaggebend war vermutlich die hervorragende geologische Konsistenz dieser Anhöhe, die heute südwestlich des Kairoer Stadtbezirks Giza liegt: Das Giza-Plateau verfügte über einen festen Untergrund und war so aufgebaut, daß man problemlos die Kalksteinbänke abarbeiten konnte. Hinzu kam der überaus erfreuliche Umstand, daß an strategisch günstiger Stelle des Plateaus ein massiver Felsstumpf stand, der als ihr »Kernstück« der zukünftigen Pyramide noch mehr Stabilität geben und den notwendigen Arbeitsaufwand reduzieren konnte.[11] Dieser Felskern bestimmte sozusagen über den Bauplatz der Pyramide.

Das Giza-Plateau wurde aufgrund seiner günstigen Voraussetzungen als Begräbnisstätte überaus beliebt: Nach Cheops errichteten noch eine Reihe weiterer umsichtiger Bauleiter die Pyramiden ihrer Könige an diesem Ort. Cheops' Sohn Chephren, sein Enkel Mykerinos und die Königin Chentkaus I. sowie viele ihrer Angehörigen wählten das Giza-Plateau als »Sprungbrett« für ihre Himmels- und Jenseitsfahrt. Heute präsentiert sich das Plateau als ein Sammelsurium unzähliger Grabanlagen aus drei Dynastien – die kompakteste Nekropole ganz Ägyptens. Das Giza-Plateau ist zwar in erster Linie eine riesige Familiengruft,

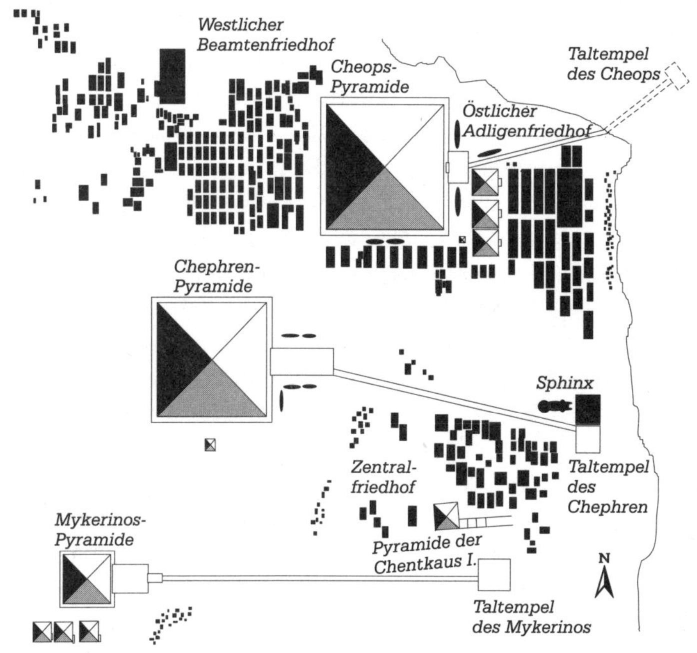

Das Giza-Plateau. Neben den großen Pyramiden und ihren Umgebungsbauten befinden sich hier Hunderte von königlichen und privaten Mastabagräbern (schwarze Rechtecke). *(Skizze: Michael Haase)*

beherbergt aber auch, fast ausgehöhlt wie ein Bienenstock, die Grabanlagen vieler Hundert Ingenieure, Beamter und Priester mit ihren Familien. Gerade diese kompakt wirkenden Privatfriedhöfe, die wohlgeordnet im Schatten der großen Pyramiden liegen, verleihen der Nekropole ihren einzigartigen Charakter.

Der »Horizont des Cheops«

Parallel zur Errichtung der königlichen Residenz gab Cheops noch im ersten Jahr seiner Regierungszeit den Befehl, das Plateau für den Bau seiner Pyramide vorzubereiten. Das Gelände, auf dem das Grabmal stehen sollte, wurde vom Geröll befreit, die groben Höhenunterschiede des Baugrundes und ihrer nahen Umgebung auf Papyrus »kartographiert«. Währenddessen wurde die Infrastruktur hergestellt, die Arbeiterkasernen, Bauhütten, Magazine und Reparaturwerkstätten hergerichtet, ein Hafen, diverse Verladeplätze für Holz, Tura- und Assuangestein sowie die notwendigen Transportstraßen angelegt.

Als schließlich der heute noch erkennbare Fundamentsockel, eine Art überdimensionale Bauplatte, auf dem das Grabmal stehen sollte, fertiggestellt war, konnten die Astronomen die Basismaße der Pyramide auf dem nivellierten Felsboden markieren. Präzise richteten sie dabei die Kantenlinien nach den vier Himmelsrichtungen aus. Kaum war die Felserhöhung, um die herum die Pyramide gebaut werden sollte, symmetrisch terrassiert, konnte der groß angelegte Abbau des Kernmaterials in den Steinbrüchen und seine gezielte Verteilung beginnen.

Während die ersten Schleppmannschaften die tonnenschweren, bis zu 1,5 Meter hohen Felsblöcke der ersten Steinlage an den Bauplatz heranschafften, begannen auf dem Felsen inmitten der Baustelle Steinmetze mit der Anlage des unterirdischen Kammersystems. Das Abenteuer Cheops-Pyramide hatte damit endgültig begonnen. Der Rest ist Geschichte, etwa 110 horizontal verlegte und teilweise miteinander »verzahnte« Lagen hoch, eine »Legende aus Stein und Mörtel«: das größte massiv gebaute Grabmal – altägyptisch »Achet-Chufu« (»Horizont des Cheops«) genannt –, das je auf unserem Planeten errichtet wurde.

Die Dimensionen der Cheops-Pyramide lesen sich wie die Maße eines modernen Wolkenkratzers: Auf einer quadratischen Grundfläche mit einer Seitenlänge von über 230 Metern erhob sich das Bauwerk einst unter einem Winkel von fast 52 Grad bis in die schwindelerregende Höhe von etwa 146,5 Metern.

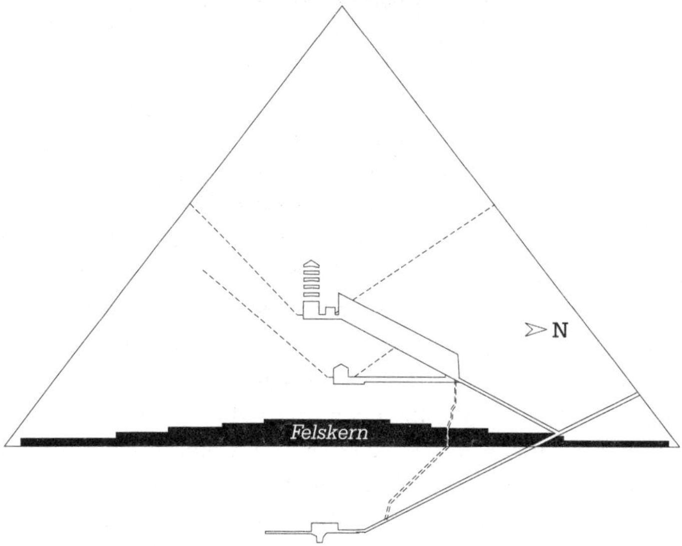

Nordsüd-Querschnitt der Cheops-Pyramide mit ihrem Kammersystem und den vermuteten Ausmaßen des Felskerns. *(Skizze: Michael Haase)*

(Heute sind die Seitenlängen aufgrund der fehlenden Verkleidungsschicht auf ca. 226 Meter geschrumpft, die Höhe beträgt immerhin noch etwa 138 Meter; damit ist die Pyramide so hoch wie der Berliner Funkturm.)
Obwohl die Cheops-Pyramide mehrere Kammern und Gänge besitzt, ist sie, wie alle Pyramiden, ein durch und durch kompaktes Bauwerk. Weit weniger als ein Prozent ihres Volumens, so haben Archäologen berechnet, sind Hohlräume. Den »Rest« teilen sich Steine, Mörtel, Fugen und Bauschutt: zusammengerechnet knapp 2,6 Millionen Kubikmeter (inklusive Felskern).[12] Das entspricht einem Gewicht von über sechs Millionen Tonnen.
Wie lange die Ägypter benötigten, um die kaum vorstellbaren Massen zu einer Pyramide aufzutürmen, wissen wir nicht. Ein zeitlicher Rahmen ist aber durch die überlieferten Regierungszeiten des Königs gegeben, auch wenn diese sich nicht eindeutig

darstellen: Folgt man den ägyptischen Quellen, hat Cheops zwischen 23 und 63 Jahren regiert. Herodot überliefert uns 50 Jahre, moderne Studien sprechen von maximal 34 Jahren. Nehmen wir aber die Bauleistung der Snofru-Pyramiden zum Vergleich, wurde die Cheops-Pyramide vermutlich etwa in einer Zeit von 19 Jahren gebaut.

Bis heute ist Cheops eine eher unbekannte Persönlichkeit des pharaonischen Ägyptens geblieben. Es existieren nur sehr wenige, um nicht zu sagen verschwindend geringe historische Informationen über Cheops selbst und sein Wirken im 3. vorchristlichen Jahrtausend. Von seinen einst sicherlich zahlreichen Statuen ist nur eine kleine, fast unscheinbar wirkende Elfenbeinplastik übriggeblieben, die Anfang dieses Jahrhunderts in Abydos gefunden wurde. Die landesweit für ihn errichteten Denkmäler sind fast vollständig verschwunden, nur noch Fragmente zeugen von ihrer Existenz. Ebenso sind nur wenige Spuren seiner Auslandsaktivitäten vorhanden.

Im Gegensatz dazu ist uns sein Toten- und Verehrungskult bestens bekannt. Allein aus der 4. und 5. Dynastie kennen die Ägyptologen nicht weniger als 60 Opferstiftungen, denen moderner Wirtschaftsunternehmen nicht unähnlich, die zu Cheops Ehren errichtet wurden, aber auch zur Versorgung des Staatsapparates und der Totenpriestergilde beitrugen. Aus der 6. Dynastie, gegen Ende der klassischen Pyramidenzeit, ist kein einziges Stiftungsgut mehr bekannt. Dies ist ein eindeutiges Indiz dafür, daß der Totenkult des Cheops, vermutlich aufgrund rivalisierender Streitigkeiten mit anderen Priestergemeinden, am Ende der 5. Dynastie schon ohne Bedeutung war.[13]

Was Cheops aber aus der scheinbaren Anonymität der Geschichte in das Blickfeld der Ägyptologen und der Weltöffentlichkeit rückt, ist sein heiliger Pyramidenkomplex, vor allem aber sein Grabmal.

Die hohe Meßgenauigkeit, mit der die Cheops-Pyramide gebaut wurde, gehört zu ihren größten Rätseln. Die vier Seitenlängen weichen nur geringfügig voneinander ab und weisen erstaunlich genaue rechte Winkel auf. Ebenso verblüffend ist die fast exakte Nord-Süd-Ausrichtung der Pyramide. Blick auf die Westseite der Pyramide. Im Vordergrund Teile des Beamtenfriedhofs. *(Foto: Michael Haase)*

Die Ostbasis der Cheops-Pyramide. Erst im Jahr 1993 wurden die Reste einer Kultpyramide (links unten) entdeckt und freigelegt. Rechts oben am Bildrand erkennt man Teile des Bodenbelags, der einst zum Totentempel gehörte. *(Foto: Michael Haase)*

Die Cheops-Nekropole heute

Östlich des Grabbezirks lagen die Pyramidenstadt, in der die verschiedenen Handwerkergilden mit ihren Familien sowie die Versorgungsbetriebe untergebracht waren, und die königliche Residenz, in der die Cheops-Familie und viele hohe Würdenträger des Landes residierten.

Da man den königlichen Palast wie auch die Pyramidenstadt mit Lehmziegeln erbaut hatte, waren sie der Vergänglichkeit preisgegeben. Mit den Jahrhunderten zerstört, wurden sie unzählige Male überbaut und sind heute gänzlich unter den Feldern und Dörfern im Südwesten Kairos versunken. Nichts, einige wenige, unbedeutende Steinblöcke einmal ausgenommen, erinnert heute mehr an ihre Existenz.

Die Jahrtausende überdauert hat dagegen der in Stein gebaute Pyramidenbezirk, zu dem neben dem Grabmal auch der Toten- und der Taltempel, der Aufweg, die Neben- und Südpyramiden sowie ein Prinzen- und Beamtenfriedhof gehören. Jedoch ist von seiner einstigen Herrlichkeit bei kritischer Betrachtung nicht mehr viel erhalten geblieben. Aufgrund der seit dem Mittleren Reich andauernden und im Mittelalter systematisch vorangetriebenen Zerstörung sind viele Bauwerke der Cheops-Nekropole entweder gar nicht mehr vorhanden oder in einem sehr ruinösen Zustand.

Eine kurze Bestandsaufnahme soll dies verdeutlichen:

- Der Taltempel ist unter einem Dorf an der östlichen Plateaukante vollständig versunken.
- Der Aufweg ist bis auf wenige Fundamentreste verschwunden.
- Vom Totentempel sind nur noch Teile des Basaltfußbodens erhalten.
- Vom Südgrab sind nur wenige Fundamente und das stark beschädigte Pyramidion übriggeblieben.
- Drei der fünf großen königlichen Bootsgruben liegen leer und offen unter freiem Himmel. Zwei Boote des Cheops wurden auf der Südseite der Pyramide entdeckt. Eines ist

Blick auf die westliche Nekropole der Cheops-Pyramide. Hier wurden hohe Würdenträger und Beamte begraben. *(Foto: Michael Haase)*

Blick von einer Nebenpyramide auf den südlichen Bereich der Cheops-Nekropole. Im Hintergrund links die Mykerinos-Pyramide, in der Mitte die Chephren-Pyramide. In dem modernen Museumsbau am Fuß der Cheops-Pyramide steht eine 1954 entdeckte Barke von Cheops. *(Foto: Michael Haase)*

heute in einem Museumsbau oberhalb der Fundstelle zu besichtigen. Das zweite Boot liegt noch versiegelt und unter einem Wellblechschuppen verborgen in seiner Grube. Die ägyptische Altertümerverwaltung will es in Ruhe und mit Vorsicht konservieren und irgendwann im 21. Jahrhundert der Öffentlichkeit vorstellen.

- Die Verkleidungen und Teile des Kernmauerwerks der drei Satellitenpyramiden wurden abgerissen.
- Die Cheops-Pyramide hat bis auf wenige Steine vollständig ihre Verkleidung verloren. Von den ursprünglich vorhandenen 210 Steinlagen sind die obersten 9 Lagen verschwunden.
- Beide an das Grabmal angrenzenden Friedhöfe, der der Cheops-Familie im Osten sowie der seiner Beamten und Priester im Westen, sind durch Grabräuber und Archäologen stark gebeutelt worden. In den vielen Grabungskampagnen wurden die meisten Grabanlagen zwar erforscht, vermessen und notdürftig instandgesetzt, aber nie systematisch restauriert und rekonstruiert. Nur noch wenige Paradebeispiele instandgesetzter Mastabas vermitteln einen Eindruck der einst stolzen Grabmäler.
- Die Suche nach den Arbeitersiedlungen ist erst seit kurzer Zeit im Gange. Ausgrabungen südlich des Plateaus brachten in den letzten Jahren erfolgversprechende Ergebnisse.
- Die Steinbrüche, aus denen das Hauptmaterial des Kernmauerwerks der Pyramide gebrochen wurde, liegen südlich des Grabmals und sind seit vielen Jahren bekannt und erforscht. Sie erfuhren als Steinlieferanten auch anderer Bauwerke viele Veränderungen, so daß ihre ursprüngliche Form zu Cheops' Zeiten nicht rekonstruierbar ist.

Im Reich der Schatten

Kommen wir nun zum Herzstück der Giza-Nekropole, dem Kammersystem der Cheops-Pyramide. Viele halten das Innenleben der Cheops-Pyramide für äußerst ungewöhnlich und ein-

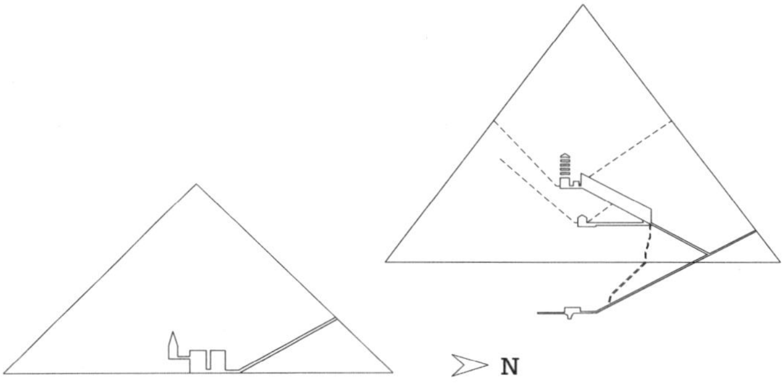

Nordsüdschnitte der Roten Pyramide (links) und der Cheops-Pyramide (rechts) mit allen bisher bekannten Kammern, Gängen und Schächten. Eine »strukturelle Ähnlichkeit« beider Kammersysteme ist durchaus erkennbar. *(Skizze: Michael Haase)*

malig in seiner Konzeption. Das ist auch durchaus richtig, trifft allerdings ebenso für jede andere Pyramide der 4. Dynastie zu. Wer die Schnittzeichnungen dieser altägyptischen Grabmäler aufmerksam studiert, stellt schnell fest, daß es keine zwei Kammersysteme gibt, die sich in Konstruktion und Raumkomposition annähernd gleichen. Sieht man jedoch einmal von diesen räumlich unterschiedlichen Aufteilungen der Kammern und Gänge ab, stimmen die Kammersysteme im Alten Reich in vielen Punkten überein:

- Alle Kammersysteme der 4. Dynastie – wie auch die zu Beginn der 5. Dynastie errichteten – weisen keinerlei Beschriftungen auf.
- Die Kammersysteme sind bis auf eine Ausnahme stets nordsüdorientiert.
- Die Eingänge liegen in der Regel aus der Symmetrieachse nach Osten verschoben an der Nordflanke der Pyramiden.
- Ins Innere führt ein absteigender Gang, der manchmal über ein horizontales oder vertikales Teilstück in einer Vor- oder Grabkammer endet.

- Alle Kammersysteme verfügen über ein Sicherungssystem in Form von Blockiersteinen.
- Viele Kammern besitzen ein Giebeldach oder eine gekragte Decke.
- Die Grabkammern wurden oftmals aus der vertikalen Mittelachse der Pyramide heraus verschoben.
- In der Regel stehen die Sarkophage auf der westlichen Seite der Grabkammern.

All diese Eigenschaften treffen auch auf die Cheops-Pyramide zu, doch hebt sie sich durch eine besondere Konstruktion von allen anderen Pyramiden ab: Anscheinend hatten die Baumeister des Cheops das Bedürfnis, die Grabkammer mehr ins geometrische Zentrum des Grabmals zu legen. Eine derartig hoch ins Pyramidenmassiv gebaute Kammer findet sich in keiner anderen ägyptischen Pyramide. Lediglich beim unmittelbaren Vorgängerbau, der Roten Pyramide von Snofru in Dahschur, ist das Anliegen der Architekten erkennbar, die Grabkammer ebenfalls in eine erhöhte Position zu bringen. Betrachtet man dieses Kammersystem etwas genauer, kann man gewisse Parallelen zur Raumgestaltung der Cheops-Pyramide erkennen, so daß es durchaus zulässig ist, hier von einer Weiterentwicklung zu sprechen.
Werfen wir nun einen detaillierten Blick auf das Kammersystem der Cheops-Pyramide. Wie ein Nordsüdschnitt der Cheops-Pyramide sehr nachdrücklich suggeriert, läßt sich das Innere des Grabmals in ein oberes und ein unteres Kammersystem aufteilen.

Tief unter dem Giza-Plateau

Heutzutage betreten die Touristen das Innere der Cheops-Pyramide durch einen vermutlich im frühen Mittelalter gebrochenen, fast zwei Meter hohen Grabräubertunnel, der sich etwa sechs Meter über dem Boden der Nordflanke befindet. Von dort

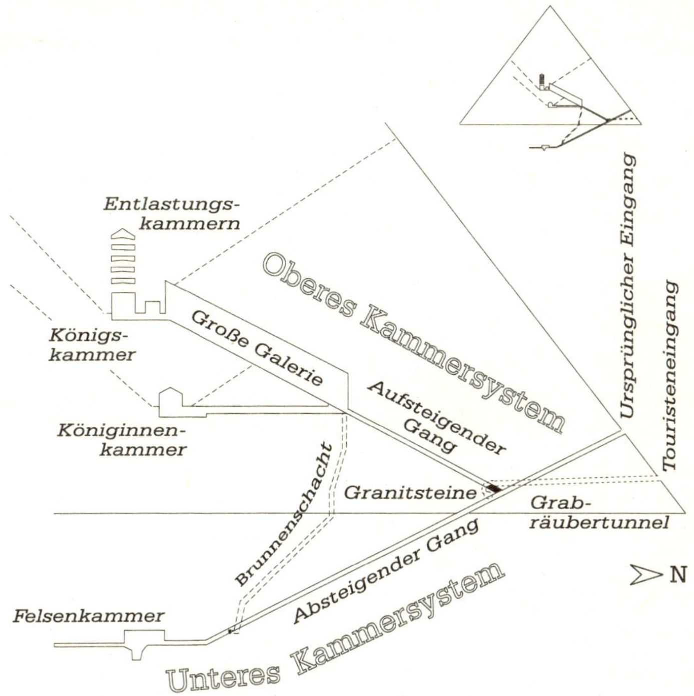

Nordsüdschnitt durch das Kammer- und Gangsystem der Cheops-Pyramide. *(Skizze: Michael Haase)*

aus verläuft der nicht geradlinige Gang etwa 25 Meter weit ins Mauerwerk, bis er am »Kreuzungspunkt« des unteren und oberen Bereiches auf das Gangsystem der Pyramide stößt.

Der einst sorgsam verborgene und wohl erst im 13. Jahrhundert beim Abriß der Verkleidung entdeckte ursprüngliche Eingang liegt gut neun Meter oberhalb des Touristeneinganges. Er ist seit langem mit einem Gitter verschlossen und kann nur mit Zustimmung der Pyramidenaufseher von außen besichtigt werden. Das untere Kammersystem, das sich hinter den ursprünglichen Eingang anschließt, entspricht auf den ersten Blick der im Alten

Reich traditionellen Form. Es besteht aus einem über 110 Meter langen absteigenden Gang, der in einer Felsenkammer fast 30 Meter unter dem Pyramidenniveau endet. Die geringe Höhe erlaubt es uns heute nur in gebückter Haltung vorwärtszukommen. Der Weg hinunter ist selbst für guttrainierte Wüstenläufer anstrengend, erscheint endlos lang, zurück kann er zu einer Tortur für Muskeln und Kreislauf werden. So mancher völlig erschöpfte Tourist konnte sich nur mit äußerster Mühe bis zum Ausgang schleppen. Das veranlaßte die ägyptische Antikenverwaltung schon vor vielen Jahren, den Abstieg in die Felsenkammer zu verbieten.

Wem es trotzdem einmal vergönnt war, bis zum tiefsten Punkt des Cheops-Grabmals vorzudringen, kann erst verstehen, was die Ägypter mit dem Bau des unteren Kammerbereichs geleistet haben. Oftmals haben wir uns gefragt, unter welch unmenschlichen Bedingungen die Ägypter hier gearbeitet haben müssen. Fast 80 Meter geht der Schacht unter einem Winkel von etwa 26 Grad durch den gewachsenen Fels, bevor er auf die Felsenkammer trifft. Während des Baus können höchstens zwei Personen am Schachtende parallel gearbeitet haben. Auf Knien versteht sich, denn der Tunnel ist lediglich 1,20 Meter hoch und 1,09 Meter breit.

Was dachten die gottesfürchtigen Arbeiter wohl in diesem staubigen, beengten Loch fernab des Sonnenlichts? Nirgends lesen wir etwas über die sorgsam ausgewählten Steinbrucharbeiter, die als »Elitesteinbrecher« tief unter dem Giza-Plateau im Einsatz waren. Wurden sie für ihre harte Knochenarbeit besonders entlohnt? Wie hoch war ihre Sterblichkeitsrate?

Ein anderer Gedankengang: Auch an diesem Teil der Baustelle mußte natürlich die Logistik stimmen. Wie zum Beispiel wurde der abgeschlagene Schutt in dem engen Tunnel wegtransportiert? Womit erzeugten die Arbeiter Licht am unteren Schachtende?

Wir können nur staunen. All diese Probleme und Fragestellungen meisterten die Ägypter anscheinend mit Bravour. Wir wissen nicht genau wie, denn die Quellen schweigen, doch beweisen uns die vielen Tausend unterirdischen Mastabagräber entlang des

Nils unzweideutig, daß die ägyptischen Bergleute für derartige Aufgabenstellungen bestens gerüstet waren.
Anders als die Arbeitsleistungen, die in einem derartigen Schacht vollbracht wurden, können wir uns die Arbeitsmethoden ungefähr vorstellen: Mit Steinhämmern, Spitzmeißeln und Schlegeln erledigte man die groben Arbeiten, zum Glätten der Wände im Gang benutzte man Flachmeißel. Der Abraum wurde in Körben und Säcken, vielleicht über eine Schlittenvorrichtung, nach oben gezogen.
Je tiefer die Arbeiter ins Giza-Plateau eindrangen, desto spärlicher war das Tageslicht an der jeweiligen Arbeitsstelle. Zur künstlichen Beleuchtung verwendeten die Ägypter vermutlich kleine Öllampen, die mit tierischen oder pflanzlichen Fetten und Salzen – die zur Verminderung der Ruß- oder Rauchentwicklung dienten – getränkt sowie mit Leinendochten bestückt waren. Die durch die Schwerstarbeit erhöhte Atemfrequenz der Arbeiter, die Staubentwicklung beim Abschlagen der Steine sowie der Sauerstoffverbrauch der Öllampen mußte über kurz oder lang zu einem Problem führen, das den Bauleuten wohl doch einiges Kopfzerbrechen bereitete: Die Luft im Gang wurde knapp.
Wir wissen nicht, zu welchem Zeitpunkt dieses Problem auftauchte und wann es bedrohliche Ausmaße annahm. Vermutlich befanden sich die Arbeiter bereits in oder kurz vor der Felsenkammer, als man sich entschloß, einen zusätzlichen Lüftungskanal zu graben: den sogenannten Brunnenschacht. Vielleicht war er sogar schon in den Konstruktionsplänen der Pyramide enthalten. Dieser mannsbreite, über 55 Meter lange und teilweise senkrecht gemauerte Schacht trifft etwa 12 Meter vor der Felsenkammer rechter Hand den absteigenden Gang. Da er bis zum Fuß der Großen Galerie im oberen Bereich des Kammersystems gebaut wurde, somit also die beiden Kammerbereiche miteinander verbindet, hat man ihn in der Literatur oftmals als Grabräuber- oder gar Fluchtschacht bezeichnet. Wir können nicht ausschließen, daß der Brunnenschacht zu einem späteren Zeitpunkt eine derartige Funktion erfüllte, bautechnisch gesehen macht er aber nur Sinn, wenn er eine rein logistische Aufgabe innehatte,

nämlich als Luftzufuhrschacht für die Arbeiter in der Felsenkammer diente.
Ganz ohne Zweifel wurde diese Kammer aufgegeben, wie ihr nur teilweise bearbeiteter westlicher Bereich eindeutig zeigt. Da sie keine eindeutige Blockierungsvorrichtung aufweist, kann sie nicht als Grabkammer vorgesehen gewesen sein. Ein etwa 16 Meter langer, nach Süden gerichteter Korridor, der gegenüber dem Kammereingang liegt, deutet an, daß die Baumeister vorhatten, hier noch tiefer ins Felsplateau vorzudringen. Das unterirdische Kammersystem sollte ursprünglich wohl noch größer ausfallen. Dieser erste Bauplan wurde nie ausgeführt. Die Sauerstoffprobleme, so glauben wir jedenfalls, zwangen die Ägypter, sich aus diesem Bereich zurückzuziehen.
Da der Brunnenschacht bis zum Fuß der Großen Galerie, auf Höhe der Königinnenkammer, führt, kann die endgültige Aufgabe der Felsenkammer praktisch erst dann erfolgt sein, als sich das obere Kammersystem schon im Bau befand. Ob die oberen Kammern als Konsequenz, sozusagen als modifizierter zweiter Bauplan, aus den Problemen bei den Ausschachtungsarbeiten in der Felsenkammer entstanden oder ob das heute erkennbare Gesamtsystem der Cheops-Pyramide von vornherein so geplant war, läßt sich nicht sagen. Man müßte den Brunnenschacht genauer untersuchen oder in strukturell wichtige Bereiche der Pyramide, z. B. in die nähere Umgebung der Kammern, vordringen, um weitere Informationen zu erhalten.

Der letzte Weg des Cheops

Die ursprüngliche Verbindung des unteren mit dem oberen Kammersystem ist eine rechteckige Öffnung in der Decke des absteigenden Ganges, etwa 28 Meter unterhalb des Eingangs. Sie ist unpassierbar, da drei riesige Granitblöcke den Übergang versperren. Sie wurden von den Ägyptern bei der Schließung des Grabmals nach Cheops' Begräbniszeremonie in diese Position gebracht, niemand konnte sie bisher entfernen.

Wir haben es hier mit einem überaus bemerkenswerten Sicherungssystem zu tun, wie es in keiner anderen Pyramide vorkommt. Lage und Führung des Grabräubertunnels, also des heutigen Eingangsstollens, lassen vermuten, daß den ersten Grabräubern der Übergang vom unteren ins obere Kammersystem bekannt war, sie von der Existenz der Granitblöcke wußten oder zumindest ahnten, daß es sie gab. Nur so erklärt sich ihr äußerst planvolles Vorgehen, parallel zum absteigenden Gang einen Tunnel anzulegen, der ganz gezielt die Granitsicherung umging.
Waren es wirklich die Araber unter Al-Mamun, die fast 3 400 Jahre nach dem Versiegeln der Pyramide aus Unkenntnis über den eigentlichen Eingang als erste auf diesem Wege ins Grabmal eindrangen? Kaum zu glauben.
Oder war der Grabräubertunnel schon in der Antike bekannt, wie man Hinweisen in einigen alten Texten entnehmen könnte? Wurde er als kleiner bekriechbarer Schacht womöglich schon von rebellierenden Ägyptern angelegt, die nur wenige Jahrhunderte nach Cheops' Herrschaft zur Zeit des Ägyptischen Bürgerkrieges lebten? Und fanden die Araber diesen kleinen, irgendwann verschütteten, in Vergessenheit geratenen Grabräuberstollen nur wieder und bauten ihn für ihre Zwecke weiter aus?
Betrachtet man die Grabräubertradition in Ägypten aufmerksam, so liegt die Annahme nahe, daß die Cheops-Pyramide kurz nach dem Ende des Alten Reiches beraubt wurde. Das ist nicht unbedingt verwunderlich, denn die größte Pyramide Ägyptens wird auf die Grabräuber wohl einen besonderen Reiz ausgeübt haben.
Daß sie heute völlig zugänglich vor uns steht, hält uns nüchtern vor Augen, daß ihr Sicherungssystem alles andere als perfekt war, es dem »Ansturm« der Räuber wahrscheinlich nicht lange widerstehen konnte. Wir glauben deshalb, daß die Beraubung der Cheops-Pyramide, wie die aller anderen Pyramiden des Alten Reiches, nicht erst in der Antike oder gar im Mittelalter begann, sondern recht bald nach dem Ende des Alten Reiches.
Begeben wir uns nun jenseits der Granitblockierung hinauf ins Zentrum der Pyramide. Zum oberen Bereich gelangt man über

einen mehr als 37 Meter langen, nur 1,20 Meter hohen und 1,05 Meter breiten, schräg aufsteigenden Gang, der in einer Art riesiger schräger »Kammer«, der sogenannten Großen Galerie, mündet. Der Aufstieg in die Große Galerie ist nur in gebückter Haltung möglich, und so manche kleine Beule am Kopf, mancher blaue Fleck, oder beschädigte Rucksack erinnert an dieses wohl schwierigste Teilstück im oberen Kammersystem. Hat man die Passage allerdings hinter sich gelassen, wird man für seine Mühe reich belohnt.

Die Große Galerie, eine der touristischen Hauptattraktionen der Cheops-Pyramide, besitzt dieselbe Steigung, ist aber doppelt so breit wie der aufsteigende Gang. Ihre Größe – sie ist über 46 Meter lang und fast 8,50 Meter hoch – läßt den beengten Aufstieg schnell vergessen. Hier lagerten während der gesamten Bauzeit die drei Granitblöcke, mit denen der Übergang vom absteigenden zum aufsteigenden Gang blockiert wurde.

Ähnlich wie in den drei Snofru-Pyramiden, nur hier auf einer Schrägen von etwa 26 Grad gebaut, besitzt die Galerie in der Cheops-Pyramide ein mächtiges Kraggewölbe, das letzte seiner Art in Ägypten. Ungefähr ab Kopfhöhe schieben sich sieben Kalksteinlagen nach innen in den Raum, so daß am Ende die »Decke« der Galerie nur noch die Breite des aufsteigenden Ganges hat. Diese vorspringenden Kanten gehören zu riesigen Kalksteinplatten, die durch den auf ihnen lastenden großen Druck fast fugenlos übereinander liegen. Auf der Schrägen sind die Deckenbalken dabei »so versetzt, daß sie jeweils in die Seitenwände einhaken, um den Schub aufzufangen, der durch die Schräge entsteht«.[14] Darin besteht die bautechnische Leistung, das statische Wunderwerk der Großen Galerie, die unsere ganze Hochachtung verdient.

Am oberen Ende der Großen Galerie, das man mühelos über eine Holzstufenkonstruktion erreicht, beginnt ein kurzes horizontales Gangstück, das zuerst in eine Blockiersteinkammer und dann ins Allerheiligste der Pyramide, in die Grab- oder auch Königskammer führt. Von den drei ursprünglich vorhandenen Granitblöcken, die den Zugang zur Grabkammer versperrten, fehlt

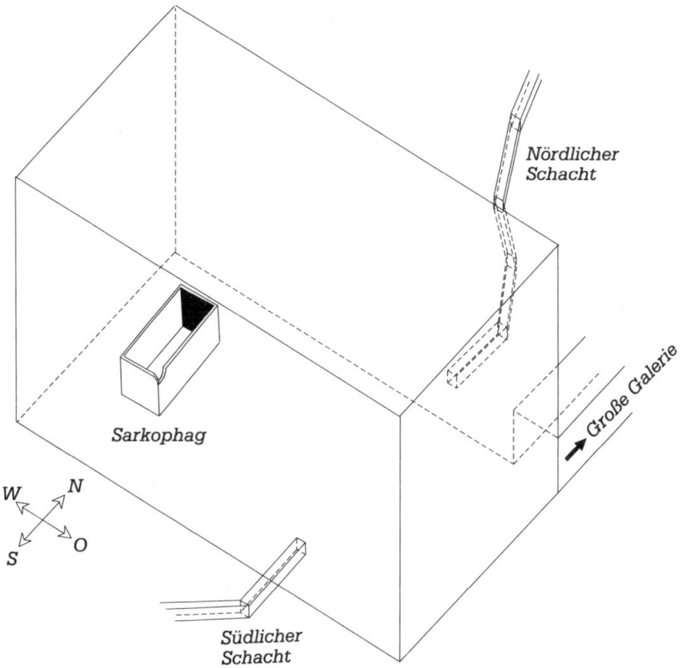

Die Königskammer von Südosten aus gesehen. *(Skizze: Michael Haase)*

heute merkwürdigerweise jede Spur. An den schienenartigen Rillen in den Wänden der kleinen Vorkammer kann man noch erkennen, wie sie einst, vermutlich durch eine flaschenzugartige Seilkonstruktion gehalten, in ihren Positionen hingen.

Als wollte man dem verstorbenen Gottkönig postum seine Ehrerbietung entgegenbringen, muß man die letzten Schritte in gebückter Haltung gehen, bevor sich die letzte Ruhestätte des Cheops vor einem öffnet. Die Königskammer, wie die Grabkammer heute genannt wird, unterscheidet sich ganz deutlich von allen anderen Räumen und Gängen des Grabmals. Nur die Königskammer ist vollständig mit glatt polierten Rosengranitblöcken verkleidet, und in ihr befindet sich das heilige Zentrum

Kleine Elfenbeinstatue des Cheops aus dem Ägyptischen Museum in Kairo. *(Foto: Christine Mende)*

Das obere Ende der Großen Galerie mit dem Übergang zur Königskammer. *(Foto: Michael Haase)*

Die Westseite der Königskammer mit dem Granitsarkophag. *(Foto: Christine Mende)*

Blick auf den westlichen Bereich der Felsenkammer. *(Foto: Michael Haase)*

Die Nordostecke der Königinnenkammer. Rechts die gekragte Nische. In der Mitte der Zugang aus der Großen Galerie. Links am Kabel erkennt man den nördlichen Schachteingang. *(Foto: Christine Mende)*

der Pyramide, der Sarkophag. Er ist aus einem Stück härtesten Granits gefertigt, und steht, wie in allen Pyramiden üblich, nahe der Westwand der Kammer. Sein Deckel, bei der Beraubung vermutlich zerbrochen, ist im Laufe der Jahrtausende vollständig verlorengegangen. Von seiner Existenz zeugen nur noch eine Führungsnut, wo er auf die Sargwanne eingepaßt war, und die an der Oberkante der Sargwanne erkennbaren kleinen Bohrungen, in denen einst die Stifte zur Fixierung des Deckels steckten. Seinen Abmessungen zufolge kann der Sarkophag nicht durch das Kammersystem transportiert worden sein, er wurde also bereits beim Bau der Königskammer aufgestellt. Dies zeigt, neben der Existenz der Blockiervorrichtung, eindeutig, daß diese Kammer im Konstruktionsplan der Architekten von Anfang an als Grabkammer vorgesehen war.

Die zum Teil riesigen, bis in die Höhe von über 40 Metern millimetergenau verlegten Quader der Kammerverkleidung lassen die gigantische Transportleistung erahnen. Die Decke der Grabkammer wird durch neun Granitriegel von mehr als 5,50 Meter Länge überspannt, die jeweils über 40 Tonnen wiegen. Geringfügige Setzungen während der Bauphase, etliche Erdbeben und der brachiale Einsatz von Sprengstoff, mit dem im letzten Jahrhundert die »Erforschung« des Bereichs oberhalb der Grabkammer begonnen hatte, haben ihre Spuren hinterlassen. Die bedrohlich wirkenden Risse in den Deckensteinen, die dem aufmerksamen Beobachter nicht entgehen, sind stumme Zeugen der im wahrsten Sinne des Wortes äußerst bewegten Vergangenheit dieser Pyramide.

An der Nordwand und an der Südwand der Grabkammer befindet sich jeweils ein etwa 22 x 20 Zentimeter großer Schachteingang. Die Wege der beiden Schächte im Mauerwerk der Pyramide sind seit längerem bekannt: Sie verlaufen anfangs ein Stück horizontal und steigen dann unter verschiedenen Winkeln (45 Grad im südlichen, 32,6 Grad im nördlichen Schacht) nach oben an, um zwischen der 101. und 102. Steinlage ins Freie zu treten. Beide Schächte, heute von manchen Ägyptologen als »Seelen«-, von anderen als Luftschächte interpretiert, verlaufen

dabei nicht gerade, folgen somit nicht dem Konstruktionsprinzip des Kammer- und Gangsystems der Cheops-Pyramide. Insbesondere der nördliche Schacht erfährt mehrere Richtungsänderungen, um dem weiten Strukturbereich der Großen Galerie auszuweichen.
Oberhalb der Grabkammer, für keinen Touristen zugänglich, liegen die fünf sogenannten Entlastungskammern. Das sind niedrige, übereinanderliegende Hohlräume, die wohl die statische Aufgabe hatten, den vertikal auf der Königskammer lastenden Druck der etwa 80 Meter hohen Pyramidenspitze abzufangen – etwa so wie »Knautschzonen« bei einem Auto. Besonders deutlich wird dies an der obersten Kammer, über der ein Giebeldach aus Kalksteinplatten liegt. Giebeldächer haben immer die baustatische Funktion, kräftescherend bzw. -aufteilend zu wirken; sie leiten die vertikal wirkenden Kräfte zu den Seiten ab. Zusätzlich zu dieser Sicherung verlagerten die Konstrukteure die Grabkammer um ein paar Meter südlich aus dem Pyramidenzentrum heraus. Auch wenn heutige Fachleute die Entlastungskammern oberhalb der Grabkammer statisch für unnötig halten, glaubten die damaligen Baumeister aber wohl zu Recht, bei ihrem ersten und zugleich letzten Versuch, eine Kammer so hoch ins Pyramidenmassiv zu legen, eine derartig aufwendige Konstruktion installieren zu müssen, um die Unversehrtheit der Königsmumie zu gewährleisten.
Dieser unzugängliche Bereich des Kammersystems birgt aber noch eine Überraschung ganz anderer Art. Während sich in keiner zugänglichen Kammer und in keinem Gang der Cheops-Pyramide eine einzige authentische Inschrift aus der Cheops-Ära findet, stießen Archäologen im letzten Jahrhundert bei der Erkundung der Hohlräume über der Königskammer auf einige hochinteressante Graffiti: Markierungszeichen, Titulaturen von Arbeitertrupps, ja sogar Varianten der Königsnamen von Cheops kamen zum Vorschein. Insbesondere die Steinmetz- und Bauarbeitergraffiti dokumentieren eindeutig, daß das Verlegen der Blöcke äußerst planvoll und mittels Markierungen der Schlepp- und Verlegemannschaften vonstatten ging. Vor allem aber die

Kartuschen des Cheops weisen ihn als Erbauer der großen Pyramide von Giza aus. Entgegen vereinzelter Gerüchte, viele dieser in den Entlastungskammern gefundenen Graffiti könnten Fälschungen von Archäologen des letzten Jahrhunderts sein,[15] sind sich wohl heute alle Fachleute über ihre Echtheit und Authentizität einig.[16] Da sicherlich die meisten der von den alten Ägyptern für wichtig erachteten Steinblöcke nach dem Brechen im Steinbruch auf irgendeine Art und Weise beschriftet wurden, vermuten wir im unmittelbaren Umfeld der Kammern, jenseits der heute sichtbaren Steinreihen, noch so manchen Block mit Cheops' Namen.

Begeben wir uns nun zum letzten, für unsere weiteren Untersuchungen wichtigsten Raum innerhalb der Cheops-Pyramide: zur sogenannten Königinnenkammer: Vom unteren, nördlichen Ende der Großen Galerie, an deren westlicher Wand der schon erwähnte Brunnenschacht mündet, erreicht man sie über einen 38 Meter langen, niedrigen Gang. Da in diesem bedrohlich eng wirkenden Korridor keine Blockierungsvorrichtung zu finden ist und in der Königinnenkammer selbst keinerlei Spuren eines Steinsarkophags gefunden wurden, kann man sicher davon ausgehen, daß sie nicht als Grabkammer vorgesehen war.
Die Königinnenkammer ist erheblich kleiner als der Sarkophagraum und besitzt ein Giebeldach. Ihre Wände wurden glatt poliert, lediglich der fehlende Bodenbelag vermittelt dem Betrachter den Eindruck, dieser Raum sei unvollendet.
In der sonst schmucklosen Kammer fallen zwei bauliche Merkmale dem Betrachter sofort ins Auge: eine an der Ostwand befindliche Nische und jeweils ein Schachteingang an der Nord- und an der Südwand.
Die 4,70 Meter hohe, wie ein Kraggewölbe aufgebaute Nische ist die dominierende Struktur innerhalb der Kammer. In ihrer Mitte führt ein etwa 15 Meter langer, rohbehauener und bekriechbarer Tunnel nach Osten ins Mauerwerk. Hier haben einst Grabräuber zu erkunden versucht, ob sich hinter der Nische womöglich Hohlräume verbargen. Die Funktion der Nische ist

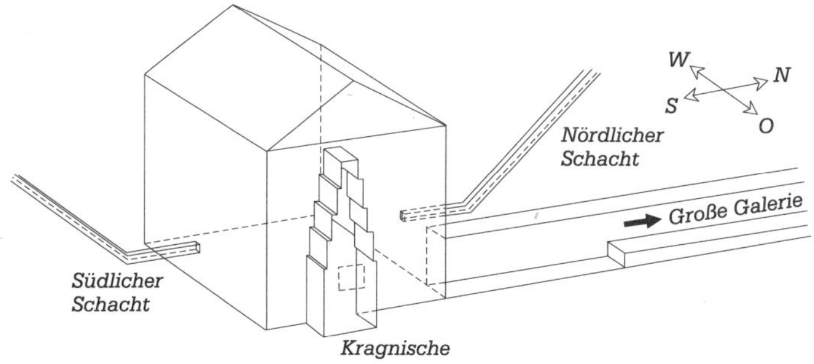

Die Königinnenkammer von Südosten aus gesehen.
(Skizze: Michael Haase)

bis heute nicht geklärt. Einige Ägyptologen vermuten, in ihr habe einst eine Statue von Cheops gestanden. Da in der Kammer selbst aber keinerlei Spuren der Statue entdeckt wurden, wird diese Annahme wohl nie bewiesen werden können.

Die beiden fast quadratischen Schächte mit einer Kantenlänge von ca. 20 Zentimetern liegen sich an der Nord- und Südwand exakt gegenüber. Schon ihre Konstruktion ist eigentümlich: Während ihre Pendants, die oberen Schächte, direkt mit der Grabkammer in Verbindung stehen, waren diese beiden Kanäle nur bis kurz vor der Königinnenkammer ausgeführt worden, ohne jedoch in ihr selbst zu münden. Sie endeten etwa 17 Zentimeter vor der Kammer unsichtbar in den Verkleidungsblöcken. Daß wir sie heute trotzdem sehen, haben wir dem Briten Wayman Dixon zu verdanken, der die Schächte im Jahr 1872 gewaltsam öffnete. Wahrscheinlich war er eine Etage höher, in der Königskammer, stutzig geworden und hatte sich gefragt, warum es wohl zu den oberen Schächten keine Pendants gab.

Einer Intuition folgend klopfte Dixon in der Königinnenkammer die Wände ab. Irgendwo klang es hohl, dann nahm er – den Archäologen stehen bei dem Gedanken daran noch heute die Haare zu Berge – die Brechstange. Mit brachialer Gewalt schlug er gegen den unversehrt erhaltenen, originalen Kalkstein. Zum Vorschein kamen besagte Öffnungen. Aus dem Nordschacht waren bei der grobschlächtigen Aktion seinerzeit sogar einige rätselhafte Gegenstände herausgekullert, möglicherweise Grabbeigaben: eine kleine, etwa 540 Gramm schwere und 9,6 Zentimeter große Steinkugel, ein 4,4 Zentimeter langer und über 5 Zentimeter breiter, kupferner Gegenstand in Form eines »Schwalbenschwanzes« und eine ca. 12 Zentimeter lange Holzleiste.[17] Nach ersten Untersuchungen verschwanden diese Objekte in den britischen Archiven und gerieten mit den Jahrzehnten in Vergessenheit. Erst im Dezember 1993 tauchten zwei von ihnen, die Steinkugel und das Metallstück, im Britischen Museum in London wieder auf, in dessen Ausstellungsräumen sie sich derzeit noch befinden.[18] Die Holzleiste ist leider spurlos verschwunden.

Über den eigentlichen Zweck der beiden Schächte in der Königinnenkammer hat die Ägyptologie bislang nur zwei mehr oder weniger plausible Hypothesen angeboten. Man vermutet entweder, es handele sich um Luftkanäle, die die Arbeiter in der Königinnenkammer mit dem notwendigen Sauerstoff versorgten, nachdem das Kammersystem abgeschlossen worden war, oder man sieht sie in einem eher religiösen Kontext, wobei die Schächte mit der Himmelfahrt des verstorbenen Königs in Verbindung gebracht werden. Ähnlich widersprüchlich wurde auch die Länge der Schächte von den Fachgelehrten bis vor wenigen Jahren bewertet. Wie wir heute wissen, sollten alle Mutmaßungen über ihre wahren Dimensionen im Jahr 1993 ihre Gültigkeit verlieren.

IV

Der Cheops-Krimi

Das Geheimnis der verborgenen Kammer

»Die Realität ist phantastischer als jede Phantasie.«

Erich von Däniken

Alarm in der großen Pyramide

Am 17. Januar 1991 um 0 Uhr 40 MEZ gab der amerikanische Präsident George Bush den Einsatzbefehl: Bomben auf Bagdad! Der Golfkrieg zur Befreiung Kuwaits hatte begonnen. 43 Tage lang lief die »Operation Wüstensturm« gegen den Irak. 43 Tage lang schwebte die Welt zwischen Angst und Hoffnung, der Hoffnung, der Krieg möge sich nicht ausweiten und möglichst schnell vorübergehen. Irgend etwas Unheimliches haftete dieser militärischen Auseinandersetzung an, die von Seiten der multinationalen Streitkräfte unter Führung der USA mit geradezu chirurgischer Präzision durchgeführt wurde.
Arabische Extremisten drohten mit Terroranschlägen rund um den Globus. Öffentliche Einrichtungen und große Unterhaltungs- oder Sportarenen wurden entweder geschlossen oder scharf bewacht. Auch die Kulturdenkmäler Ägyptens waren von diesen Maßnahmen betroffen. 43 Tage lang erhielt das Pyramidenplateau von Giza seine Würde zurück, wenn auch unter traurigen, unfriedlichen Umständen. Die jahrtausendealte Nekro-

pole bei Kairo wurde für kurze Zeit wieder zur wahren Totenstadt, zu einem gigantischen ehrfurchtgebietenden Friedhof. Kaum ein Tourist störte die heilige Ruhe der Pharaonen.
Nur wenige der sonst so lästigen Händler waren auf ihren Kamelen unterwegs, um auf antik getrimmte Figürchen oder Papyri anzupreisen, was den ägyptischen Kultusminister Faruk Husni seinerzeit zu der profanen Klage veranlaßte, der Krieg habe seinem Land 42 Millionen Mark Einnahmeausfall beschert. Wie man sieht, sind die Befürchtungen und Interessen während bewaffneter Konflikte individuell verschieden …
Zu den wenigen, die sich damals trotz der Golfkrise bis an den Nil vorwagten, gehörte der Münchner Ingenieur Rudolf Gantenbrink. Als er an einem dieser Tage vor den menschenleeren Ruinen des Alten Reiches stand, war es fast auf den Tag genau ein Jahr her, daß die größte der drei Giza-Pyramiden schon einmal gesperrt worden war. Allerdings aus ganz anderen Gründen, die weltpolitisch keine Bedeutung hatten, für die antiken Grabmäler allerdings um so bedeutsamer waren: die Auswirkungen von Umweltverschmutzung und Massentourismus. Das Kulturerbe Ägyptens war einem rapiden Verfall ausgesetzt. Von Jahr zu Jahr verschlechterte sich sein Zustand. Daß die Abgase der direkt angrenzenden Millionenstadt Kairo den Pyramiden zu schaffen machten, war kein Geheimnis. Und daß der Besuch jährlich hunderttausender Touristen nicht gerade förderlich war für die empfindliche Bausubstanz der Altertümer, lag ebenso klar auf der Hand.
Was die Archäologen aber in jüngster Zeit festgestellt hatten, war geradezu eine Horrormeldung. Die Cheops-Pyramide, eines der sieben Weltwunder der Antike, war im Begriff, von innen her zu verfaulen.
Dieses Grabmal besaß, anders als die Pyramiden von Chefren und Mykerinos, ein sehr kompliziertes, sehr schönes Kammersystem – und war damit für eine Besichtigung natürlich besonders attraktiv. Ein Strom von rund tausend Besuchern aus aller Welt quälte sich täglich schwitzend die engen Gänge empor bis zur Grabkammer mit dem Sarkophag, und ebenso viele krochen in

Professor Rainer Stadelmann. *(Foto: Reiner Penzholz)*

Der Münchner Archäotechniker Rudolf Gantenbrink. *(Foto: Reiner Penzholz)*

die Kammer der Königin oder gar hinunter in die Felsenkammer. Jeder von ihnen hinterließ statistisch gesehen 20 Gramm Kondenswasser, Schweiß. »Der poröse Kalkstein sog die Feuchtigkeit auf wie ein Schwamm. An manchen Stellen tropfte das Wasser von der Decke. Salze und Mineralien wurden gelöst und traten an der Gesteinsoberfläche aus«[19], an den Wänden entwikkelten sich zerstörerische Pilzkulturen. Alarm für die Pyramide!
Die ägyptische Antikenbehörde begann mit hektischen Restaurierungsaktionen und rief schließlich das Deutsche Archäologische Institut (DAI) in Kairo zu Hilfe, ein Institut mit langer Tradition in Ägypten. Experten begutachteten den bereits entstandenen Schaden und leiteten die ersten Schritte zur Erhaltung des Bauwerks ein. Die Wände der Grabkammern, der Gänge und der Großen Galerie wurden sorgfältig gereinigt, die Salzkrusten so gut wie möglich entfernt, Besuchergraffitis und andere Schmierereien abgescheuert. Um den gröbsten Vandalismus in Zukunft zu verhindern, installierte die Antikenverwaltung zusätzlich eine Videoüberwachungsanlage.
Doch eine Sorge war man noch immer nicht los: die hohe, rund 95prozentige Luftfeuchtigkeit in der Pyramide sowie die unerträgliche Innentemperatur von sage und schreibe 60 Grad Celsius. Die einzige Möglichkeit, dieser Probleme Herr zu werden, wäre gewesen, die Anlage für den Besucherverkehr komplett zu schließen. Doch dies – so war allen Beteiligten klar – konnte politisch niemals durchgesetzt werden. Die Einnahmequelle Fremdenverkehr war für das nordostafrikanische Land zu wichtig. Was also tun?
Ein glücklicher Zufall wollte es, daß just in dieser kritischen Situation Rudolf Gantenbrink Kontakt zum Direktor des DAI/Kairo, Prof. Rainer Stadelmann, aufnahm.
Gantenbrink, Jahrgang 1950, hatte an der Hochschule für Bildende Künste in Berlin und anschließend in Hannover Grafik und Design studiert. Später war er in der sogenannten Offshore-Technik tätig. Darunter versteht man ein Teilgebiet der Meerestechnik, die bei der Suche bzw. der Förderung von Erdgas und Erdöl zum Einsatz kommt, ein High-Tech-Bereich erster Güte

also. Die Lektüre eines Buches mit dem Titel »Die Sieben Weltwunder« hatte ihn auf die Spur der Archäologie gebracht. Insbesondere die ägyptischen Pyramiden faszinierten ihn, es war sozusagen Liebe auf den ersten Blick. Der Ingenieur wurde zum Autodidakten und schließlich zum »Ägyptologen aus Leidenschaft«.

Gantenbrink und Stadelmann verstanden sich auf Anhieb.

Frische Luft für Cheops

Stadelmann hatte schnell erkannt, daß er es nicht nur mit einem außergewöhnlich begabten Techniker zu tun hatte, sondern auch mit einem Mann, der sich sehr für die Ägyptologie interessierte und für die Problematik leicht zu sensibilisieren war.

Nächtelang diskutierten die beiden Männer über Möglichkeiten, die Luftfeuchtigkeit in der Cheops-Pyramide zu senken. Der Archäologe und der Archäotechniker wurden ein Team. Gantenbrink war überzeugt, daß der einzige Ausweg aus dem Dilemma darin zu suchen war, für die Pyramide eine Art Belüftungssystem zu konstruieren. Doch wie sollte das funktionieren? Schließlich konnte man an dem Bauwerk nicht einfach herumschrauben und herumbohren. Damit hätte man möglicherweise mehr Schaden angerichtet als die Touristen.

Stadelmann und Gantenbrink beschlossen, gemeinsam das Kammersystem in Augenschein zu nehmen. Durch den Grabräubertunnel Al-Mamuns und den aufsteigenden Gang krochen sie nach oben. Nach der rund 37 Meter langen, aufwärtsführenden Strecke, die sie nur gebückt, mit krummen Rücken bewältigen konnten, legten sie in der Großen Galerie eine kurze Verschnaufpause ein. Ein paar Minuten später hatten sie auch den mehr als 38 Meter langen horizontalen Zugang zur Königinnenkammer hinter sich gelassen. Was Gantenbrink in diesem Raum sofort auffiel, waren die beiden etwa 20 mal 20 Zentimeter großen Öffnungen in der Mitte der Kalksteinwände: die Eingänge der damals noch unerforschten Schächte der Königinnen-

kammer, die Wayman Dixon 1872 entdeckt hatte. In Gedanken malte der Techniker sich bereits ein Ventilationssystem aus, das imstande war, von hier aus die Feuchtigkeit über die engen Kanäle nach draußen abzuführen. Doch Stadelmann mußte seinen Enthusiasmus zügeln. Man habe bereits probiert herauszufinden, wo die beiden Schächte, von denen einer nach Norden, der andere nach Süden führte, endeten. Leider Fehlanzeige! Die Stollen waren zu winzig, zu eng, um sie eingehender zu erforschen. Es fehlte das technische Gerät. Es sei allerdings so gut wie sicher, daß sie nach etwa acht Metern blind im Mauerwerk endeten. Auf keinen Fall gebe es an den Außenseiten der Pyramide entsprechende Öffnungen. Es handele sich um nur angedeutete Luft-/Seelenschächte für den verstorbenen König. Für eine Belüftungsanlage also keine Chance. Das war schade, zunächst einmal aber nicht zu ändern. Trotzdem ließ Gantenbrink der Gedanke an die beiden mysteriösen Schächte bereits jetzt keine Ruhe mehr. Sie hatten ihn neugierig gemacht und seinen Forscherehrgeiz geweckt. Wenn niemand wußte, wohin sie führten, wie konnte man dann so sicher sein, daß nach acht Metern wirklich Schluß war? Luft- bzw. Seelenschächte, war das nicht ein Widerspruch? Entweder – oder! Der Ingenieur nahm sich vor, hier später einmal nachzuhaken. Noch konnte er nicht ahnen, welche Sensation ihm bevorstand, daß er schon bald für Schlagzeilen in aller Welt sorgen würde. Im Augenblick jedoch waren andere Probleme vordringlicher.
Dann ein erster Hoffnungsschimmer. Oben in der Königskammer, der eigentlichen Grabkammer mit dem Sarkophag, seien ähnliche Schächte angelegt, erklärte Stadelmann. Sie hätten einen Steigungswinkel von ungefähr 45 bzw. 32 Grad und führten in der Tat an den Außenwänden nach draußen. Möglicherweise könne man dort einen Ansatzpunkt für die Belüftung der Pyramide finden.
Durch den niedrigen horizontalen Gang krochen sie zurück zum Fuß der Großen Galerie und kletterten die schmale, in neuerer Zeit installierte Holztreppe hinauf zur Königskammer. Tatsächlich, auch in diesem Raum befanden sich zwei Öffnun-

gen in den Wänden, die in einen Nord- und einen Südschacht mündeten. Schon auf den ersten Blick waren die Spuren des Massentourismus erkennbar. Die kleinen Hohlräume quollen über von zusammengeknüllten Papiertaschentüchern, Getränkedosen und Zigarettenschachteln. Es war anzunehmen, daß die Schächte in ihrer gesamten Länge mit angewehtem Sand, Steinschotter, aber auch mit modernem Müll und Plastik verstopft waren. Wahrscheinlich waren sie von beiden Seiten in Mitleidenschaft gezogen worden, von unten, aber auch von oben. Die Antikenverwaltung hatte zwar strengstens verboten, auf die Pyramide hinaufzuklettern, aber mit Bakschisch ließ sich in Ägypten fast alles regeln. So waren im Laufe der Jahre immer wieder abenteuerlustige, um nicht zu sagen kulturlose Draufgänger die schrägen Außenflächen entlanggekraxelt, hatten dabei die Schachtausgänge entdeckt und sich einen Spaß daraus gemacht, Gegenstände hineinfallen zu lassen.
Dennoch: An genau diesen Stellen konnte man den Einbau einer Klimaanlage wagen. Allerdings war jetzt schon absehbar, daß sich die vorherige Reinigung der Schächte, die unabdingbar war, als »harter Brocken« erweisen würde. Aus dem Stand konnte man diese Arbeit nicht bewerkstelligen. Abgesehen von dem notwendigen technischen Know-how, würde die ganze Angelegenheit sicher auch einen Haufen Geld verschlingen. Die genaue Summe war noch nicht exakt zu kalkulieren, würde sich aber aller Voraussicht nach insgesamt auf mehrere 10 000 Mark belaufen. Dies überstieg das vorgesehene Budget des Deutschen Archäologischen Instituts (DAI) bei weitem, und es war sehr fraglich, ob die Ägypter angesichts der ewigen Wirtschaftskrise ihren ohnehin wackligen Staatshaushalt noch weiter belasten würden.
Doch Gantenbrink gab sich optimistisch. Was die technischen Voraussetzungen betraf, so wollte er sich der Herausforderung stellen. Er bot an, in den kommenden Monaten die Schächte zu reinigen, zu vermessen und einen Plan zu entwickeln, wie man die Luftfeuchtigkeit in der Pyramide deutlich herabsetzen konnte. Was die finanziellen Dinge anging, erinnerte er sich seiner

guten Beziehungen zur Industrie. Vielleicht ließ sich da einiges »lockermachen«.
Stadelmann war begeistert. In den folgenden Tagen informierte er die ägyptische Antikenverwaltung über die guten Nachrichten. Da die Aktion nichts kosten sollte, gaben die Ägypter umgehend »grünes Licht«.
Während der DAI-Direktor mit seinem Kollegen Dr. Zahi Hawass, dem Direktor des Giza-Plateaus, erste Vorbereitungen traf, reiste Gantenbrink zurück nach München. Dort begann er, Kontakte zur deutschen Industrie zu knüpfen, der gute Imagewerbung immer willkommen war. Mit Erfolg! Schon nach kurzer Zeit hatte der Ingenieur zwei Firmen an der Angel: die »Helios Ventilatoren« und die »Lufttechnische Gesellschaft« (LTG) in Stuttgart. Das Projekt »Frische Luft für den Pharao« konnte gestartet werden.
Zusammen mit der LTG gelang es Gantenbrink, am Computer die notwendige Luftzirkulation zu simulieren und die erforderliche Luftverdichtung festzustellen.

Generalprobe gelungen

Januar 1992. Zurück in Ägypten hatte sich auch dort inzwischen ein Einsatzteam zusammengefunden. Neben den Ägyptologen Rainer Stadelmann und Zahi Hawass war vom Deutschen Archäologischen Institut noch der Photogrammeter (das ist ein Vermessungsingenieur für Stereophotographie) Uli Kapp dazugestoßen.
Die Gruppe einigte sich darauf, in einer ersten Phase zunächst den südlichen Schacht der Königskammer zu reinigen. In den kommenden Tagen und Wochen mußte die deutsch-ägyptische Mannschaft halsbrecherische, teilweise lebensgefährliche Klettertouren unternehmen. Tag für Tag ging es 80 Meter hoch hinauf bis zum Schachteingang. »Das war der reinste Backofen«, erinnerte sich Gantenbrink später. »Wir haben auf das genaueste geplant, was wir dort oben zum Vermessen, Freiräumen und In-

Die Ventilationseinrichtung im stark beschädigten Beginn des südlichen Königsschachtes. *(Foto: Michael Haase)*

Eingang in den südlichen Schacht der Königinnenkammer. *(Foto: Michael Haase)*

stallieren brauchten, um nur nicht noch einmal absteigen zu müssen.«[20]

Das Herumkraxeln auf den erodierenden Kalksteinabsätzen erwies sich als äußerst risikoreich. Doch der Pragmatiker Gantenbrink hatte vorgesorgt. In weiser Voraussicht hatte er eine komplette Bergsteigerausrüstung im Reisegepäck. Ohne die Seile und Haken wäre es sicher zu Unfällen gekommen. »Vorübergehend mußte die Pyramide sogar für Besucher gesperrt werden. Fast achtzigmal legte das Team den steilen Weg auf der Süd- und Nordseite zurück. Zusätzliche Schwierigkeit für die Belüftungsexperten: Eine 40 Kilogramm schwere LKW-Achse mußte den steilen Hang hinaufbalanciert werden. Mit ihrer Hilfe gelang es, die Schächte freizuräumen. Mit einem gehärteten Meißel ausgestattet, schnellte sie an einem Seil befestigt immer wieder in die Tunnel hinab, so daß sie das verstopfende Gestein zertrümmern konnte.«[21] Besonders hartnäckig widersetzte sich der Nordschacht dem Großreinemachen. Dort förderten die Männer sage und schreibe fünf Kubikmeter Zivilisationsmüll zutage.

Doch die unangenehme, kräftezehrende Schufterei machte sich bezahlt. Nachdem im oberen Bereich der Schachtausgänge Kunststoffrohre vermauert waren, das erste Erfolgserlebnis: Ein frischer, trockener Wüstenwind durchwehte das Innere der Pyramide. Nun mußte man Nägel mit Köpfen machen. Ein Lufthauch allein konnte das Bauwerk nicht retten, sondern nur ein regelmäßiger Austausch der Luft.

Jetzt kam die große Stunde von Gantenbrink und seinen High-Tech-Ideen. Die Gespräche des Ingenieurs mit der deutschen Industrie hatten Früchte getragen. Die beiden Firmen hatten spezielle Ventilatoren konzipiert, perfekte, maßgeschneiderte Einzelstücke, um Cheops' letzte Ruhestätte endgültig trockenzulegen. Diese Ventilatoren wurden nun in den folgenden Tagen im südlichen Schacht eingepaßt und befestigt. Spannung bei allen Beteiligten, als Gantenbrink im März 1992 schließlich den »Roten Knopf« drückte und das brandneue Lüftungssystem »unter Strom« setzte. Nach einer Viertelstunde unruhigen Wartens schließlich Erleichterung: Generalprobe gelungen! Die

Luftfeuchtigkeit konnte konstant auf 52 Prozent heruntergefahren werden. Das entsprach der Außenluftfeuchte. »Ein technisches Meisterstück, das erstaunlicherweise von den deutschen Medien weitestgehend unbeachtet blieb.«[22]

Spätestens an diesem Tag, so schien es, hatte sich der von Gantenbrink erfundene neue Berufszweig, der »Archäotechniker«, vollends etabliert. Hier bahnte sich eine neue interdisziplinäre Zusammenarbeit an, die nicht miteinander konkurrierte, sondern bestrebt war, sich zu ergänzen. Professor Stadelmann schwärmte nach der gelungenen Rettung des Weltwunders in den höchsten Tönen, trat am 15. 1. 1994 mit Gantenbrink sogar in der Hörfunk-Talkshow »Pyramiden, Tempel, Techniker« im Süddeutschen Rundfunk auf. Stadelmann:

»Das Beispiel Cheops-Pyramide war ein ganz besonders glücklicher Fall. Wir waren uns ja nicht von Anfang an sicher, ob alles gut ausgehen würde. Daß es schließlich geglückt ist, ist wunderbar. Die eingebauten Ventilatoren sind nicht einmal sichtbar, sie sind nicht geschraubt, es ist an den originalen Wänden nichts geschehen. Es gab keine Zerstörung durch moderne Technik, etwa durch Bohrungen oder dergleichen. Also nochmal: Es war ein einmaliger Glücksfall. Bei anderen Antiken wurde in der Vergangenheit viel zerstört. Vielleicht ist es wirklich notwendig, daß Archäologen und Techniker in Zukunft enger zusammenarbeiten. Wir selbst können Hochtechnologie kaum einsetzen, auch aus finanziellen Gründen. Die Reinigung und schließlich die Vermessung der Pyramide ist das Ergebnis der Initiative von Herrn Gantenbrink gewesen. Er hat es fertiggebracht, die Industrie und damit Sponsoren zu mobilisieren. Wir hätten das nicht tun können.«

Bei soviel Glückwünschen wollte auch Gantenbrink nicht zurückstehen, verteilte seinerseits Komplimente:

»Durch Professor Stadelmann habe ich gelernt, wie bedeutend der Erhalt überlieferten Kulturgutes für unsere Nachkommen ist.« Und: »Ich meine, daß es in der Zukunft viele weitere Projekte geben sollte, bei denen man bewußt die Verbindung Archäologie und Technik sucht.«[23]

Es ist kaum zu glauben, daß bereits zu diesem Zeitpunkt die Keimzelle der Zwietracht zu wachsen begann, die bald zur Blockade eines der spannendsten archäologischen Abenteuer unseres Jahrhunderts führte. Zunächst jedoch genoß man gemeinsam den Erfolg.

UPUAUT-2: Der Öffner der Wege

Auch die ägyptische Antikenbehörde zeigte sich von der improvisierten Rettungstat beeindruckt. In einer ersten Reaktion ließ es sich Kulturminister Faruk Husni nicht nehmen, höchstpersönlich vor die internationale Presse zu treten und weitere Restaurierungsmaßnahmen anzukündigen. Jetzt, da der Erfolg garantiert war, wollte man sich zumindest verbal an den Projekten der Ausländer beteiligen. Ähnliche elektrische Ventilationssysteme, erklärte Husni, wolle man nun auch in anderen gefährdeten Pharaonengräbern installieren.
Für die ägyptischen Politiker war es natürlich wichtig, in der Öffentlichkeit den eigenen Anteil an den Arbeiten herauszustellen. Ohne die Erhaltung des kulturhistorischen Erbes wäre der Fremdenverkehr auf den Nullpunkt gesunken. Für die großenteils verarmte Bevölkerung des Entwicklungslandes hätte dies zu fatalen Konsequenzen geführt. So hatte das Kulturministerium, um die Ägypter zu beruhigen und sich auch international gut zu präsentieren, schon vor vielen Jahren das Ritual der wöchentlichen Pressekonferenz eingeführt. Dabei wurden nicht nur regelmäßig spektakuläre Restaurierungserfolge, sondern auch sensationelle archäologische Entdeckungen gefeiert. Offiziell wurden diese Entdeckungen selbstverständlich zumeist von einheimischen, also ägyptischen Archäologen gemacht, assistiert von ausländischen Experten – auch wenn der umgekehrte Fall der Wahrheit näher kam. Welch immense Bedeutung die Zeremonie der Pressekonferenz tatsächlich besaß, sollte sich bald herausstellen.
Unterdessen hatte sich Rudolf Gantenbrink bereits einem neuen

Projekt zugewandt. Jetzt, da die erste Hürde genommen war, erinnerte er sich wieder an die geheimnisvollen Schächte in der Kammer der Königin. Die heute sichtbaren Öffnungen waren ja ursprünglich verschlossen gewesen, bis der Engländer Wayman Dixon sie – wie wir gesehen haben – im Jahr 1872 gewaltsam öffnete.

Gantenbrink nahm die Schächte jetzt noch einmal genau unter die Lupe. Da die alten Baumeister sie nicht bis in die Kammer durchkonstruiert hatten, war klar, daß sie von jeher einem anderen Zweck gedient haben mußten als der Luftzirkulation. Beide Schächte führten zunächst etwa zwei Meter horizontal ins Steinmassiv hinein, um dann schräg nach oben abzuknicken. Während der Reinigungsarbeiten an den Außenwänden der Cheops-Pyramide hatte der Ingenieur auch intensiv nach möglichen Ausgängen der unteren Schächte gesucht. Doch Fehlanzeige! Wo und wie also endeten die rund 20 mal 20 Zentimeter im Quadrat messenden Kanäle der Königinnenkammer? Es war kaum zu glauben: Seit mehr als 120 Jahren standen zwei unübersehbare Fragezeichen in der ägyptologischen Landschaft herum, aber keiner der zuständigen Fachleute war genügend neugierig geworden, um der Sache auf den Grund zu gehen.

Anders Gantenbrink: Der Archäotechniker platzte beinahe vor Neugierde. Während der folgenden Tage besprach er die Angelegenheit mit Professor Stadelmann und dem Chef des Giza-Plateaus, Zahi Hawass. Die beiden Männer zeigten sich eher skeptisch, denn Gantenbrink war kein Ägyptologe. Das Projekt aber, das er ihnen nun vorschlug, klang ganz nach einer archäologischen Grabung, nach einer wissenschaftlichen Untersuchung und weniger nach einer technischen Aufgabe. Auf der anderen Seite hatte der engagierte Mann aus München seine Geschicklichkeit und sein frappierendes Fachwissen unter Beweis gestellt. Und natürlich wurmte es die beiden Gelehrten, daß sie für ihre Theorie der »angedeuteten, unvollendeten Luft-/Seelenschächte« keine Belege präsentieren konnten. Eine Untersuchung der winzigen Korridore wäre erstmals eine Möglichkeit gewesen, ihre Auffassungen bestätigt zu finden.

Gantenbrinks Idee klang spektakulär: Er wollte ein raupenähnliches Fahrzeug entwickeln, einen ferngesteuerten Miniroboter, und das Gerät mit einer Kamera ausrüsten, um ins Innere der Schächte blicken zu können. Was die Kosten anging, so wollte er einen Teil davon selbst tragen und sich ansonsten erneut um Sponsoren bemühen. Das neue Projekt werde ebenso zerstörungsfrei und behutsam durchgeführt wie das erste, versicherte er.
Da es keine ernsten Gründe zu geben schien, die gegen die Unternehmung sprachen, willigten die beiden Altertumsforscher ein. Stadelmann schlug vor, den kleinen Roboter nach einem altägyptischen Gott zu benennen: UPUAUT, dem Öffner der Wege. Gantenbrink fand den Namen hervorragend, plädierte aber für eine Ergänzung: UPUAUT-2. Denn in den Schächten der Königskammer habe man schließlich bereits einen bemerkenswerten Weg geöffnet. Die Mission UPUAUT-1 habe ihre Feuertaufe also bestanden. Übereinstimmend wurde beschlossen, das Folgeprojekt UPUAUT-2 zu nennen.

Ein Raumschiff auf Rädern

Nach Deutschland zurückgekehrt, machte sich Gantenbrink an die Arbeit.
Er entwickelte einen ferngesteuerten Miniroboter, ein metallisch blinkendes technisches Wunderwerk, sechs Kilo schwer und etwa von der Größe eines Schuhkartons. Auf den ersten Blick sah das kleine Fahrzeug aus wie ein Raumschiff auf Rädern. Unter Gantenbrinks Anleitung war der Roboter in Einzelanfertigung konstruiert worden. Das Material bestand zum Teil aus Flugzeugbau-Aluminium, zum Teil aus Edelstahl. Auch »unter der Haube« versteckte sich High-Tech vom Feinsten.[24] Die Maschine war mit einer Miniaturfarbsehkamera und einem Laserführungs- und Vermessungssystem ausgerüstet. Die zigarrengroße Kamera konnte in alle Richtungen schwenken und neigen. Die mit dem Steuerpult verbundenen Kabel hatte die Firma GORE entwickelt und gefertigt, kostenlos.

Ein Raumschiff auf Rädern. *(Foto: Sender Freies Berlin)*

Mit erstaunlicher Kraft preßt sich UPUAUT-2 gegen die Decke des Schachtes. *(Foto: Sender Freies Berlin)*

Auch andere Firmen lieferten technische Unterstützung: das Schweizer Unternehmen ESCAP in Genf (Spezialmotoren) und die HILTI AG in Schaan/Liechtenstein (Bohrtechnik). Der Roboter, schrieb der Autor Erich von Däniken treffend in seinem Buch »Der Jüngste Tag hat längst begonnen«, wurde ein »Schulbeispiel der ewig Verzagten, die dauernd herumjammern: ›Das geht nie!‹ Es geht, wenn sich Intelligenz, Technik und ein klarer Wille zusammentun.«
Sieben unabhängige, einzeln ansteuerbare Präzisionsmotoren trieben das High-Tech-Vehikel an. Ein Mikroprozessor koordinierte die Steuerbefehle. Mit Hilfe einer raffinierten Hydraulik konnte sich UPUAUT während des Fahrens nicht nur am Boden, sondern auch an der Decke festkrallen. Das war insofern wichtig, als anzunehmen war, daß auch die Schächte der Königinnenkammer, ebenso wie die der Königskammer, in steilem Winkel nach oben führten. Ohne die Hydraulik hätte der Roboter auf seiner Kombination aus Zahnrädern und Gummiraupen die Steigung nicht bewältigen können. Präzision war gefragt. Hunderte von Einzelteilen wuchsen zusammen, Stückchen für Stückchen, Schraube für Schraube. Als UPUAUT schließlich startbereit war, hatte Gantenbrink viele Monate Arbeit und mehrere 100 000 Mark investiert.
Nebenbei heuerte der Ingenieur, dessen Liebe zu den ägyptischen Altertümern nun vollends erwacht war, mit Jochen Breitenstein einen Kameramann aus Los Angeles an. Wer wußte schon, wozu es gut war, aber es konnte sicher nicht schaden, das UPUAUT-2-Projekt filmisch zu dokumentieren!? Eine intuitive, glückliche Entscheidung, wie sich zeigen sollte, denn noch immer konnte der Techniker nichts von der Sensation ahnen, die ihm bevorstand.

Bodyguards für den Pharao. *(Foto: Sender Freies Berlin)*

Ramadan auf dem Giza-Plateau: Menschenmassen, Autos und Kamele vor der Cheops-Pyramide. *(Foto: Michael Haase)*

Zurück in Kairo

Im März 1993 war es dann soweit. Gantenbrink flog mit seinem Filmteam und einer umfangreichen Ausrüstung nach Kairo. In einem Hotel direkt am Giza-Plateau schlugen sie ihre Zelte auf. Die Direktion stellte der Forschergruppe sogar einen kleinen Raum als Werkstatt zur Verfügung.

Die weitere Zusammenarbeit mit Stadelmann und Hawass verlief jedoch nicht mehr mit demselben Elan. Ob die beiden Gelehrten insgeheim ein wenig neidisch auf den findigen Tüftler waren oder seine Anstrengungen vielleicht sogar als Schatzsuche abqualifizierten? Hatten sie plötzlich Angst, der Nicht-Ägyptologe Gantenbrink könnte bei seinen Untersuchungen etwas beschädigen oder zerstören?

Über die Gründe können wir nur spekulieren. Tatsache war, daß das UPUAUT-2-Projekt von eher zweitrangigen Vertretern der ägyptischen Antikenverwaltung beaufsichtigt wurde. Offiziell fand die Untersuchung weiterhin unter der Ägide des DAI im Auftrag der Ägypter statt. Die technische Durchführung lag hingegen in den Händen von Rudolf Gantenbrink, der in der Praxis während der folgenden Tage mehr oder weniger auf sich allein gestellt war.

Von Seiten des DAI nahm wieder der Photogrammeter Uli Kapp an den Arbeiten teil, während Professor Stadelmann auf Gantenbrink den Eindruck machte, als nehme er die Angelegenheit nicht sonderlich ernst. Denn seiner Überzeugung nach mußte der Schacht ja bereits nach wenigen Metern enden. Die zu erwartenden Vermessungsergebnisse interessierten ihn zwar – zum Beispiel, ob der Steigungswinkel der Schächte in der Königinnenkammer mit denen der oberen vergleichbar war oder ob sich der Durchmesser von 20 mal 20 Zentimetern veränderte –, ansonsten aber wandte er sich anderen Aufgaben zu. Auch die das Projekt begleitenden Filmaufnahmen schien Stadelmann nur am Rande wahrzunehmen. Niemand konnte ahnen, daß gerade diese Filmaufnahmen noch zu einer Kontroverse führen sollten.

Bodyguards für den Pharao

Auf dem Giza-Plateau brütet afrikanische Hitze. Eine Flut von Touristen überströmt das Gelände, auf Schritt und Tritt verfolgt von einheimischen Händlern, die sich niemals abschütteln lassen, auch wenn sie noch so freundlich darum gebeten werden. Manchmal helfen ein energischer Fluch und ein zorniger Blick in die glühenden Augen der Quälgeister, um sie für kurze Zeit zu vertreiben. Doch schon bald hängen sie einem, Bakschisch witternd, erneut wie Kletten an den Fersen. Polyglott führen sie ihre einseitigen Verkaufsgespräche: »Gute Postkarten, du kaufen? Ich habe echte Mumie, original mummy, you want to see dead body in the desert? Je vous montre des antiquités originals, le voy a mostrar un lugar muy secreto ...« Japanisch und Russisch beherrschen sie ebenso fließend (soweit es fürs Geschäft notwendig ist).

Schon seit früh um acht Uhr kommen von der Zufahrtsstraße her in ununterbrochener Folge Reisebusse vorgefahren. Die automatischen Türen öffnen sich zischend, und sogleich ergießt sich ein neuerlicher Menschenstrom über den Jahrtausende alten Pharaonenfriedhof. Neugier auf die Pyramiden seit der Antike. Die flimmernde Luft ist erfüllt mit einander sich überlagernden Geräuschen, mit arabischem Palaver, dem röhrenhaften Grollen trockener Kamelkehlen und dem ohrenbetäubenden Hupen der Autos, vermischt mit den erstaunten Ausrufen der Touristen und dem lauten Klicken unzähliger Kameras. Von den Minaretts der Moscheen im nahegelegenen Kairo klingen verzerrt die Gebetsrufe der Muezzin herüber. Ein Tag wie jeder andere.

So oder so ähnlich wird es sich wohl auch am 22. März 1993 abgespielt haben. Und doch war alles anders an jenem Tag. Als die Besucher aus aller Welt die Grabkammern der Cheops-Pyramide ansteuerten, bemerkten sie zu ihrer Überraschung »Bodyguards« für den Pharao. Finster dreinblickende ägyptische Wärter verstellten den Eingang. »Eintritt verboten, wissenschaftliche Arbeiten!« hieß es kurz und bündig. Auch lautstarke Beschwerden konnten die Wächter nicht beeindrucken. Der Ärger der Touristen war verständlich. Das atemberaubend schöne Kammersystem der großen Pyramide war für viele die Hauptattraktion und der Grund, die weite Reise nach Ägypten anzutreten. Daß es geschlossen war, hatte ihnen kein Reiseveranstalter mitgeteilt.

Die erste Überraschung

Während die enttäuschten Besucher draußen warten mußten, begann tief im Innern der gewaltigen Anlage ein archäologischer Krimi.

Die Szenerie hätte einem Fantasy-Film entstammen können. Die heimelige Atmosphäre der uralten Königinnenkammer stand in scharfem Kontrast zur kalten Ausstrahlung der High-Tech-Ausrüstung und der hektischen Betriebsamkeit der Forschergruppe. Funkelnd und glänzend stand UPUAUT, der kleine silberne Roboter, auf einem Tisch in der Mitte des Raumes und wartete auf seinen Einsatz. »Rudolf Gantenbrink hatte einen Tisch aus zwei Böcken und Brettern improvisiert. Darauf standen seine Bedienungselektronik und ein Monitor, der gestochen scharfe Bilder von der Roboterkamera liefern sollte. Ein Videogerät sollte die Bildsequenzen auf Band festhalten.«[25] Jochen Breitenstein, der Mann aus Los Angeles, unterstützt von Assistent Dirk Brakebusch, hielt jeden Arbeitsgang mit einer Profikamera fest.

Gantenbrink hatte sich entschlossen, als erstes den Nordschacht zu erforschen. Knisternde Spannung lag in der Luft, die hier unten heißer und schwüler war als ein Stockwerk höher in der Königskammer, wo der Ventilator noch immer reibungslos funktionierte und für Kühlung sorgte. Zusätzliche Hitze verursachten die gleißenden Scheinwerfer der Filmleute.

Schließlich ist es soweit. Gantenbrink setzt seine Wundermaschine in den winzigen, 20 mal 20 Zentimeter kleinen Schacht. Für die Archäologen bisher eine unüberwindliche Grenze, für den Ingenieur dagegen eine Herausforderung. Während Uli Kapp vom DAI sacht das besonders dünne und leichte Spezial-

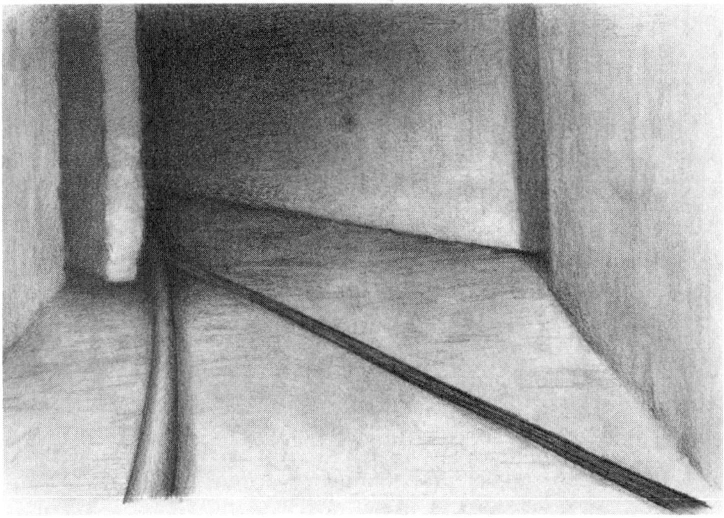

An der Biegung des nördlichen Schachtes liegen die Reste einer Holzleiste und eine Eisenstange, die Dixon im letzten Jahrhundert hier einführte. *(Bleistiftzeichnung von Constanze Schargan nach einem Foto von R. Gantenbrink)*

kabel nachschiebt[26] und die Vertreter der ägyptischen Altertumsverwaltung den Bildschirm mit immer größerer Verblüffung beobachten, bedient Gantenbrink mit äußerster Konzentration die kleinen Steuerhebel. Langsam und vorsichtig kriecht der Öffner der Wege die ersten Zentimeter vorwärts ins Ungewisse. Die zwei Meter zu Beginn sind einfach, noch bewegt sich UPUAUT in der Horizontalen und ist mit bloßem Auge sichtbar. Doch dann kommt mit dem Knick nach oben die erste Feuerprobe. Die Hydraulik fährt aus, die Raupen pressen sich mit erstaunlicher Kraft an die glatte Kalksteindecke. Der erste Versuch scheitert. Gantenbrink setzt seine Maschine ein wenig zurück, nimmt noch einmal Anlauf. Diesmal klappt es. Fernsteuerung, Motoren und Hydraulik sind perfekt aufeinander abgestimmt, arbeiten sicher wie ein Schweizer Uhrwerk. Der Roboter nimmt die Steigung, dann ist er aus dem Blickfeld der Forscher verschwunden. Ab jetzt gilt nur noch die Kameraperspektive, das Auge von UPUAUT, der nun geradewegs in den Schlund der Cheops-Pyramide hineinrattert. Über den Monitor flimmern die ersten Bilder, auf welche die Männer in der Königinnenkammer wie gebannt starren. Sie sehen rauhe grobe Kalksteinwände, gelb erleuchtet von den Halogenscheinwerfern des Roboters. Geradeaus verliert sich das Licht im Dunkel des Schachtes. Langsam, sachte arbeitet sich das Fahrzeug aufwärts, der magischen Acht-Meter Grenze entgegen, dort, wo nach Archäologenmeinung das Ende wartet. Die Spannung steigt. Fünf Meter, sieben Meter, wie selbstverständlich fährt der Roboter weiter, auch bei acht Metern ist kein Hindernis in Sicht, im Schneckentempo beginnt er, sich dem Konstruktionsbereich der Großen Galerie zu nähern. Was ist dort zu erwarten? Wird der Schacht an dieser Stelle enden oder wird er in einer Kurve um die Galerie herumführen? Als sich UPUAUT auf die 17-Meter-Marke zubewegt, schält sich aus der Dunkelheit unvermittelt ein schmaler, länglicher Gegenstand heraus, etwas wie eine Stange.

Sollten die alten Ägypter hier etwas zurückgelassen haben? Grabbeigaben etwa, die mit den von Wayman Dixon gefundenen Gegenständen zu tun hatten? Oder ein antikes Werkzeug? Beides wäre sensationell. Gantenbrink drückt am Schalthebel und läßt den Roboter weiterfahren. Das Bild auf dem Monitor wird schärfer. Ein weiteres kleines Objekt taucht auf, fingernagelgroß. Es liegt auf dem Boden und reflektiert metallisch das Licht der Scheinwerfer, wie Gold. Doch die Aufnahme bleibt zu unscharf. Einzelheiten sind nicht exakt zu erkennen, nur zu erahnen.

Die Kamera schwenkt nach oben, auf den länglichen Gegenstand zu. Und schon wieder eine Überraschung: Bei 19 Metern macht der nördliche Schacht der Königinnenkammer plötzlich einen Knick nach links, nach Westen. In diesem Knick hat sich die zuvor entdeckte längliche Stange verklemmt. Rechts daneben liegt ein weiteres, leistenartiges Objekt.

Gantenbrink nimmt sich Zeit. Nur keine Hektik an dieser Stelle. Er darf jetzt nicht unvorsichtig werden. Würde er versuchen, den Roboter über die beiden Hindernisse hinweg in die Kurve hineinfahren zu lassen, bestünde die Gefahr, daß sich die Maschine hoffnungslos verkantet. Man könnte dann nur noch versuchen, sie an ihrem Kabel wieder herunterzuziehen. Zuviel Risiko. Die Drähte könnten reißen. Der Ingenieur beschließt, die Situation zunächst einmal zu analysieren.

Die Kurve hatte er erwartet. Es handelte sich eindeutig um den architektonischen Bereich der Großen Galerie. So ärgerlich die technische Zwangspause an dieser Stelle war, so erfreulich präsentierte sich doch bisher der archäologische Befund. Der Schacht war länger als die von Fachleuten vermuteten acht Meter, drei Gegenstände lagen am Boden, und der Weg war auch nach 19 Metern an der Galerie nicht zu Ende, sondern führte ein weiteres, unbekanntes Stück ins Mauerwerk der Pyramide hinein. Mit einem solchen positiven Ergebnis im Rücken ließ sich die augenblicklich unüberwindliche Hürde gut ertragen.

Ein paar Zentimeter Spielraum waren noch vorhanden. Gantenbrink gab Spannung auf die Kabel, die Motoren schnurrten, UPUAUT bewegte sich vorwärts, bis die Raupen die Stange berührten. Die Kamera schwenkte nach links. Die Männer am Monitor erhaschten einen verschwommenen Ausblick nach Westen, wo sich Schacht und Stange scheinbar endlos weiter nach oben wanden, ins Unbekannte.

Das Team entschied, die Aktion an dieser Stelle zunächst abzubrechen, jedoch nicht ohne den erneuten Versuch, die entdeckten Gegenstände gründlich unter die Lupe zu nehmen. Der Roboter wurde für einen günstigen Kamerawinkel in Position gebracht. Dann glitt das Objektiv langsam und vorsichtig, um nicht zu verwackeln, den verklemmten, länglichen Gegenstand entlang. Beim näheren Hinsehen wurde den Männern bald klar, daß es sich nur um eine Metallstange handeln konnte. Allerdings schien sie nicht aus Kupfer zu sein, wie man es bei einem antiken Werkzeug aus der Zeit der alten Ägypter erwarten mußte. Zwar waren die Bilder in der düsteren Atmosphäre des Schachtes nicht hundertprozentig scharf, doch der Eindruck verfestigte sich, daß dort eine Eisenstange moderner Herkunft lag. Möglicherweise hatte Wayman Dixon sie zurückgelassen. Als er die

Schächte seinerzeit entdeckte, hatte er wohl mit einem langen, Stück für Stück zusammenschraubbaren Stab versucht, sie näher zu erforschen. Irgendwann verhakte der sich vielleicht beim Weiterschieben an der Kurve, Dixon schraubte den unteren Teil heraus und ließ den Rest oben liegen. Wahrscheinlich hatte der Engländer nicht die leiseste Ahnung von den anderen beiden Objekten, denen er mit seinem verlängerten Tastarm schon so nahe gekommen war.

Gantenbrink schwenkte die Kamera nun auf den zweiten, leistenartigen Gegenstand. Auch hier gab es bildtechnisch einen gewissen Unsicherheitsfaktor. Und doch blieb kaum ein Zweifel: Diese Leiste war ganz offensichtlich aus Holz, nach ersten Schätzungen rund einen Meter lang – und antik, also mehr als 4 500 Jahre alt. Den Technikern unten in der Königinnenkammer lief beim Blick auf den Monitor ein Schauer über den Rücken. Die Mitglieder der ägyptischen Antikenverwaltung bekamen feuchte Augen. Darauf hatten ihre Vorgesetzten sie nicht vorbereitet. Weder Stadelmann noch der Chef des Giza-Plateaus waren in diesem historischen Augenblick anwesend. Nie zuvor hatte man eine derart eindeutige Spur der Baumeister der Cheops-Pyramide entdeckt. Archäologen hatten lediglich – und noch dazu außerhalb der Pyramide – ein winziges Miniaturfigürchen gefunden, das den Pharao darstellte und nun in einer Vitrine im Ägyptischen Museum in Kairo zu bewundern war.

Doch halt! Da gab es ja auch noch die Grabbeigaben, die Wayman Dixon 1872 mit seinem Brecheisen an den Tag gebracht hatte: die Steinkugel, den schwalbenschwanzförmigen Haken ... und schließlich das heute leider verschollene etwa 12 Zentimeter lange Fragment der Holzleiste! War es möglich, daß es sich bei dem von UPUAUT entdeckten Objekt um den Rest der verschwundenen Holzleiste handelte? Je länger man darüber nachdachte, um so mehr deutete darauf hin.

Ein letztes Mal veränderte Gantenbrink die Kameraposition. Wieder kam das metallisch reflektierende, golden leuchtende Miniteilchen ins Blickfeld. Es lag etwas unterhalb der Biegung am rechten Schachtrand. So sehr sich Gantenbrink auch be-

mühte, die Bildschärfe zu regulieren, blieb die genaue Form dieses Gegenstandes doch zu unklar, als daß eine eindeutige Materialbestimmung möglich gewesen wäre.
Niemand hatte erwarten können, beim ersten Vorstoß in den Nordschacht auf Anhieb derart erfolgreich zu sein. Und so sehr es den Forschern verständlicherweise unter den Nägeln brannte weiterzumachen, der kühle Verstand sagte, daß man sich an dieser Stelle zufriedengeben mußte. Ohne den Roboter technisch zu verändern, konnte die Kurve nicht bewältigt, durfte die Weiterfahrt nicht riskiert werden. Immerhin, UPUAUT, der Öffner der Wege, hatte eine Strecke von 19 Metern zurückgelegt, das waren 11 Meter mehr als man bei größtem Optimismus hatte voraussehen können. Tatsächlich hatte es keinerlei fundierte wissenschaftliche Hinweise gegeben, die auf die wahre Länge des Schachtes hindeuteten. Es war ein Projekt, das nicht nur technischen Sachverstand erforderte, sondern auch eine gehörige Portion Mut und Intuition.
Gantenbrink drückte den Schalthebel nach hinten, das Kabel übertrug den Impuls, UPUAUT trat den Rückzug an. Es dauerte eine ganze Weile, bis er unten wieder den Knick zur Horizontalen erreichte.
Inzwischen war es später Vormittag geworden. Erst jetzt bemerkte das Team, welch immense Konzentration ihnen die Erkundungsfahrt des Roboters abverlangt hatte. Die aufregenden Entdeckungen und die trotz Klimaanlage jetzt doch ziemlich stickige Luft in der Kammer taten ein Übriges.
Die Männer hatten sich ihre Frühstückspause redlich verdient.

Was heißt hier Korruption?

Im Hotel hatten sie am Morgen mehrere Lunchpakete in Auftrag gegeben. Am Fuß der Pyramide, auf den gewaltigen Kalksteinblöcken, ließ sich die UPUAUT-Mannschaft nun Sandwiches und geschältes Obst schmecken. Dazu gab es heißen Tee und Coca Cola. Gesprächsstoff hatten sie im Überfluß, doch momentan lenkten sie ihre Aufmerksamkeit in eine andere Richtung, auf ein Schauspiel, das traurig wirkte und zugleich Schadenfreude provozierte, je nach Standpunkt, je nachdem, ob man es als Betroffener oder als unbeteiligter Zuschauer erlebte. Noch immer nämlich bemühten sich zahllose Touristen um Einlaß ins Kammersystem, und noch immer wurden sie von den wild gestikulierenden Wärtern erbarmungslos zurückgewiesen. Nicht einmal mit Bakschisch kamen die enttäuschten Besucher weiter. Und das machte die Angelegenheit zusätzlich unfreiwillig komisch. Es war schwierig zu entscheiden, wer mehr unter der Situation litt: die Touristen, die nur zu gern Cheops' letzte Ruhestätte bewundert hätten oder aber die ägyptischen Bodyguards, denen durch die undankbare Aufgabe das Bakschisch-Geschäft ihres Lebens durch die Lappen ging. Nie wieder würden sie die Gelegenheit bekommen, derart horrende Schmiergelder zu kassieren. Mit saurer Miene lehnten sie eine Offerte nach der anderen ab. Das Ägyptenbild der verwirrten Ausländer geriet komplett durcheinander. Stand nicht im Reiseführer etwas von weitverbreiteter Korruption? Diese Herren hier erwiesen sich jedenfalls als äußerst standhaft. Pflichtbewußt widersetzten sie sich jedem Bestechungsversuch. Hätten die Touristen von der Seelenqual ihrer »Peiniger« gewußt, wahrscheinlich hätten sie ihnen trotz allem einige Piaster zugesteckt, aus Mitleid.

Sensation in der Cheops-Pyramide

Zurück in der Königinnenkammer. Bevor Gantenbrink seinen Roboter abermals in den Bauch der Pyramide schickte, mußte das kleine Ding erst einmal gründlich gereinigt werden. Mit einem Druckluftgerät, einer Spraydose ähnlich, blies er UPUAUT den Staub aus den Scharnieren. Im Nordschacht hatte sich in den vergangenen Jahrtausenden Flugsand angesammelt, der durch den porösen Kalkstein und durch die Fugen zwischen den verbauten Quadern im Laufe der Zeit nach unten gerieselt war. Der Roboter war unbeeindruckt hindurchgefahren, doch nun knirschte es bedenklich im Getriebe. Auch das Kameraobjektiv

war verschmutzt. Aber schon nach kurzer Zeit funktionierte alles wieder bestens.
Nun kam der Südschacht an die Reihe, eine weitere Stelle, an der sämtliche Archäologen bis jetzt hatten kapitulieren müssen. Welche Überraschungen hatten sich der Pharao und sein Baumeister hier einfallen lassen? Im Norden erzwang das Kammersystem nach etwa 19 Metern eine Richtungsänderung des Schachtes. Im Süden bestand diese Gefahr nicht, denn dort gab es keine Hohlräume mehr, jedenfalls keine bekannten.
Ein letzter prüfender Blick in die quadratische Öffnung. Es war schon ein eigenartiges Gefühl: 1872 hatte Wayman Dixon hier gestanden, um mit den nicht immer ganz feinen wissenschaftlichen Methoden seiner Zeit das Rätsel der Pyramide zu knacken. Und nun, mehr als 120 Jahre später, nahm der Archäotechniker Rudolf Gantenbrink den Faden wieder auf, diesmal mit High-Tech aus dem Weltraumzeitalter.
UPUAUT, der Öffner der Wege, macht sich erneut auf, unbekanntes Territorium zu erforschen. Wie eine Nabelschnur, die ihn im Bauch der Pyramide mit Energie versorgen soll, zieht er das schwere Fernsteuerungskabel hinter sich her. Wieder geht es zunächst eine kurze Strecke waagerecht geradeaus, dann kommt die Steigung. Die Hydraulik fährt aus, die Gummiraupen finden Halt. Es beginnt eine Reise steil nach oben und mitten hinein in die Vergangenheit des alten Ägypten. Die Kamera sendet spektakuläre Bilder nach unten, live, aus einer fremden fernen Welt. Stunde um Stunde rattert UPUAUT an groben, rauhen Kalksteinwänden vorüber, oft sind deutlich Meißelspuren der altägyptischen Handwerker zu erkennen. Meter für Meter kriecht Gantenbrinks Miniaturungeheuer den steilen Gang hoch. Während die Meßinstrumente einen Steigungswinkel von rund 40 Grad anzeigen, beleuchten die Scheinwerfer am Bug des Roboters Szenen, die seit mindestens viereinhalbtausend Jahren, seit die alten Baumeister hier tätig waren, kein Mensch gesehen hat. Das High-Tech-Vehikel überwindet kleinere Sandanhäufungen und manövriert sich kunstvoll über Bruchstücke, die von der Decke gefallen sind. [27]

Zehn Meter … fünfzehn Meter, auch der Südschacht hätte nach Gelehrtenmeinung eigentlich längst zu Ende sein müssen, doch UPUAUT bahnt sich weiter unaufhaltsam seinen Weg. Mühsam schiebt sich das Fahrzeug an der 19-Meter-Marke vorbei und ist nun schon weiter ins Mauerwerk vorgestoßen als zuvor im Nordschacht.

Plötzlich helle Aufregung unten am Monitor. Die Kamera zeigt das Bild eines von der Decke herabhängenden Fadens. Kurze Zeit später wird klar, was es damit auf sich hat. Der Faden ist ein hauchdünnes Spinnengewebe. Das dazugehörige Tier liegt mitten im Schacht, tot, vertrocknet, wahrscheinlich verhungert. Wie lange schon?

Nach etwa 27 Metern taucht links am Bildrand eine rote Farbspur auf. Wahrscheinlich ein Markierungszeichen der Baumeister. An dieser Stelle hatte sich ein Block nach rechts in den Schacht hinein verschoben.

Äußerlich unbewegt steuert Gantenbrink seinen Roboter. Alle Team-Mitglieder sind nun sensibilisiert bis in die Haarspitzen und fiebern vor Entdeckerleidenschaft. Gemeinsam mit UPUAUT reisen sie Jahrhundert für Jahrhundert, wie durch einen Zeittunnel, in die Vergangenheit.

Dreißig Meter … vierzig … fünfzig Meter … ein Loch im Schachtboden. Auf dem vergrößerten Monitorbild sehen die Forscher einen gewaltigen Krater, eine scheinbar unendlich tiefe Schlucht, in die der Roboter jeden Moment hineinzustürzen droht. Dahinter aber, in der Dunkelheit, setzt sich der Stollen fort. Unten in der Königinnenkammer wechselten Ärger und Enttäuschung einander ab. Erst der Knick und die Stange im Nordschacht, jetzt schien ein Loch im Boden Endstation zu sein. Die Männer verordneten sich eine Denkpause. Keine übereilten Entscheidungen, Analyse war gefragt. Es handelte sich um die größte Beschädigung, die sie bisher in den Schächten entdeckt hatten. Doch warum gerade hier? »Merkwürdig«, sagte Gantenbrink später bei der Auswertung des Videomaterials, »an dieser Stelle waren wir schon sehr weit vom architektonischen Mittelpunkt, also vom Pyramidenzentrum entfernt. Es lastete kein besonderer

Die Beschädigung im südlichen Königinnenschacht. *(Bleistiftzeichnung von Constanze Schargan nach einem Foto von R. Gantenbrink)*

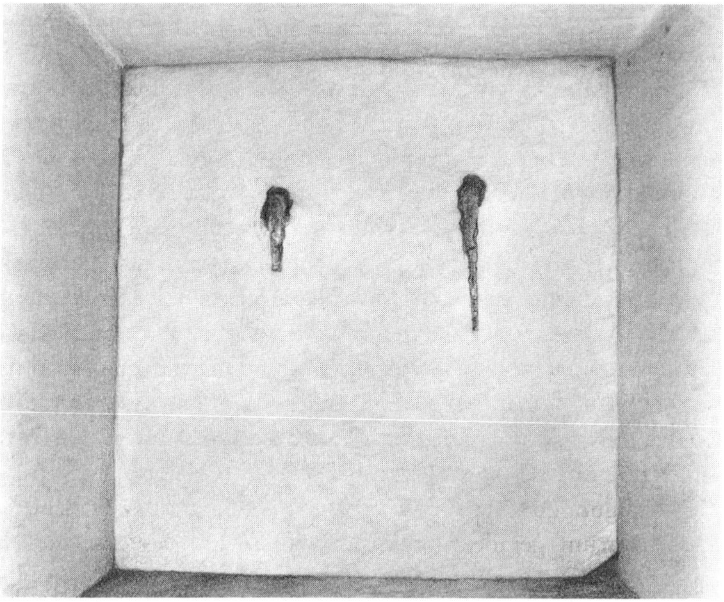
Der Blockierstein. *(Bleistiftzeichnung von Constanze Schargan nach einem Foto von R. Gantenbrink)*

Druck mehr auf dem Schacht, der gesamte Bereich hatte vergleichsweise wenig Gewicht auszuhalten. Und trotzdem diese Beschädigung.«[28] Was konnte sie verursacht haben? Ein Erdbeben? Hatten die Baumeister, die es fertigbrachten, derartige Wunderwerke in die Wüste zu setzen, hatten diese meisterhaften Architekten etwa an dieser Stelle gepfuscht? Kaum vorstellbar! Gab es vielleicht noch einen anderen Grund?
Mit Hilfe des Laserstrahls begann Gantenbrink, die Stufe im Boden zu vermessen. Glücklicherweise war sie längst nicht so tief wie befürchtet. Das Kamerabild hatte die Situation arg verzerrt wiedergegeben. Mit Geschick und Glück manövrierte der Archäotechniker sein Fahrzeug über die eingebrochene Passage hinweg. Doch es blieb keine Zeit zum Atemholen, die nächste Überraschung folgte auf dem Fuße. Kaum war UPUAUT über die Stufe gerattert, da schien es, als hätte jemand die Pforte zu einer anderen Dimension aufgestoßen. Urplötzlich, beinahe von einem Zentimeter auf den anderen, war der Schacht völlig frei von Sand und Staub. Die Wände, an denen sich bisher allenthalben Meißelspuren abgezeichnet hatten, waren schlagartig nicht mehr roh behauen, sondern sorgfältig und glatt poliert. Auch die Farbe des Kalksteins hatte sich verändert. Er war nicht mehr schmutzig-grau und grob, sondern fein und weiß. Dieser Bereich mußte den pharaonischen Baumeistern immens wichtig gewesen sein. Der Vergleich mit den unteren Abschnitten des Schachtes war frappierend. Dort war im Laufe der Jahrtausende überall Flugsand hereingerieselt. Hier war keine Spur davon zu sehen. Warum hatte man sich an dieser Stelle soviel Mühe gegeben?
Während Gantenbrink – beeindruckt von der alabasterhaften Schönheit des Ganges – noch über die Frage nachgrübelt, kommt abrupt und ohne Vorwarnung die erste Sensation. Rechts am Boden liegt ein winziger, metallisch glitzernder Gegenstand. Gantenbrink zoomt darauf zu, versucht das Bild schärfer zu stellen. Kein Zweifel! Ein kurzes Metallstückchen. Die Kamera schwenkt erneut nach oben, in die dunkle Röhre des aufwärtsführenden Schachtes. Und dann, am Horizont bereits zu erahnen, die zweite Sensation. Das elektronische Auge des Roboters

erfaßt eine Art Schiebetür, die den gesamten Stollen abriegelt. Sie führt offenbar von oben in den Schacht hinein. Mitten darauf etwas wie zwei Metallbeschläge. Der linke ist teilweise abgebrochen, das Pendant zum kurz vorher entdeckten Metallstück weiter unten.

In der Königinnenkammer glauben die Forscher ihren Augen nicht zu trauen. Fassungslos, wie gebannt starren sie auf den Monitor. Doch keine Fata Morgana trübt ihren Blick, das Bild bleibt stabil. Gantenbrink spielt mit den Schalthebeln, läßt seinen Roboter vorwärtsfahren. Die Nahaufnahme ist atemberaubend. Wie zwei Tropfen hängen die Metallbeschläge an der weißen, herrlich gearbeiteten Kalksteinplatte. Ein meisterhaftes Kunstwerk der ägyptischen Steinmetze. Die »Tür« ist an ihrem oberen Rand eindeutig höher und an den Seiten breiter als der Schacht selbst. An der rechten unteren Ecke ist ein Stück herausgebrochen. Unter der Blockierung ist deutlich ein Spalt zu erkennen. Gantenbrink zielt mit dem Laserstrahl auf die untere Kante. Der rote Leuchtpunkt hat einen Durchmesser von sieben Millimetern und verschwindet komplett unter der »Tür«, der Beweis also, daß der Kalkstein nicht fest aufliegt.

Wieder und wieder blickt Rudolf Gantenbrink auf den prachtvollen weißen Kalkstein. Hinter ihm, rund um den Bildschirm, haben sich inzwischen alle in der Kammer anwesenden Mitarbeiter versammelt, auch die Vertreter der ägyptischen Antikenbehörde. Langsam aber sicher dämmert ihnen, daß UPUAUT tatsächlich einen Pfad geradewegs in die Cheops-Pyramide geöffnet hat und daß dem Ingenieur aus München eine historische Entdeckung geglückt ist. Eine Tür, eine Blockierung, ein Verschlußelement, ein Block, eine Platte, was immer es ist, die alten Baumeister haben es mit voller Absicht an dieser Stelle angebracht. Dies war kein Zufall.

In der nächsten halben Stunde läßt Gantenbrink seinen Roboter vor- und zurückfahren, jede Einzelheit des Schachtes und der »Tür« wird untersucht und auf Video festgehalten. Welch ein Glück, denn wer könnte in jenem Augenblick ahnen, daß dies für lange Zeit das erste und das letzte UPUAUT-Projekt in der

Cheops-Pyramide sein wird? Im Augenblick aber ist der deutsche Archäotechniker ganz in seinem Element. Zum wiederholten Male gleitet das Objektiv an den scharfen Kanten der »Tür« entlang. Nun fokussiert es die beiden Metallstücke. Bei näherer Betrachtung scheint es sich um Kupferstäbe zu handeln, denn im Licht des Scheinwerfers schimmert ein leichter Grünspan. Beim Zurücksetzen kommt plötzlich ein länglicher Streifen am Boden zum Vorschein, eine merkwürdige Spur.
Haben die Handwerker dort etwas gezogen oder gesägt? Doch dies ist nicht der richtige Moment, um Fragen zu beantworten. Das Wichtigste ist jetzt die Dokumentation des Fundes. Später im Filmstudio wird man noch genug Zeit haben, die gewonnenen Daten zu analysieren. Bald ist auch der letzte Quadratmillimeter des Schachtes im Kasten. Und erst jetzt, nach und nach, begreifen Gantenbrink und seine Mitstreiter, daß mit der Entdeckung der Blockierung jäh eine weitere, geradezu unfaßbare Möglichkeit im Raume steht: die Existenz einer unbekannten, ungeöffneten Kammer irgendwo hinter diesem kleinen geheimnisvollen »Türchen«, das kein Grabräuber je gesehen hat.
Die verschlossene Tür – das Ende des Forschungsabenteuers? Oder der Beginn eines neuen Weges? Wie auch immer, im Moment ist Endstation. UPUAUT müßte schon ein Gabelstapler sein, um die Blockierung hochschieben zu können, falls der Mechanismus auf diese Art überhaupt funktioniert. Der Roboter hat zu diesem Zeitpunkt rund 60 Meter zurückgelegt. Bis zur Außenwand der Pyramide sind es noch immer mehr als 16 Meter.
Schweren Herzens tritt Gantenbrink den Rückzug an. UPUAUT fährt rückwärts den engen Korridor hinunter, jongliert sich vorsichtig noch einmal über die gefährliche Stufe hinweg. 60 Meter, aus der Vergangenheit zurück in die Gegenwart. Jeder Fleck des Schachtes wird dabei ein weiteres Mal dokumentiert.
Unten angekommen, befreien Rudolf Gantenbrink und der Photogrammeter Uli Kapp das High-Tech-Vehikel aus der Mündung des Schachtes. Es ist zwar ein wenig verstaubt und versandet, ansonsten aber vollkommen intakt. Der Öffner der

Wege und sein Erfinder haben ihre Aufgabe perfekt gelöst und sich unwiderruflich im Buch der Ägyptologie verewigt.

Das UPUAUT-Projekt wird gestoppt

Die Geschehnisse der folgenden Tage sind im nachhinein kaum noch schlüssig zu rekonstruieren. Mit welchen Gefühlen Professor Stadelmann und die zuständigen ägyptischen Stellen auf die Entdeckung intern reagierten, bleibt im Dunkeln. Tatsache ist, daß unmittelbar danach unter den Beteiligten des UPUAUT-2-Projektes ein heftiger Streit ausbrach. Der Skandal nahm seinen Lauf.

Auslöser waren die Presseartikel, die nun international über die Forschungen in Ägypten informierten. Die Nachricht über eine geheimnisvolle Tür in der Cheops-Pyramide schlug bei den Journalisten rund um den Globus natürlich ein wie eine Bombe. Im Blätterwald rauschte es gehörig, und auch die elektronischen Medien witterten eine Sensation. Seit Menschengedenken rissen die Spekulationen nicht ab über Goldschätze und verborgene Kammern. Und plötzlich schienen alle diese Geschichten Wirklichkeit zu werden.

Der erste Artikel erschien im Ausland, am 7. April 1993, in der englischen Zeitung *The Daily Telegraph*. Ein paar Tage später zog der Londoner *Independent* nach. Allerdings zeigte keiner dieser Berichte ein Photo von der ominösen »Tür«. Dies wurde dann, wiederum einige Zeit später, in der ägyptischen Presse veröffentlicht.

Der englische Fernsehkanal *Channel 4* verkündete die Entdekkung in der Cheops-Pyramide sogar in seiner Hauptnachrichten-Sendung in einem sage und schreibe acht Minuten langen Beitrag, Ausdruck für den hohen medienpolitischen Stellenwert der Forschungsarbeiten. Drei Minuten Länge waren normalerweise für Durchschnittsthemen vorgesehen.

In der Bundesrepublik schlugen die Wellen ebenso hoch. Wenn deutsche Wissenschaftler eine spektakuläre Entdeckung machten, und noch dazu in einem Weltwunder, dann war das allemal eine Schlagzeile wert:

»Eine Sensation in der Cheops-Pyramide?«
(*Berliner Morgenpost,* 17. 4. 1993)
»Deutscher Forscher knackt Geheimnis des Pharao.«
(*Berliner Zeitung,* 17. 4. 1993)
»Gibt es einen Schatz in der Cheops-Pyramide?«
(*Der Tagesspiegel,* 17. 4. 1993)
»Roboter entdeckt geheimnisvollen Gang in der Cheops-Pyramide.«
(*Die Welt,* 17. 4. 1993)

Verständlicherweise interessierten sich die Journalisten vor allem für die Frage, ob sich hinter der Blockierung eine weitere Grabkammer verbergen konnte. Tatsächlich hatte man ja die Mumie des Cheops nie gefunden. Der tonnenschwere Sarkophag war beim Öffnen der Grabkammer durch Al-Mamun bereits leer. Nur die gewaltige Pyramide und ein paar schlecht lesbare Inschriften erinnerten an den mächtigen Pharao.
Konnte jetzt, rund 4 500 Jahre nach seinem Tod, das Geheimnis gelüftet werden? Gab es noch eine weitere, vierte oder – wenn man die Große Galerie dazuzählte – fünfte Kammer voll kostbarer Schätze? So unwahrscheinlich diese Möglichkeit war, so faszinierend war der Gedanke daran.
Die Journalisten stiegen in die Archive und zauberten alte Quellen hervor. So zum Beispiel einen Bericht, den der griechische Historiker Herodot 448 v. Chr. über die Pyramiden von Giza verfaßt hatte. Darin schrieb Herodot, der Sarkophag des Pharao befinde sich unter der Erde auf einer von Wasser umgebenen Insel. Zitiert wurde auch das Werk des arabischen Historikers Al-Makrizi, der im Jahre 1360 n. Chr. unzählige Dokumente über die Pyramiden gesammelt und veröffentlicht hatte. In dieser beeindruckenden Quellensammlung war von Schatzkammern aus farbigem Granit die Rede, von Geräten aus Eisen, Waffen, die nicht rosteten, von Glas, das sich zusammenfalten ließ, ohne zu

zerbrechen, und von Bildsäulen aus kostbaren Edelsteinen. All dies klang sehr orientalisch, beinahe märchenhaft, zu phantastisch, um wahr zu sein. Im Lichte der neuesten Entdeckungen war man jedoch gehalten, diese antiken Quellen auf ihren wahren Kern hin zu überprüfen. Nicht nur der Londoner *Independent* vermutete, hinter dem Stein könne sich die Mumie von Pharao Cheops samt Grabbeigaben befinden, ein Schatz vielleicht, der dem von Tutanchamun in nichts nachstand.
In all diesen Artikeln wurde der Tüftler Rudolf Gantenbrink als Entdecker gefeiert. Schließlich war er es, der den Roboter erfunden und das Projekt praktisch geleitet hatte.
Sowohl der Ingenieur aus München als auch Professor Stadelmann konnten sich vor Interviewwünschen kaum noch retten. Bereits in dieser Frühphase zeichnete sich zwischen den beiden Männern eine ernste fachliche und bald wohl auch persönliche Kontroverse ab. Während der weltweit anerkannte Ägyptologe sich energisch gegen alle Spekulationen zur Wehr setzte, sprach der unbefangene Techniker öffentlich von einer Sensation.
Stadelmann:
»Es gibt sicher keine andere Kammer. Dieser Gang wurde nie von einem Menschen benutzt oder gesehen. In den Pyramiden sind noch nie Schätze entdeckt worden. Die berühmten ägyptischen Kostbarkeiten und Mumien stammen aus dem Tal der Könige in Luxor und sind aus viel späterer Zeit.«[29]
Gantenbrink dagegen:
»Von vornherein auszuschließen, daß sich hinter dem Blockierungsstein eine Kammer befinden könnte, ist genauso unseriös wie Spekulationen uber verborgene Schätze. Niemand kann wissen, was sich dort verbirgt. Schon allein die Erforschung des Schachtes ist eine Sensation.«[30]
Und Stadelmann konterte:
»Er hätte das besser gar nicht so gesagt, dann hätte es keine solchen Spekulationen gegeben.«[31]
Am 8. Juli 1993 erschien dann endlich auch in Deutschland das erste Photo von der »Tür«. Die Illustrierte *Stern* veröffentlichte es zusammen mit einem Interview:
»Herr Gantenbrink, worin liegt das Besondere des Fundes?

Wir haben in der Cheops-Pyramide ein komplett neues Bauelement entdeckt ... Bisher glaubte man, daß der von uns untersuchte Gang nur acht Meter lang wäre. Wir sind jetzt schon viel weitergekommen. Sämtliche Karten der Pyramide müssen aufgrund unserer Untersuchungen geändert werden.

Glauben Sie, daß Sie auf die Grabkammer des Pharaos gestoßen sind?

Für Glaubensfragen bin ich nicht zuständig. Einer der führenden Ägyptologen der Welt, Dr. Eiddon Edwards vom Britischen Museum, sagt: ›Es ist nicht anzunehmen, daß eine steinerne Tür einen Eingang blockiert, wenn nichts dahinter ist.‹ Dem kann ich nichts hinzufügen.

Wie bewerten Sie den Fund?

Es gibt keine zwingenden Gründe, anzunehmen, daß der untere Südschacht der Pyramide bei der von uns entdeckten Tür endet. Nach allem was wir wissen, ist nicht auszuschließen, daß dahinter eine Kammer ist . . .

Werden Sie als nächstes die Tür öffnen?

Das ist nicht meine Entscheidung. Ich brauche zunächst die Zustimmung der ägyptischen Altertümerverwaltung. Wir haben jedenfalls das technische Gerät, um das zu tun.«

Gantenbrink konnte also nicht einfach mit seinem Roboter zurück in die Pyramide kriechen, um alle Zweifel zu beseitigen. Er brauchte, nach eigenen Worten, die Zustimmung der Ägypter. Doch wo lag da die Schwierigkeit? War es nicht selbstverständlich, in diesem spannenden Moment, in dem doch das Abenteuer eigentlich erst richtig begann, weiterzumachen? Und zwar so schnell wie möglich?

Offensichtlich nicht. Denn plötzlich hieß es: Kommando zurück! Deutscher Forscher gestoppt! Bereits vierzehn Tage vor Erscheinen des *Stern*-Interviews hatten wir Professor Stadelmann nach der Zukunft des Projektes befragt:

»Professor Stadelmann, wann geht die Forschung weiter? Die Öffentlichkeit ist sehr daran interessiert!

Wie es nun in Giza weitergeht? Das kann ich im Moment noch nicht sagen. Vielleicht läßt sich das Projekt wiederbeleben. Das hängt von verschiedenen Aspekten ab, das hängt unter anderem auch sehr stark von

Herrn Gantenbrink ab. Jedenfalls, wenn es sich wiederbeleben läßt, wenn es zu einer weiteren Zusammenarbeit kommt, dann muß es eine sehr kollegiale Zusammenarbeit sein, die es anfangs auch war, und es darf eben nicht eine sensationslüsterne Zusammenarbeit sein, denn sonst würde uns von ägyptischer Seite das nicht mehr gestattet werden.«[32]

Merkwürdig. Während Gantenbrink erklärte, die Entscheidung über die Weiterführung des Projektes liege nicht in seinen Händen, behauptete Stadelmann das Gegenteil. Er erweckte den Eindruck, der Archäotechniker wolle selber nicht mehr weitermachen und habe die Arbeit zwischenzeitlich niedergelegt. Dubios auch die Rolle der ägyptischen Altertümerverwaltung. Warum hatte sie kein Interesse an der Öffnung der Tür? Ägypten, seit Jahren von Terroranschlägen arabischer Extremisten gebeutelt – wobei auch Touristen verletzt worden waren –, konnte positive Schlagzeilen doch sicher gut gebrauchen!? Weshalb war die Zusammenarbeit, wie der DAI-Direktor betonte, plötzlich nicht mehr kollegial? Noch ein Jahr zuvor, nach dem Einbau des Belüftungssystems, hatten sich alle Beteiligten gegenseitig gelobt und beglückwünscht.

Bevor wir uns weiter mit den archäologischen Konsequenzen der Entdeckung beschäftigen, wollen wir zunächst versuchen, ein wenig Licht in das »politische Dunkel« der Angelegenheit zu bringen. Denn zu einem Polit-Krimi war das UPUAUT-Projekt inzwischen geworden. Hatte nicht die Öffentlichkeit ein berechtigtes Interesse an dieser archäologischen Arbeit? Erstens handelte es sich hier nicht um ein x-beliebiges Bauwerk, sondern um das letzte noch erhaltene Weltwunder unserer Erde. Die Giza-Pyramiden waren Teil des kulturellen Erbes der Menschheit und gehörten keiner Nation allein. Wenn es dort noch Geheimnisse gab, dann mußte man ihnen nachgehen. Zweitens war das DAI, das Deutsche Archäologische Institut, eine international äußerst renommierte Bundeseinrichtung, die dem Auswärtigen Amt unterstand und somit aus Steuermitteln finanziert wurde. Der Wunsch der Öffentlichkeit durfte deshalb nicht einfach ignoriert werden.
Wo waren die Täter, wo die Opfer dieses Verwirrspiels?
Wer hatte das UPUAUT-Projekt gestoppt? Und warum?

In der Tat schien es so, als habe sich König Cheops gegen all jene verschworen, die es wagten, seine Grabesruhe zu stören.
Als wir Anfang 1996 im Rahmen unseres ARD-Dokumentarfilms »Im Schatten der Pyramiden« in Ägypten unterwegs waren, um auf den Spuren der alten Baumeister nach weiteren Rätseln zu forschen, hatte sich an der festgefahrenen Situation noch nichts geändert. Ein wichtiger Teil des Films sollte sich jedoch um das UPUAUT-Projekt drehen und darum, wie der Einsatz von Hochtechnologie die klassische Altertumskunde voranbringen konnte. Wer hätte uns dabei besser helfen können als Rudolf Gantenbrink? Wir nahmen Kontakt mit ihm auf, und der Archäotechniker erklärte sich spontan bereit, uns bei Teilen der Filmaufnahmen zu begleiten. Wir sprachen mit ihm über das Scheitern des Projektes. Und natürlich nutzten wir auch die Gelegenheit, mit Professor Rainer Stadelmann und den Vertretern der ägyptischen Antikenverwaltung zu sprechen. Im Laufe der folgenden zwei Wochen fügte sich das verworrene Bild zum ersten Mal Mosaikstein für Mosaikstein zusammen.
Mit der Entdeckung einer »Tür« am Ende eines 60 Meter langen Schachtes hatte seinerzeit niemand gerechnet. Dann aber kam ein Außenseiter, ein Techniker, und warf eine Menge archäologischer Theorien über den Haufen, mischte sich in Fachgebiete ein, die ihn nach Ansicht der Wissenschaftler nichts angingen. Gantenbrink, so der allgemeine Tenor, sei zwar ein hervorragender Ingenieur, von Ägyptologie aber habe er keine Ahnung.
Der Knackpunkt war schließlich, daß Gantenbrink gegenüber der Presse frank und frei über seine Entdeckung berichtete. Obwohl er dabei immer wieder betonte, sich nicht in archäologische Fragen einmischen zu wollen, übte er in Zeitungsinterviews zuweilen harsche Kritik an der Arbeit der Archäologen, so zum Beispiel in der *Berliner Zeitung*:
»Für bestimmte Dinge braucht man Fachleute. Viele Archäologen meinen heute noch, bereits durch ihr Studium auch Astronom, Techniker und Geologe zu sein. Erstens gibt es so viele

ɜr erste monumentale Steinbau der Welt: die Stufen-Pyramide des Djoser. *(Quelle: ichael Haase)*

ch heute lebt die Landbevölkerung wie vor Jahrtausenden. Frauen bei der Wäsche einem kleinen Nebenkanal des Nil. *(Quelle: Michael Haase)*

Die Ruine der Pyramide von Medum. Blick von Osten. Nahtlos geht hier d
Fruchtlandstreifen in die Wüste über. *(Quelle: Michael Haase)*

Die Nordostecke der Knick-Pyramide. *(Quelle: Michael Haase)*

er vom Flugsand freigelegte östliche Bereich der Roten Pyramide bei Dahschur. ʼuelle: Michael Haase)

maufnahmen auf dem Giza-Plateau. uelle: Michael Haase)

Motivsuche in einem Mastabagrab. *(Quelle: Michael Haase)*

Die Cheops-Pyramide zählt zu den sieben Weltwundern der Antike. *(Quelle: Micha Haase)*

Der Roboter UPUAUT 2. *(Quelle: Torsten Sasse)*

omputergrafik der Situation kurz vor der Blockierung. *(Quelle: Erich von Däniken)*

r Blockierstein. *(Quelle: Erich von Däniken)*

Die Form der Pyramide fasziniert uns bis heute und beeinflußt sogar die Architekte der Gegenwart. Diese Pyramide steht nicht etwa in Ägypten, sondern in der Wüste vo Nevada in Las Vegas. Und sie ist auch kein Grabmal, sondern ein gigantisches Hot mit Spielcasino und einer nachgebauten Nillandschaft. Das Bild unten zeigt e Kongreßzentrum in Memphis/Tennessee (USA). *(Quelle: Torsten Sasse)*

:e Pyramide des Mykerinos. *(Quelle: Michael Haase)*

ɘ Chephren-Pyramide. Links die Pyramide des Mykerinos. *(Quelle: Michael Haase)*

Der Totentempel der Sahure-Pyramide. *(Quelle: Michael Haase)*

In Abusir finden sich viele Spuren der Hartgesteinbearbeitungen aus dem Alten Rei
Hieroglyphen auf einem zerbrochenen Granitarchitrav. *(Quelle: Michael Haase)*

Goethes nicht unter uns, und außerdem gäbe es heute auch Goethe nicht mehr, weil die Wissenschaft sich verändert hat. Ich meine, es geht nicht an, daß alle gängigen Theorien über den Bau der Pyramiden von Altphilologen stammen. Oder finden Sie es richtig, wenn ein Sprachwissenschaftler das Szenario einer Großbaustelle, vergleichbar dem Assuanstaudamm, nachzuvollziehen versucht? Ich halte alle bisherigen Theorien zum Thema Pyramidenbau für falsch ... es gibt einfachere Antworten, wenn man sich den Dingen mit technischem Sachverstand nähert.«[33]
Damit hatte der Archäotechniker zwar den Nagel auf den Kopf getroffen, beliebter aber machte er sich mit solchen Äußerungen nicht. Angesichts derart unverblümter Kritik fühlten sich die Gelehrten mächtig auf den Schlips getreten.
Hinzu kam, daß der Ingenieur kurze Videotrailer produziert hatte, die er nicht nur an das DAI und die ägyptische Antikenbehörde, sondern auch an seine Sponsoren verschickte. Zwar waren alle Bildsequenzen, welche die Kalksteinblockierung zeigten, mit dem Sperrvermerk »Not For Broadcast« versehen, doch die Information war draußen und entwickelte Eigendynamik.
Professor Stadelmann:
»Das Projekt war damals eine Unternehmung, die in Zusammenarbeit mit dem ägyptischen Antikendienst durchgeführt worden ist. Wir haben einen Vertrag unterschrieben und damit natürlich auch sämtliche Bedingungen. Und eine der Regeln ist: die Mitteilung über ein Ergebnis, auch über den Abschluß der Unternehmung, erfolgt zunächst durch den Generalsekretär der Antikenbehörde – und dann erst durch uns. Dieser Generalsekretär gibt eine Pressekonferenz, die gibt er praktisch wöchentlich. Dort leitet er die Informationen an die ägyptische und an die internationale Presse weiter. Die Empörung damals war sehr groß, weil die ganze Angelegenheit zunächst als Bild und als Text, mit einem Text, den natürlich die Presse ausgestattet hat, in den ausländischen Medien erschienen ist: über ein Kammersystem, über Mumien, über Schätze, über alles das, und die ägyptische Presse hat darüber nichts erfahren. Da kam ein großer Vor-

wurf gegen uns, gegen das DAI, daß wir uns nicht an die Regeln gehalten haben.«[34]

Von diesem Standpunkt aus betrachtet war der Ärger Stadelmanns verständlich, auch wenn nach unseren Recherchen das erste Photo von der »Tür« nicht im Ausland, sondern in Ägypten erschienen war. Doch dies spielte bei den sich überschlagenden Ereignissen keine Rolle mehr. Das Deutsche Archäologische Institut war gegenüber den Ägyptern, ob berechtigt oder unberechtigt, in eine peinliche Situation hineingeraten. Eine Situation, die der Archäotechniker Rudolf Gantenbrink freilich ganz anders bewertete:

»Natürlich gibt es gewisse Spielregeln, die mir auch bekannt waren. In diesem Fall aber haben wir einen ziemlich sensationslüsternen Gegenstand, nämlich die Cheops-Pyramide. Da lassen sich die Dinge einfach nicht zurückhalten. Natürlich ist es vom wissenschaftlichen Grundgedanken her immer richtig, zunächst in Ruhe zu prüfen und erst dann Informationen an die Presse zu geben. Klare Sache. Oder vielleicht sogar erst nach Abschluß der gesamten Kampagne. Aber das kann man eben bei einem solchen Gegenstand wie der Pyramide nicht machen. Es gehört zur wissenschaftlichen Freiheit, daß ich über so eine Sache reden kann. Das heißt, ich muß auch mit anderen Fachleuten darüber diskutieren können, ihnen sagen, daß es eine Entdeckung gegeben hat. Gerade bei so einem Bauwerk spricht sich das sehr schnell herum. Da kann ich nicht einem Sponsor sagen: Da hast du ein Videoband, aber das ist im Augenblick noch unter Verschluß. Ich kann nicht mehr machen, als am Bildmaterial Sperrvermerke anzubringen. Die reine verbale Information hatten vielleicht 300 Menschen in der Zeit.«[35]

Das waren 299 zuviel. Mit seinem mutmaßlichen Gang an die Öffentlichkeit hatte Gantenbrink die Ägypter in ihrer Ehre, auch in ihrer nationalen Forscherehre getroffen. Wie bereits erwähnt, benutzte die Antikenbehörde ihre regelmäßigen Pressekonferenzen als Werbeplattform für sich und ihre Politik. Das war ihr gründlich vermasselt worden. Doch da gab es noch etwas: den Tutanchamun-Schock. Den berühmten Goldschatz des Pharaos

im Tal der Könige hatten nämlich 1922 die Engländer entdeckt – und den Ruhm dafür geerntet. Jetzt war mit dem »Türchen« schon wieder eine Sensation an Ägypten vorbeigegangen, die Ausländer hatten die Nase vorn.
In den Worten von Dr. Zahi Hawass, dem Chef des Giza-Plateaus, der zwischenzeitlich seines Postens enthoben und dann wieder eingesetzt worden war, schwingen Zorn und Empörung, wenn er an das UPUAUT-Projekt zurückdenkt.
»Wenn wir unsere Herzen und unsere Kulturdenkmäler für wissenschaftliche Arbeiten öffnen, dann müssen die Leute unsere Regeln und Gesetze einhalten. Ohne die ägyptische Regierung vorher zu fragen, können sie nicht einfach eine Entdeckung hinausposaunen und Spekulationen in die Welt setzen. (...) Dieses Projekt wird fortgesetzt. Wir haben unzählige Anfragen von Wissenschaftlern. Herr Gantenbrink aber hat Fehler gemacht. Mit ihm werden wir nicht mehr zusammenarbeiten. Wir brauchen ihn auch gar nicht. Es gibt viel bessere technische Möglichkeiten als diesen Roboter. Es dauert zwei Minuten, um zu wissen, was hinter der Tür ist.«[36]
Mit letzterer Behauptung hatte sich der Ägypter allerdings zu weit vorgewagt. Wenn es so einfach war, die »Tür« zu öffnen, warum hatte man es dann nicht längst getan?
Der Zorn war kaum verraucht, da gab es neuen Ärger. Gantenbrink hatte inzwischen – in Zusammenarbeit mit der BBC – aus seinem Videomaterial einen kommerziellen Film mit dem Titel »Robot Journey Into The Past« produziert. Nach Ansicht des Generalsekretärs der ägyptischen Antikenverwaltung, Dr. Mohammed Nur El Din, hatte er damit die Gesetze des Landes verletzt:
»Wenn Sie hier einen Film produzieren und dann international ausstrahlen wollen, brauchen Sie eine Erlaubnis der ägyptischen Regierung. Die gab es nicht. Wer war dafür verantwortlich? Das Deutsche Archäologische Institut oder jemand anders?«[37]
DAI-Direktor Professor Rainer Stadelmann war über die neuerlichen Verwicklungen keineswegs begeistert:
»Der Vorwurf, wir hätten illegal in der Pyramide gefilmt, ist ab-

solut unrichtig, denn wir hatten all dieses Material vorgelegt und genehmigt bekommen. Daß Herr Gantenbrink und diese Filmleute *vor* der Pyramide gefilmt haben, den Transport der Ausrüstung u.s.w., das ist auch korrekt. Das würde ich gar nicht als falsch ansehen. Daß dort aber ein Film entstanden ist über diese ganze Unternehmung, ist natürlich eine nicht korrekte Sache gewesen. Denn es gibt Filmrechte. Daß diese nicht eingehalten wurden, ist dem Deutschen Archäologischen Institut vorgeworfen worden. Wir haben uns dagegen gewehrt und sind uns, glaube ich, auch mit den ägyptischen Stellen einig geworden, daß es nicht unser Unternehmen war. Daß es neben der wissenschaftlichen Kampagne auch eine kommerzielle Kampagne gab, ist über unseren Kopf hinweg geschehen, wir haben davon nichts gewußt.«[38]

Offenbar war mit den Ägyptern kein Vertrag über die Dreharbeiten abgeschlossen worden. Und da die Filmrechte eine der großen Einnahmequellen Ägyptens sind, war der Ärger vorprogrammiert.

Doch auch dieser Darstellung hält Gantenbrink seine Sicht der Dinge entgegen:

»Also, das ist natürlich völliger Nonsense, weil das DAI, speziell Professor Stadelmann, und auch die betreffenden Stellen in Giza über alles informiert waren. Wir haben dort ja nicht heimlich gearbeitet, sondern wir wurden die ganze Zeit begleitet von Inspektoren. Und wir haben mit professionellem Filmequipment gearbeitet, was man natürlich nicht für wissenschaftliche Zwecke verwendet. Es war schon angedacht, dieses Material irgendwann einmal kommerziell zu verwerten. ›Kommerziell‹ in Anführungszeichen, nicht im Sinne von Gewinnerwirtschaftung. Denn es war ganz eindeutig ausgemacht, daß der größte Teil möglicher Einnahmen, die man zu Beginn ja noch gar nicht absehen konnte, wieder in die Archäologie zurückgehen und der Erhaltung des kulturhistorischen Erbes dienen sollte. Das UPUAUT-Projekt war archäologisches Neuland. Das mußte man einfach filmisch dokumentieren. Man kann jetzt nicht im Nachhinein kommen und sagen, hier sei kommerzialisiert worden.«[39]

Wer hat bei dieser rätselhaften Geschichte wann was gewußt? Und vor allem: Wer hat das UPUAUT-Projekt gestoppt?
Es waren die Ägypter, sagt das Deutsche Archäologische Institut. Professor Stadelmann:
»Die Konzession ist jetzt von ägyptischer Seite entzogen, und man hat uns gesagt, daß man das Projekt selbst weiterführen will.«[40]
Nein, es war genau umgekehrt, sagen die Ägypter und betrachten das ganze als interne deutsche Angelegenheit.
Der Generalsekretär der Antikenbehörde, Dr. Mohammed Nur-El-Din:
»Das Deutsche Archäologische Institut darf überall in Ägypten forschen. Dagegen haben wir gar nichts. Das DAI selbst hat den Stopp beantragt. Wenn es nun den Antrag stellt weiterzumachen, dann werden wir das prüfen. Natürlich ohne Garantie, dem Antrag zu entsprechen. (...) Jeder weiß, daß ich sehr hart daran gearbeitet habe, die beiden Männer wieder zusammenzubringen, nicht nur als Wissenschaftler, sondern auch als zwei Deutsche, zwei Landsmänner, doch bis jetzt ohne Erfolg.«[41]
Widersprüche am laufenden Band, und die »Tür« bleibt zu.
Auf der einen Seite der weltweit anerkannte Wissenschaftler, auf der anderen ein sympathischer »Indiana Jones«, immer bereit, sich ins Abenteuer zu stürzen. Der Ägyptologe Stadelmann und der Ingenieur Gantenbrink, zwei ausgewiesene Fachleute, die sich, so hat es den Anschein, gegenseitig nicht für voll nehmen und dadurch blockieren. Mittendrin: die Verantwortlichen der ägyptischen Antikenverwaltung, denen Politik und Prestige offenbar wichtiger sind als wissenschaftliche Überlegungen.
Vier lange Jahre geht das nun schon so. Welch ein Skandal, wenn man bedenkt, was die zerstrittenen Parteien gemeinsam zu erreichen imstande wären und was sie mit dem Einbau des Belüftungssystems in der Cheops-Pyramide bereits erreicht haben. Es gibt viele Täter in diesem Krimi der Eitelkeiten – und ein Opfer: die wissenschaftliche Forschung.
Unterdessen haben sogenannte Esoteriker die Cheops-Pyramide erobert. Zu Dutzenden lassen sie sich nachts – gegen ein hor-

rendes Bakschisch – von korrupten ägyptischen Wächtern ins Grabmal führen, um spiritistische Sitzungen abzuhalten. Nicht wenige verrichten dort ihre Notdurft, die Kammern stinken nach Urin, aus den Schächten der Königinnenkammer quillt bereits wieder der Müll. Ein trauriges Bild. Hokuspokus dort, wo das vielleicht spannendste archäologische Projekt dieses Jahrhunderts stattfinden könnte. Tief im Innern der Cheops-Pyramide liegt eine geheimnisvolle »Tür« im Dornröschenschlaf – und niemand kann sie öffnen. Der Grund: politische und persönliche Querelen. Wohl kaum der Fluch des Pharao.

V

Am Ende des Horizonts

Ergebnisse, Beobachtungen und Spekulationen

»Im Prinzip ist es so, daß die Forschung genau dort aufgehört hat, wo sie eigentlich erst beginnen müßte.«[42]

Rudolf Gantenbrink

Die Grundlage weiterer Forschungen

Wichtige wissenschaftliche Entdeckungen sind in der Regel keine Zufallsprodukte, schon gar nicht in der Archäologie. Weder hätte Howard Carter je das Grab von Tutanchamun gefunden, noch Zakaria Goneim die Reste der Stufen-Pyramide des Sechemchet lokalisiert, wenn ihren Ausgrabungen nicht jahrelange, zum Teil mühsame Vorbereitungen vorausgegangen wären. Auch die Entdeckung der Schachtblockierung durch Rudolf Gantenbrink war letztlich nur das Ergebnis einer minuziös vorbereiteten Mission, die von Anfang an darauf ausgelegt war, unbekanntes Terrain zu erforschen.

Hätte Gantenbrink nur einen einfachen Blockierungsstein am Ende des Schachtes gefunden, wäre seine Entdeckung wohl kaum eine Schlagzeile Wert gewesen. Nur die eigentümliche Struktur und die damit verbundene mögliche Funktion der Blockierung, einer »Schiebetür« nicht unähnlich, hatte die Gemüter erhitzt, die Spekulationen geschürt. Fast wie von selbst drängte sich eine Frage auf, die schon seit langem viele Pyrami-

deninteressierte in ihren Bann zieht und deren Diskussion immer wieder Emotionen hervorzurufen imstande ist: Befindet sich hinter der Blockierung ein Hohlraum?
Wir haben uns bemüht, dieser von Ägyptologen oftmals klischeehaft in die grenzwissenschaftliche Ecke verbannten, von Spekulanten unwissenschaftlich behandelten Fragestellung mit der notwendigen journalistischen Sorgfaltspflicht nachzugehen. Unterstützt von Rudolf Gantenbrink, der uns in allen fachlichen Fragen bereitwillig Rede und Antwort stand, konnten wir über die Jahre alle notwendigen Daten und Fakten sammeln, auswerten und zu einem »Indizienberg« anhäufen, der eine Beurteilung dieses außergewöhnlichen Befundes zuläßt. Auch wenn durch die derzeit eingestellten Forschungen die »Tür« im südlichen Königinnenschacht ihr Geheimnis vorerst noch nicht preisgibt, formte sich vor unseren Augen allmählich ein schemenhaftes Bild vom »Jenseits« der Blockierung, einer Silhouette im Nebel gleich, deren Konturen wir heute im Ansatz zu erkennen glauben.

Die Blockierung im Fadenkreuz

Kaum war die Entdeckung Gantenbrinks veröffentlicht, spielte sich an den Schreibtischen in Universitäten, Museen und sonstigen archäologischen Forschungseinrichtungen ein ähnliches »Ritual« ab. Es gehörte zu den ersten Aufgaben eines jeden Pyramidenforschers, unabhängig davon, in welchem Winkel der Welt er sich gerade befand, die neu gewonnenen Erkenntnisse über die Ausmaße des Schachtes und die genaue Lage der Blockierung in seine Schnittpläne der Cheops-Pyramide einzuzeichnen. Ob am Computer, im Fachbuch oder mit Zirkel und Lineal auf dem Zeichenbrett, die neu entdeckte Insel in der Cheops-Welt, der Meßpunkt »Blockierungsstein« innerhalb der »Pyramidengeometrie«, mußte sofort fixiert werden.
Natürlich gehörten auch wir zu denjenigen, die – sozusagen per Mausklick via Zeichenprogramm – eine exakte Positionsbestim-

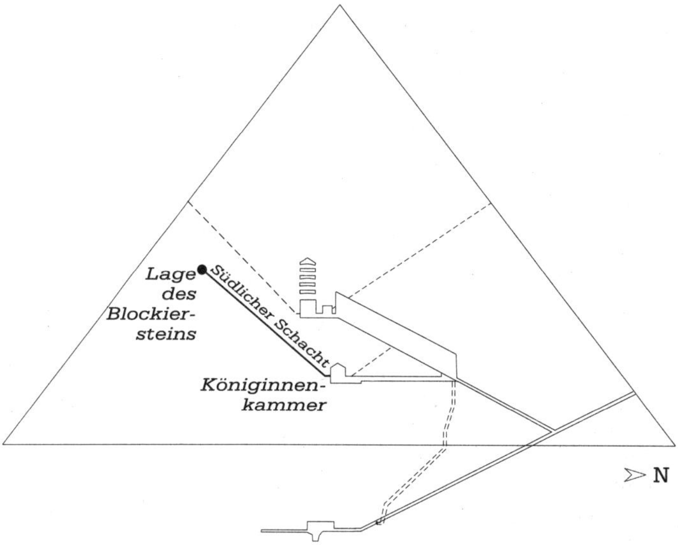

Wichtige Schachtdaten:
Austrittshöhe der Schächte in der Königinnenkammer: 1,50 Meter über dem Boden. Gesamtlänge des südlichen Königinnenschachtes: 59,84 Meter (Länge des horizontalen Teilstückes: 2,29 Meter; Länge des ansteigenden Korridors: 57,55 Meter; Steigungswinkel: 39,5 Grad).
(Skizze: Michael Haase; Daten nach R. Gantenbrink)

mung des Schachtes und seiner türartigen Blockierung im Massiv des Grabmals vornahmen. Wir wußten sehr genau, daß nur eine genaue Lokalisation der entdeckten Strukturen weitere korrekte Studien möglich machte, denn, wie heißt ein altes Sprichwort: »Nur wer sein Ziel kennt, kann es auch wirklich treffen.«
Die Lage der Blockierung war schnell festgestellt. Nach Auswertung aller uns zur Verfügung stehenden Schachtdaten errechneten wir eine vertikale Höhe des Schachtendes von etwa 59 Metern oberhalb der Pyramidenbasis. Bezogen auf die heute anerkannten Höhenmaße der Steinlagen wurde also der knapp 60

Meter lange südliche Schacht der Königinnenkammer etwa auf Höhe der 74. Steinlage blockiert.[43]
Nachdem die Lage der Schachtblockierung somit relativ genau im Pyramidenmassiv bestimmt war, interessierten wir uns für die Frage, wieviel Steinblöcke wohl die Außenseite der Pyramide vom Schachtende entfernt ist. Wieder bemühten wir unsere Computer- und Grafikprogramme. Unsere Berechnungen ergaben einen horizontalen Abstand zur Pyramidensüdflanke von etwa 17 bis 19 Metern, je nachdem, ob wir die heute fehlende Außenverkleidung mit ins Kalkül ziehen.
Der theoretische Austrittspunkt des Südschachtes liegt dagegen etwa auf der 90. Steinlage, in einer Höhe von knapp 70 Metern über dem Bodenniveau. Er wurde von Gantenbrink und seinen Mitarbeitern mehrfach erfolglos gesucht. Es gibt nicht das geringste Anzeichen dafür, daß der Schacht hinter dem sichtbaren Schachtende weiterführt und die Außenwand der Pyramide erreicht. Er endet demnach an oder irgendwo hinter dem geheimnisvollen Blockierstein.
Während der gesamten grafischen Analysen am Computerbildschirm wurde uns immer wieder vor Augen geführt, daß die ägyptischen Konstrukteure den südlichen Schacht der Königinnenkammer fast im rechten Winkel zur Pyramidenaußenseite gebaut haben. Demnach hatten sie die kürzeste Verbindung von der Königinnenkammer zur Außenwand der Pyramide gewählt, ein sicheres Indiz dafür, daß dieser überaus präzise gebaute Schacht für die Konstrukteure nicht nur eine wichtige Funktion erfüllte, sondern auch in der kürzestmöglichen Zeit fertiggestellt werden sollte.
Damit waren unsere Berechnungen aber noch nicht abgeschlossen, denn die Lage der Blockierung gab uns weitere, zum Teil bautechnische Informationen preis.
Die Höhe des Schachtes ist ein vager Anhaltspunkt dafür, zu welchem Zeitpunkt des Baus, oder präziser formuliert, bei welchem relativen Bauvolumen die Blockierung eingesetzt wurde.[44] Wie sich leicht nachrechnen läßt, waren in dem 59 Meter hohen Pyramidenstumpf bereits fast 80 Prozent des ge-

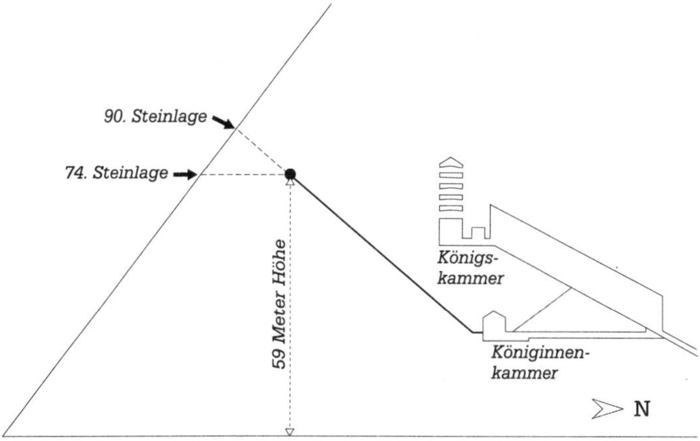

Lokalisierung des Südschachtes der Königinnenkammer und seiner Steinblockierung. *(Skizze: Michael Haase)*

samten Volumens der Cheops-Pyramide verbaut. Etwa zwei Millionen der durchschnittlich veranschlagten 2,6 Millionen Kubikmeter des Pyramidenvolumens waren somit bereits verlegt, als man sich aus uns noch unbekannten Gründen entschloß, den südlichen Schacht zu schließen. Setzen wir einen linearen Arbeitsverlauf an der Pyramide voraus, könnte dies ungefähr im fünfzehnten Baujahr gewesen sein.

Parallel zum Bauende dieses – und vermutlich auch des nördlichen – Schachtes wurden die groben Arbeiten am gesamten Kammersystem abgeschlossen. Denn horizontal betrachtet liegt die Schachtblockierung etwa auf der Höhe der beiden oberen Entlastungskammern, die über der Königskammer thronen. Während Gantenbrink hier keinen direkten Zusammenhang erkennt und sich die höhenmäßige Übereinstimmung zwischen dem Schachtende und den oberen Entlastungskammern – wenn überhaupt – nur religiös erklären kann[45], finden wir es schon bemerkenswert, daß der südliche Schacht der Königinnenkammer an dieser Stelle endet, also seine »Funktion« zu einem Zeitpunkt erfüllte, als sich die Baumeister anschickten, die nähere Umgebung des Kammersystems fertigzustellen und endgültig von der Außenwelt abzuschließen. Zufall oder Berechnung? Hier ist das letzte Wort noch nicht gesprochen.

Ein Definitionsproblem

Während UPUAUT am 22. März 1993 auf die seit dem Fund einer Cheops-Barke im Jahre 1954 größte Entdeckung in der Cheops-Pyramide zusteuerte, wurde allen aufmerksamen Beobachtern am Monitor in der Königinnenkammer deutlich, wie der südliche Schacht im Detail auf- bzw. zusammengebaut war. Wie die Fugen zwischen den Steinblöcken und die Bearbeitungen der Schachtkanten eindeutig zeigen, ist der ansteigende Bereich des Schachtes aus bis zu drei Meter langen, übereinanderliegenden Blöcken zusammengesetzt. Die Ägypter stellten eine Unterlage (Schachtboden) aus glatt bearbeiteten, präzise aneinandergelegten Blöcken her und setzten auf diese Steinquader, in die vorher eine U-förmige »Rinne« eingemeißelt wurde.
Auf der Fahrt durch den südlichen Königinnenschacht machte Gantenbrinks Roboter eine Reihe von bemerkenswerten Entdeckungen. Wir denken hier hauptsächlich an den um etwa sechs Zentimeter verschobenen Block mit seiner roten Markierungsspur, den UPUAUT bei Meter 27 passierte, oder an die große, fast unüberwindliche Bodenbeschädigung, die ungefähr bei Meter 56 liegt. Ganz ohne Zweifel ist aber der Bereich kurz vor der Blockierung gegenüber allen anderen bekannten Schachtteilen besonders ausgezeichnet. Das war dem UPUAUT-2-Team bereits klar, als die Kamera des Roboters die ersten Bilder in die Königinnenkammer schickte.
Die Schachtwände des letzten Blocks wurden äußerst präzise bearbeitet, insbesondere nach dem Meißeln sorgsam poliert. Der Block selbst besteht allem Anschein nach aus einem anderen Material als die übrigen Quader. Die meisten Fachleute sind sich heute aufgrund der Videoaufzeichnungen einig, daß es sich hier-

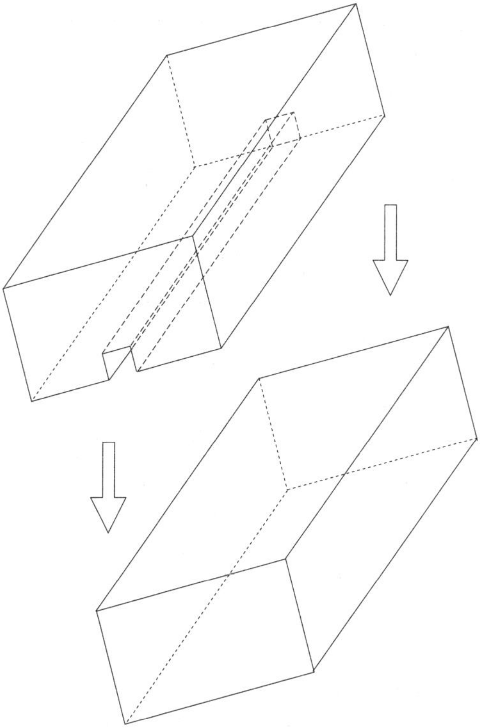

Konstruktion der Schächte im aufsteigenden Bereich.

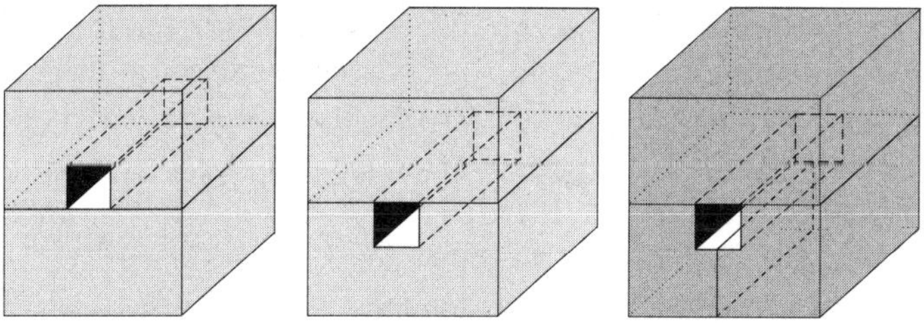

Im ansteigenden Teil der Korridore

Im horizontalen Bereich nahe der Königinnenkammer

Durch die Granitwände im horizontalen Bereich der Königskammer

Die verschiedenen Techniken der Schachtkonstruktion in Kalkstein und Granit. *(Skizzen: Michael Haase, nach R. Gantenbrink & R. Stadelmann)*

bei nur um Turakalkstein handeln kann. Seltsam, Turakalk an diesem entlegenen Winkel der Pyramide?
Diese Kalksteine, die noch heute nahe der etwa 13 Kilometer südlich von Kairo gelegenen Ortschaft Tura gebrochen und verarbeitet werden, waren im Alten Reich aufgrund ihrer außerordentlich feinkörnigen, fossilfreien Struktur und ihrer hohen Verwitterungsresistenz ein bevorzugter Verkleidungs- und Dekorationsstein für die heiligen Pyramidenbezirke, wurden also auch an wichtigen Stellen in den Grabmälern verbaut.[46] War das Ende des südlichen Schachtes solch ein wichtiger Ort in der Cheops-Pyramide? Auch wenn sich später herausstellen sollte, daß dieser Schachtteil nicht aus Tura besteht – immerhin haben wir noch keine Materialprobe für eine Analyse –, bliebe die Frage, warum ein in dem Fall normaler Kalksteinblock derart aufwendig und fein bearbeitet wurde, daß er sich ganz deutlich von allen anderen Blöcken abhebt. Dies ist der Ort, an dem der Cheops-Krimi seinen Anfang nahm.
Auch Rudolf Gantenbrink, der zuvor mit seinem Roboter jeden Quadratmillimeter der anderen drei Schächte untersucht hatte, war sich der Bedeutung dieser Passage sofort bewußt, denn nirgends sonst gab es derartig präzise bearbeitete Blöcke: »Wer immer diesen Befund unterbewertet, wird der Sache nicht gerecht. Denn all das, was wir hier oben sehen, zeigt doch ganz deutlich: Diese Stelle war den Ägyptern sehr wichtig. Eines darf man natürlich nicht vergessen: Da es sich hier um das definitive Ende des Schachtes handelte, mußten es die Ägypter bautechnisch besonders sauber ausführen. Womit haben wir es hier zu tun? Mit einem wichtigen Ende oder gar mit einem neuen Anfang?«[47]
Womit haben wir es also am Ende dieses Schachtes wirklich zu tun? Warum war den Ägyptern diese Stelle so wichtig? Der Grundstein zur Beantwortung dieser Fragen wurde schon bald nach dem unerwarteten Stop des UPUAUT-Projektes gelegt, als die Zeit der theoretischen Auswertungen begann.
In den Jahren 1993 und 1994 liefen bei Gantenbrink in München die Analysen der Schachtvideos, die mit der Kamera des

Roboters aufgezeichnet worden waren, auf Hochtouren. Dabei schenkte der Techniker, mit dem wir zu der Zeit ständig in Kontakt standen und mit dem wir uns fachlich austauschten, den Strukturen an der Blockierung besondere Beachtung.[48] Die mittels haarkleiner Detektivarbeit in vielen Tag- und Nachtsitzungen gewonnenen Ergebnisse seiner umfangreichen Studien liegen seit gut zwei Jahren vor, wurden zu großen Teilen veröffentlicht,[49] von den Fachleuten jedoch bis zum heutigen Tage kaum oder gar nicht zur Kenntnis genommen.

Bevor wir uns die Zeichen der Baumeister am Blockierstein und ihre Interpretationen näher anschauen, wollen wir uns kurz mit den Größenverhältnissen des Steins beschäftigen. Durch die Beschädigung an seiner rechten unteren Ecke erhalten wir eine Reihe von Informationen über seine Ausmaße. Wie man auf Vergrößerungen feststellen kann, ist der »Bruch« nicht durchgängig, ein Stück der Ecke demnach nur abgesplittert. Dieser Sachverhalt deutet darauf hin, daß wir es nicht mit einer dünnen Steinplatte, sondern mit einem massiven Blockierstein zu tun haben. Ansonsten wäre die Beschädigung – egal, ob man den Stein vor der Montage fallenließ oder die Ecke bei seiner Installation beschädigt wurde – sicherlich größer ausgefallen. Die scharfe untere Kante des Blockierungssteins ist zudem ein Indiz dafür, daß er nicht besonders schwer sein kann. Bei größeren, sauber verlegten Steinen hatte man, wie wir schon im Zusammenhang mit den Schachtblöcken erwähnten, die Kanten angeschrägt, um zu verhindern, daß sie beschädigt wurden.

Wie Gantenbrink uns mitteilte, hatte er im Halbschatten der Ecke einen leichten Rezeß, den Ansatz einer drei bis vier Millimeter tiefen Nut, in der Wand festgestellt. Da man außerdem keinen Spalt an der oberen Kante der Blockierung erkennt, muß der Stein nicht nur breiter, sondern auch höher als der Schacht selbst sein. Alles deutet demnach darauf hin, daß er schräg von oben in den Schacht »heruntergelassen« oder einfach nur eingesetzt wurde.

Was diesen »Einsetzmechanismus« betrifft, sind sich Professor Stadelmann und Rudolf Gantenbrink nicht ganz einig. Während der Archäotechniker den Eindruck hat, es handele sich bei dem Blockierstein um einen geschlossenen Porticullus (»bis auf die Kupferteile und die Lage auf der Schräge hätte man alle Elemente, die optisch dazugehören«[50]), hält Stadelmann dem entgegen: »Dies ist (...) aufgrund der Schräge des Schachtes ausgeschlossen. Porticulli finden sich in Grabbauten des AR [Alten Reiches, d.V.] ausschließlich in horizontalen Zugängen von Grabkammern.«[51]

Egal, wie der Stein letztlich in seine Lage gebracht wurde, die Tatsache, daß der Laserpointer des Roboters in einem sechs bis sieben Millimeter großen Spalt zwischen der Blockierung und dem Schachtboden verschwindet, macht deutlich, daß die linke untere Kante des Steins nicht vollkommen eben auf dem darunterliegenden Steinblock aufliegt. Ein sicheres Zeichen dafür, daß der Blockierstein zumindest an dieser Stelle nicht mit Mörtel eingesetzt wurde, sondern frei auf dem Boden aufsitzt.

Die sichtbare Oberfläche des Blockiersteins wurde ebenso präzise bearbeitet wie die Steinblöcke, auf denen sie aufliegt. Ihre auffälligsten Strukturen sind die beiden bis zu einem Zentimeter dicken Beschläge, von denen man aufgrund ihrer Erosionserscheinungen annimmt, daß sie aus Kupfer sind. Knapp acht Zentimeter weit auseinander, wurden sie parallel zu den Seitenwänden und in gleichem Abstand zur Decke angebracht. Der linke Beschlag ist in der Mitte abgebrochen und nur noch ca. drei Zentimeter lang.

Das etwa gleichlange, abgebrochene Gegenstück liegt knapp zwei Meter vor der Blockierung am rechten Schachtrand und wartet auf seine Bergung. Der rechte, ungefähr sechs Zentimeter lange Beschlag ist dagegen vollständig intakt.

Was sind das für seltsame zapfenartige Gebilde, die kaum die Größe eines kleinen Fingers besitzen? Gleich nach ihrer Entdeckung entbrannte um sie eine fachliche Kontroverse, wurden die Beschläge zum Zankapfel der ehemaligen Projektverantwortlichen. Hierbei standen von Anfang an die technischen Interpretationen des Münchener Ingenieurs Gantenbrink im krassen Gegensatz zu den Auffassungen des Ägyptologen Stadel-

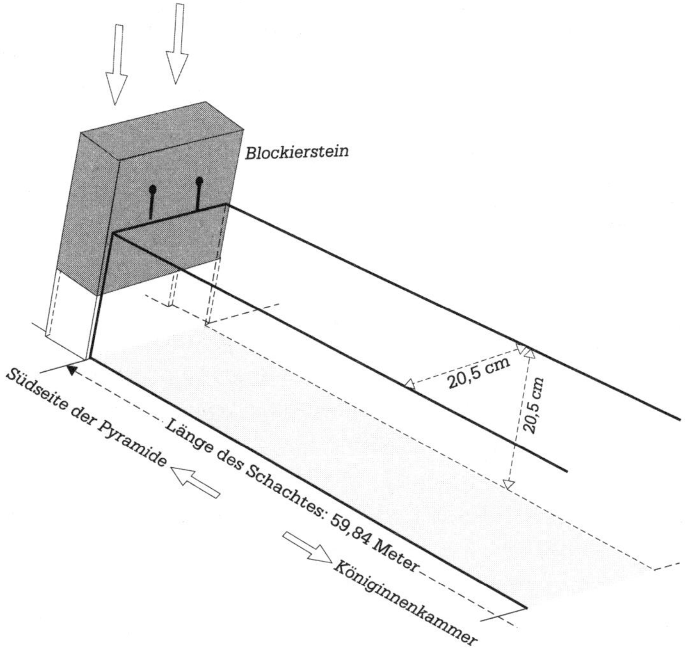

(Skizze: Michael Haase, nach R. Gantenbrink)

mann, der sich gegen eine technisch orientierte Deutung der »Beschläge« aussprach.

Professor Stadelmann hat sich über die Funktion des bis dato unbekannten Objektes Gedanken gemacht: »Das ist die Oberfläche eines Kalksteinblockes. Es ist sicher keine Tür. Eine Tür können Sie in einem horizontalen Gang anbringen, jedoch nicht in einem aufsteigenden Korridor, der einen Winkel von rund 40 Grad hat. Sie könnten eine Tür in einem so steil ansteigenden Korridor gar nicht öffnen. Ich würde annehmen, es ist ein symbolischer Modellblockierungsblock, der schon beim Bau vermutlich so eingelegt worden ist.«[52] Bezüglich der Beschläge vertritt er eine rein philologisch orientierte Position: »Am Anfang hatten wir angenommen, es handele sich um eher technische Appliken. Von der ganzen Dünne her würde ich das heute ausschließen und würde annehmen, es handelt sich um Hieroglyphen. Hieroglyphenzeichen, die wie Schmuckstücke dort angebracht worden sind. Und wenn es Hieroglyphen sind, dann haben sie natürlich einen symbolischen Gehalt. Wir müssen also nach der Bedeutung suchen. Und da bieten sich Zeichen an wie die Lotosblüte. Die Lotosblüte steht für das Symbol des Südens, des südlichen Landesteiles. Das könnte es sein. Oder, vielleicht noch stärker: das altägyptische Zeichen ›Schut‹, das ist eine Art Sonnenschirm, der hinter dem König hergetragen wird, wenn dieser feierlich zur Prozession zieht. Es ist denkbar, daß diese Sonnenschirme für den König bzw. seine Seele bereitstanden, damit er sie ergreift, wenn er zum Himmel fliegt.«[53] An der Deutung der beiden Kupferstücke als Hieroglyphen hält Stadelmann auch heute noch fest, inzwischen allerdings leicht variiert. Aus den »Sonnenschirmen« wurden »Keulen«, mit denen Cheops magisch den Blockierstein zerschlagen sollte, um ihn zu öffnen.[54]

Der Archäotechniker Rudolf Gantenbrink hält diese religiösen Spekulationen für übereilt: »Man sollte nicht sofort einen *neuen* Befund in *alte* Theorien einordnen. Wir sollten ehrlich zu uns selber sein und zugeben, daß wir uns das alles so nicht vorgestellt hatten, als wir das Projekt begannen. Ich hatte auch nicht erwartet, 60 Meter Schacht erforschen zu können. Und auch das Ende konnte ich natürlich nicht vorausahnen. Nun sind weitere Untersuchungen notwendig. Eines muß man sich immer vor Augen halten: Das Element der Schächte kommt nur in der Cheops-Pyramide vor. Ich meine, unsere Untersuchung hat deutlich gezeigt, daß die alten Ägypter nicht nur etwas andeuten, sondern es tatsächlich auch ausführen wollten. Es ist schwierig auszudrücken, was wir am Ende des Schachtes vorfinden. Was ist es eigentlich? Eine Steinplatte? Viele sagen, es sei eine Tür, in meinen Augen ein reines Definitionsproblem. Es ist ein Element, das sehr stark aussieht wie ein Porticullus. Dabei handelt es sich um eine Steinplatte, die zum Verschließen durch die Decke herabgelassen wurde. Wir haben keine Parallele dazu. Deswegen ist es so schwierig, und deswegen wehre ich mich auch dagegen, bestimmte Dinge von vornherein auszuschließen. Man sollte sich an dem Terminus ›Tür‹ nicht so stoßen. Als Techniker kann ich nur das beschreiben, was ich sehe.«[55] Sprachwissenschaftler versus Ingenieur – größer könnten die Unterschiede kaum sein. Doch die Kontroverse hört an der Blockierung nicht auf, wie wir noch sehen werden.

Randbetrachtungen

Anders als Stadelmanns religiöse Interpretationen führten uns die Studien des Münchner Technikers zu einer plausibel klingenden Deutung: Er glaubt, daß Form, Fixierung und Justierung der Beschläge eindeutige Rückschlüsse auf eine funktionelle Bedeutung der Blockierung zulassen. Wir sind seinen Spuren gefolgt, haben uns an der Analyse beteiligt.

Einen ersten Anhaltspunkt für eine technisch orientierte Interpretation der Beschläge lieferten die hellen und dunklen fleckenartigen Strukturen, die sich im oberen und mittleren Bereich erkennbar von ihrer Umgebung abheben. Wir sind sicher, das sind eindeutig Spuren von nichtmetallischen Materialien. Welche Bedeutung haben sie? In welcher Beziehung stehen sie zu den kupfernen Teilen der Beschläge?

Aber eins nach dem anderen. Auf Nahaufnahmen ist sehr gut erkennbar, daß die oberen Bereiche der Kupferteile von der dunklen Substanz regelrecht umhüllt sind. Vermutlich handelt es sich hierbei um Bitumen, eine Mischung aus natürlichen Kohlenwasserstoffen, die in Verbindung mit mineralischen Materialien, Sand oder Ton, eine Art schwarzen Asphalt ergeben. Er fand im Pyramidenzeitalter vor allem als Mörtel, Binde- oder Abdichtemittel Anwendung. Wurden die Metallstücke an ihrem oberen Ende vielleicht mit dem Asphalt befestigt? Das ist unwahrscheinlich, denn es lassen sich keine eckigen Kanten unter den Asphaltklecksen feststellen. Die oberen Enden der Kupferteile sehen eher leicht geglättet und abgerundet aus, so als würden sie in der Blockierung

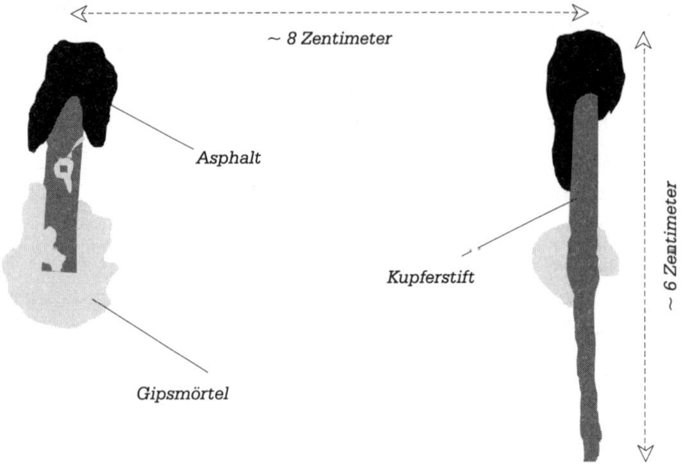

Die Strukturen an den Beschlägen des Blockiersteins.
(Skizze: Michael Haase, nach einem Foto von R. Gantenbrink)

verschwinden. War das die Lösung? Gantenbrink war als erstem aufgefallen, daß die oberen Bereiche der Asphaltflecken konzentrische, fast rundliche Formen aufwiesen. Außerdem wunderte er sich über die senkrechten Verlaufspuren des Asphalts, die so aussahen, als wären sie aus irgendeinem Loch herausgequollen.

Der handwerklich versierte Techniker glaubte, dies könne nur eine Ursache haben: Hinter den dunklen Flecken mußten sich Bohrlöcher verbergen.

Als er uns seine Vermutung anhand detaillierter, unter verschiedenen Blickwinkeln gemachter Nahaufnahmen unterbreitete, kamen wir zu demselben Urteil. Nun schien plötzlich alles zusammenzupassen, die Strukturen fügten sich zu einem Gesamtbild: Wir haben es bei den Metallstücken nicht mit aufgesetzten Beschlägen, sondern mit stiftartigen Objekten zu tun, die, dem Prinzip von Ohrsteckern nicht unähnlich, in Bohrlöchern durch die Blockierung hindurchgesteckt und auf der für uns sichtbaren Seite umgebogen wurden.

Damit aber nicht genug. Noch eine weitere Beobachtung untermauert, ja bestätigt fast diese Deutung: Da die umgebogenen Kupferstifte gewissen elastischen Spannungen ausgesetzt waren, versuchten die Ägypter, sie an der Blockierung zu befestigen. Spuren dieser Arbeit erkennt man an den etwa in der Mitte der Stifte befindlichen, hellen, mehr oder weniger konzentrisch angeordneten Strukturen. Hierbei kann es sich unserer Meinung nach nur um Spuren von Gipsmörtel handeln, mit dem die Stifte, wie mit einem Kaugummi, festgeklebt wurden.
Was sagen uns diese Befunde? Neben der Existenz der Blockierung selbst deuten insbesondere die Bohrungen mit ihren Stiften darauf hin, daß es einen wie auch immer gearteten Bereich hinter dem Schachtende geben muß. Es ist mehr als wahrscheinlich, daß wir lediglich die Rückseite eines Blockierungssteins sehen und die Kupferstifte, von denen wir nur einen Teil erkennen, mit »irgend etwas« auf der anderen, wichtigeren Seite in Verbindung stehen.
Hatten wir den ersten, wirklich konkreten Hinweis auf einen möglichen Hohlraum hinter der Blockierung gefunden?
Spekulationen drängten sich auf: Sehen wir im Schacht die Befestigung eines nicht näher bestimmbaren, aber vermutlich dekorativen oder funktionalen Objektes, das auf der anderen Seite des Blockierungssteins hängt? Da dieses Objekt selbst gewisse Ausmaße besitzen muß, darf man wohl davon ausgehen, daß es einen, wenn auch vielleicht nur winzigen Zwischenraum hinter der »Schiebetür« und den nächsten Steinblöcken gibt. Genausogut könnte der Schacht aber auch über die Blockierung hinausgehen. Diese Möglichkeit ist nicht auszuschließen. Andererseits spricht aber derzeit auch nichts dagegen, hinter der Schachtblockierung einen noch größeren, kammerartigen Hohlraum zu vermuten.
Bevor wir in den nächsten Abschnitten weitere Indizien für diese Annahme darstellen, wollen wir uns jedoch noch etwas eingehender mit der schiebetürartigen Blockierung selbst beschäftigen, deren Grundaufbau uns nicht unbekannt ist.

Ähnlichkeiten

Gantenbrink hatte mit seiner Entdeckung ägyptologisches Neuland betreten. Zwar lassen die schachtartigen Ausmeißelungen in der Grabkammer der Chephren-Pyramide in Giza einen vagen Hoffnungsschimmer aufkommen, daß womöglich auch hier ein, dem der Cheops-Pyramide vergleichbares Schachtsystem geplant war, doch genaues weiß niemand. Ob ein ähnliches Schachtsystem in der beim Dorf Abu Roasch liegenden und heute völlig zerstörten Pyramide von Cheops Sohn und Thronfolger, Djedefre, existierte, läßt sich leider nicht mehr rekonstruieren.

Entgegen dem innerhalb der Naturwissenschaften geltenden Prinzip, wonach die Glaubwürdigkeit einer These in erster Linie durch das Beweismaterial, welches sie untermauert, gemessen und bewertet wird, treten die Schachtsysteme in der Cheops-Pyramide sozusagen wie von selbst und scheinbar völlig losgelöst von ihrer Umgebung in der Welt der Pyramiden auf. Kurzum: Die vier insgesamt über 180 Meter langen Schächte in der Cheops-Pyramide stellen mitsamt ihrer mysteriösen Blockierung alle Experten vor ein Rätsel. Man muß für etwas eine Erklärung finden, das es in der bislang bekannten Pyramidenarchitektur nicht gegeben hatte.

Etwas anders sieht die Situation beim geheimnisvollen Blockierungsstein aus. Zwar ist auch er in Form und Funktion ein einmaliges Objekt, doch lassen gewisse Strukturen seines Einbaus in den Schacht Vergleichsmöglichkeiten zu anderen architektonischen Befunden zu, die – richtig interpretiert – womöglich auch etwas über die generelle Bedeutung der Schächte aussagen könnten.

Gemäß der Regel, daß sich wissenschaftliche Ideen meist als wertlos erweisen, wenn sie sich als nicht überprüfbar darstellen, gingen wir also auf die Suche nach Objekten, die dem Blockierungsstein in irgendeiner Weise ähnlich sind. So hofften wir, seinem unbekannten Charakter ein Stück näherzukommen. Wir wurden bald fündig. Schon am Anfang unserer Recherchen fielen uns Gemeinsamkeiten des Blockierungssteins mit zwei älteren archäologischen Funden auf. Unser Weg führte uns zurück nach Sakkara.

Vom Serdab des Djoser ...

Die Detailanalysen der Blockierung, insbesondere aber die der beiden Bohrlöcher, erinnerten uns an eine architektonische Struktur, die jeder Ägyptentourist wahrscheinlich schon einmal zu Gesicht bekommen hat.
An der Nordseite der Stufen-Pyramide des Djoser befindet sich ein auf einer Schrägen vollständig aus Kalksteinen errichteter und isolierter Raum. Hierbei handelt es sich um einen Kultraum, den man heute arabisch beeinflußt »Serdab«, »dunkler Raum« nennt. In dieser Art von Räumen innerhalb der Grabanlagen deponierten die Ägypter eine Art »physischen Doppelgänger« des Verstorbenen in Form einer meist lebensgroßen Statue. Diese Statue sollte eine spezielle geistige »Lebenskraft« des Verstorbenen, den sogenannten »Ka«, aufnehmen und am Grab binden.
Dazu muß man folgendes wissen: Für die Ägypter verfügte der Mensch nicht nur über einen vergänglichen, für die Ewigkeit zu präparierenden Leib, sondern seine Persönlichkeit besaß auch eine Reihe zum Teil immaterieller Aspekte, die wir heute – fern der ganzheitlichen altägyptischen Anschauungen – als »Seele« oder »Geisteskräfte« bezeichnen würden. Der »Ka« war dabei im Gegensatz zur unsterblichen Seele »Ba«, die nur der König besaß, eine weltliche Komponente, die jedem Ägypter innewohnte. Eng mit dem leibhaftigen Dasein des Menschen verbunden, haftete sie von Geburt an ihm wie ein imaginärer, unsichtbarer »Doppelgänger«. Diese extreme Körperverbundenheit mußte auch über den Tod hinaus weiterbestehen, denn verließ der »Ka« einen Menschen, bedeutete dies im Glaubensdogma der Ägypter den sofortigen Tod und das Nichterreichen der ersehnten Fortdauer im Jenseits. Dies erklärt die Anstrengungen,

die die Ägypter unternahmen, um den »Ka« in der Nähe ihrer Verstorbenen zu halten.
Man fertigte für den imaginären Doppelgänger einen »neuen Körper« aus Stein an und »beseelte« die leblose Statue bei der Begräbniszeremonie durch das sogenannte Mundöffnungsritual. Am Ende der Prozedur im Serdab aufgestellt und eingemauert, konnte die zum »Leben erweckte« »Ka«-Statue durch in Augenhöhe angebrachte Mauerschlitze den Duft des Weihrauchs einatmen und die umfangreichen Opfergaben entgegennehmen. Der Verstorbene konnte somit seine irdische Wohnstätte jederzeit aufsuchen, mit den Lebenden kommunizieren und sein »Haus für die Ewigkeit« zeitweise wieder verlassen. Der Tote, in den alltäglichen Opferungs- und Verehrungskult eingebunden, blieb praktisch ein Mitglied der menschlichen Gesellschaft.
Auch im königlichen Serdab des Djoser-Grabmals saß eine »Ka«-Statue des Herrschers majestätisch auf einem Thron und blickte durch zwei gebohrte Löcher auf der Nordseite hoch zum Sternenhimmel. Durch ein mit Plexiglas versehenes Fenster auf der Ostseite des Serdabs kann man heute eine Kopie dieser »Ka«-Statue von der Seite betrachten. Das Original, welches sich im Ägyptischen Museum in Kairo befindet, besteht aus Kalkstein und gilt als die älteste lebensgroße Statue Ägyptens.
Unübersehbar weist der Serdab des Djoser eine Ähnlichkeit mit der Blockierung samt ihren vermeintlichen Bohrungen auf, die durchaus als Fingerzeig auf einen religiösen Hintergrund dieser Struktur hoch oben im Massiv der Cheops-Pyramide gedeutet werden kann.

... zum Sarkophag des Sechemchet

Bleiben wir noch einen Augenblick in Sakkara. Nachdem Gantenbrink uns erste Hinweise auf einen Mechanismus geliefert hatte, mit dem die türartige Blockierung in Nuten geführt, von oben nach unten eingesetzt wurde, suchten wir nach einem ähnlichen »Verschluß- oder Halterungssystem«, um uns ein bes-

Der Sarkophag des Sechemchet mit seinem schiebetürartigen Verschluß. *(Foto: Erich von Däniken)*

Djosers Serdab an der Nordseite seiner Stufen-Pyramide in Sakkara. *(Foto: Michael Haase)*

seres Bild von diesem Prinzip machen zu können. Erstaunt stellten wir fest, daß die Ägypter schon sehr früh in ihrer Geschichte derartige ungewöhnliche Verschlußmechanismen einsetzten, nämlich im Grab des Djoser-Nachfolgers Sechemchet (um 2660 v. Chr.).

Von diesem König wußten die Ägyptologen bis Anfang 1951 praktisch nichts. So wie im März 1993 die UPUAUT-Mission für eine archäologische Sensation sorgte und Rudolf Gantenbrink sich ins Geschichtsbuch der Ägyptologie einschrieb, machte 42 Jahre zuvor der ägyptische Archäologe Zakaria Goneim den Fund seines Lebens. Gerade zum Chefinspektor von Sakkara ernannt, hatte sich Goneim Gedanken darüber gemacht, warum sich im Großraum Sakkara nur ein einziges Grabmal der 3. Dynastie erhalten hatte. Eine ungewöhnliche Konzentration unterschiedlicher Hartgesteinfragmente an einer markanten terrassenförmigen Bodenerhebung unweit der Unas-Pyramide erregte dabei seine besondere Aufmerksamkeit. Hier, rund 200 Meter vom Djoser-Komplex entfernt, vermutete er eine weitere große Mastaba-Anlage. Alte Luftaufnahmen studierend und mit der notwendigen Kompetenz ausgestattet, ließ der damals 40-jährige Ägypter im September 1951 im Südwesten von Sakkara die Spaten ansetzen. Goneim sollte schnell fündig werden. Bis zum Frühjahr 1954 legte sein Team die Fundamente einer Stufen-Pyramide frei, die allem Anschein nach nie vollendet wurde. Schnell fanden die Ausgräber auf der Nordseite den noch heute zu besichtigenden, aber teilweise vom Wüstensand eingewehten, abschüssigen Eingangsstollen, der tief unter das Zentrum der Pyramide führt. Ohne größere Verzögerungen drangen Goneim und seine Mitstreiter bis zum vermauerten Zugang der Grabkammer vor, die sich ihnen als unfertiger, roh belassener Raum präsentierte, in dessen Mitte ein aus einem einzigen Alabasterblock gefertigter und fein polierter Sarkophag stand. Er war anscheinend original verschlossen und wurde aufgrund von Siegelfunden, die im Grabstollen gemacht wurden, Sechemchet zugeordnet.

Ähnlich wie bei Tutanchamun hoffte man, erneut die unversehrten Überreste eines Gottkönigs bergen und werbewirksam in Ägypten vermarkten zu können. Im Juni 1954 wurde der Sarkophag unter den Augen vieler Wissenschaftler geöffnet. Doch der Euphorie und den hochgeschraubten Erwartungen folgte bald die Enttäuschung. Der Sarkophag war leer, nichts deutete darauf hin, daß er jemals vom König »benutzt« worden war. Bis heute weiß man nicht, wo Sechemchet begraben wurde. Es ist nicht unwahrscheinlich, daß seine Mumie in einem der labyrinthartigen, unterirdisch angelegten Magazinräume liegt, die zum Teil noch unerforscht unter dem Schutt der Jahrtausende auf ihre Freilegung warten.

Während die Suche nach Sechemchet wohl noch viele Jahrzehnte dauern wird, steht einsam und verlassen in der Grabkammer ein Sarkophag, der seinesgleichen sucht. Statt eines Deckels besitzt er am Kopfende eine Art »Schiebetür«, wie ein Fallgatter bei Tierkäfigen, die in präzise gearbeiteten Führungsrillen in den Seitenwänden senkrecht auf- bzw. abbewegt werden kann. Am oberen Türrand befinden sich zwei Bohrlöcher für Stricke, die den Verschlußstein hoch- und runterziehen können.[56]

Die Parallelen zu Gantenbrinks Entdeckung sind geradezu verblüffend. Fragen drängen sich auf: Wurde etwa 100 Jahre später in der Cheops-Pyramide ein ähnliches fallsteinartiges Verschlußsystem zum Versiegeln des südlichen Königinnenschachtes verwendet? Sind die beiden »Stifte« so etwas wie »Ösen«, die auf der anderen Seite der Blockierung Befestigungen für Seile bildeten, mit denen der Verschlußstein in den Schacht eingelassen werden konnte? Und was sollte verschlossen werden? Nur das obere Ende des Schachtes? Oder irgend etwas hinter der Blokkierung?

Der kurze Abstecher nach Sakkara hatte unseren durch die Detailstudien an der Blockierung gewonnenen Eindruck verstärkt, daß es einen nicht näher definierbaren Hohlraum jenseits der Schiebetür gab. Doch mitten hinein in diesen Gedankengang platzte ein Fachmann mit seiner theologischen Deutung der Cheops-Schächte.

»Modellkorridor für die Seele«

Der Aufstieg zum Himmel, dem Reich des Sonnengottes Re, war das primäre Ziel eines jeden verstorbenen Königs im Alten Reich. In den ab der 5. Dynastie auftauchenden Pyramidentexten, den ältesten religiösen Überlieferungen Ägyptens, spiegelte sich dieses Verlangen der toten Herrscher auch inschriftlich wieder: »Ihm wird eine Treppe zum Himmel geschlagen, damit er zum Himmel aufsteige«, oder: »Wenn er zum Himmel aufsteigt unter die Sterne, unter die unvergänglichen Sterne, ist sein Schwert an seiner Seite, seine Zauberkräfte vor ihm« lesen wir z. B. in den Texten der Pyramide von Pepi I. (um 2300 v. Chr.), einem König der 6. Dynastie.[57]

Vor diesem Hintergrund glaubt Professor Rainer Stadelmann, die Motivation der Baumeister beim Bau der beiden Schächte in der Königskammer zu verstehen: das gesamte Raumsystem der Cheops-Pyramide sei eine »interne Bühne für die Himmelfahrt des Königs« gewesen. Sowohl bei den oberen Schächten der Königskammer als auch bei den Schächten der Königinnenkammer handele es sich um »Modellkorridore« für die Seele des toten Pharaos. Es sei eine abscheuliche Vorstellung für den Monarchen gewesen, in der Erde begraben zu sein. Seine Seele sollte deshalb »jede Nacht zum Sternenhimmel oder zu den Opfergefilden des Sonnengottes aufsteigen. Das ist das Kredo: aufsteigen, nur nicht hinabsteigen. Der gewöhnliche Mensch ist in der Erde bestattet. Der König aber lebt im Himmel mit dem Sonnengott oder er fährt in der Sonnenbarke mit ihm mit. In jedem Fall fliegt er hoch. In den späteren Pyramidentexten lesen wir beinahe absurde Vergleiche: daß sich der König mit einem Falken vergleicht, das verstehen wir noch, aber erstaunlich ist, daß er sogar die Parallele zu einer Heuschrecke nicht scheut, nur um hochzusteigen zum Himmel. Genau das aber hätte er von der hochgelegenen Grabkammer nicht gekonnt. Wenn er zum Himmel steigen wollte, hätte er ja die Große Galerie und den Grabkorridor hinuntersteigen müssen. Und das war theologisch unmöglich.«[58]

Die Baumeister seien also gezwungen gewesen, »eine architektonische Lösung zu finden, die trotz der hohen Lage der Grabkammer einen direkten vertikalen Aufstieg ermöglichte. Die Lösung, den Ausgang entsprechend hoch in der Pyramidenflanke enden zu lassen, wie sie in den beiden Pyramiden von Dahschur praktiziert worden war, hatte sich nicht bewährt.«[59] Infolgedessen hätten sie das Konzept der »Modellkorridore« erfunden, in denen die Seele des Pharao direkt und ohne Umwege zur Götterwelt habe aufsteigen können. Dabei sollen die »Modellkorridore« sogar dem echten Grabkorridor ähnlich gewesen sein: »Wie dieser besitzen sie ein kurzes horizontales Gangstück in die Grabkammer und – wie es das Dogma des Himmelsaufstiegs vorschrieb – steigen sie von dort direkt in einem steilen Winkel zum Himmel an.«[60] Die folgende Grafik verdeutlicht Stadelmanns Aussagen:

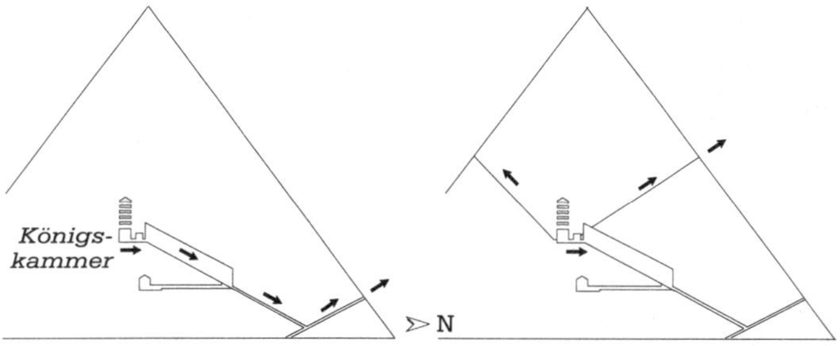

Zur Notwendigkeit der Modellkorridore in der Königskammer: Die Seele des toten Königs sollte nicht den langen, zuerst abwärts führenden Weg nehmen müssen, um erst dann zum Himmel aufzusteigen (links). Statt dessen wurden »Modellkorridore« errichtet, die direkt von der Königskammer zum Himmelsfirmament führen (rechts). *(Skizze: Michael Haase)*

Fast wie eine nachträgliche Bestätigung wurde die aktuelle Entdeckung in der Cheops-Pyramide für Stadelmann zu einem weiteren Mosaikstein in seiner religiösen »Schacht- und Seelenflug«-These. Kaum war der Blockierstein lokalisiert, brachte der Direktor des Deutschen Archäologischen Instituts in Kairo ihn mit einem Befund im südlichen Schacht der Königskammer in Verbindung. Dort hatte man ein Jahr zuvor bei der ersten UPUAUT-Mission etwa sechs Meter vor dem oberen Schachtaustritt eine merkwürdig anmutende, etwa 34 Zentimeter lange Anordnung von Nischen entdeckt. Trotz ihrer geringen Tiefe von nur 1,5 Zentimetern wurden sie mit großer Präzision angefertigt, wie Videoaufzeichnungen aus diesem Schachtbereich dokumentieren.

Stadelmann vermutet, daß dort einst bis zu drei Verschlußsteine saßen, die den Schacht nach oben hin blockierten, und zieht Parallelen zur Blockierung im Königinnenschacht. »Dieser uns damals unerklärliche Befund [die Nischenanordnung, d. V.] erfährt seine Deutung nun aus der Entdeckung eines Verschlußsteines im südlichen Schacht (...) aus der sog. Königinnenkammer (...).«[61]

Der, laut Stadelmann, erkennbaren »überraschende(n) Übereinstimmung in der Konstruktionsweise«[62] beider Befunde widersprach allerdings Gantenbrink aufgrund seiner Messungen: »Das muß ich allerdings als Techniker von mir weisen, weil wir einen ganz anderen Befund haben. D. h., auch da [im südlichen Königsschacht, d. V.] kann der Stein nicht höher als die Decke gewesen sein, und dann würde man oben einen Spalt sehen – den wir nicht sehen. Unser Blockierstein läuft dagegen weiter in die Decke hinein. Also, eine Parallelität zwischen diesen beiden Dingen sehe ich absolut nicht.«[63]

Wir sind in diesem Punkt äußerst zwiegespalten. Auf der einen Seite finden wir Gantenbrinks Argumente durchaus überzeugend. Auch wir erkennen in der nischenartigen Erweiterung nicht ohne weiteres einen direkten Vergleichsbefund zur Blockierung, die eine Etage tiefer liegt. Andererseits erstaunt es uns aber doch, daß in diesem Bereich der Pyramide zwei fast genau übereinanderliegende Strukturen existieren, die beide Nischen und Nuten aufweisen. Vielleicht wurde der obere Schacht auf eine andere Weise als der untere blockiert. Wir müssen diese Frage offenlassen und weitere Forschungen abwarten.

Etwas anders sieht die Situation bei den unteren Schachtöffnun-

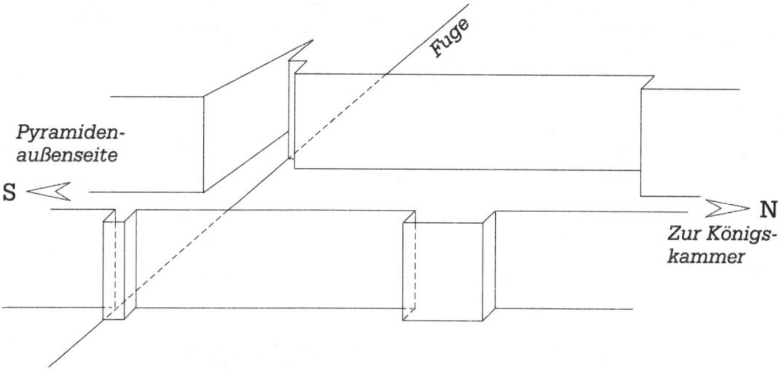

Die Nischenanordnung im südlichen Schacht der Königskammer. Blick von Nordosten. *(Skizze: Michael Haase, nach R. Gantenbrink)*

gen aus. Während die Schachtöffnungen in der Königinnenkammer bekanntermaßen im letzten Jahrhundert gewaltsam aufgebrochen wurden, waren die in der Königskammer wohl nie versiegelt. Stadelmann vermutet zwar, daß diese Schächte ursprünglich innen mit einer »Modellblockade« aus Granit und außen mit normalen Verkleidungssteinen verschlossen waren,[64] unseres Wissens gibt es jedoch keinerlei Indizien für die Granitverschlüsse der unteren Ausgänge. Es lassen sich am intakten nördlichen Schachteingang keine Spuren von Mörtel eines ursprünglich eingesetzten Steins nachweisen. Man hat auch nie geringste Anzeichen entdeckt, die auf eine gewaltsame Beschädigung des Schachtrandes hinweisen – was man aber erwarten würde, wenn eine derartige »Blockierung« »herausoperiert« worden wäre. Dagegen halten wir es für sehr plausibel, daß die Königsschächte an der Außenverkleidung hermetisch abgeschlossen waren, um beispielsweise das Eindringen von Regenwasser oder von Vögeln in die Grabkammer zu verhindern. Da aber die Verkleidung und die oberen Partien der Schächte heute fehlen, wird diese Frage wohl unbeantwortet bleiben müssen.

Verfolgen wir aber Stadelmanns Interpretationen weiter: Bezogen auf das Gesamtkonzept der Cheops-Schächte schlug er – in seiner Argumentationskette durchaus konsequent – unter Einbeziehung der Pyramidentexte den Bogen von den oberen zu den unteren Schächten: »Aus späteren beschrifteten Pyramiden des AR [Alten Reiches, d. V.] wissen wir, daß die mittlere Kammer die bedeutendste Sammlung von Himmelfahrtstexten enthielt. Wie die Grabkammern waren die mittleren Kammern stets mit einem Sternenhimmel gedeckt. In der Cheopspyramide hat die Kammer (R) [Königinnenkammer, d. V.] eine hohe Nische an der Ostwand, in der kaum etwas anderes als eine Statue des Königs in Gestalt eines Gottes gestanden haben kann. Diese himmlischen Bezüge könnten die Anlage von Modellkorridoren notwendig gemacht haben.«[65]

Wir finden diese Annahme nicht überzeugend, denn die modernen Archäologen haben nichts in der Königinnenkammer entdeckt, was Stadelmanns Gedankengang stützen würde. Es gibt keinen Sternenhimmel an der Decke, die Sache mit der Cheops-Statue ist noch nicht abschließend geklärt, und die Pyramidentexte kamen erst etwa 200 Jahre später in Mode.

Wir glauben zwar, daß sich gewisse in diese Texte eingearbeitete Informationen durchaus bis in die Zeit der 4. Dynastie zurückverfolgen lassen, stehen aber ihrer Benutzung und Ausdeutung mit gemischten Gefühlen gegenüber. Solange man die Inhalte der Pyramidentexte nicht auch aus anderen zeitgenössischen Quellen nachvollziehbar überprüfen kann, besitzen sie für die Zeit des Cheops einen stark anachronistischen Charakter. Kurzum: Streng wissenschaftlich betrachtet gibt es keinen überprüfbaren Zusammenhang zwischen den Schächten und den Pyramidentexten, er kann höchstens spekulativ konstruiert werden.

Noch ein weiterer Punkt macht uns stutzig: Falls die Königinnenschächte wirklich Pfade für die »Seele« des toten Pharao waren, stellt sich uns die Frage, für welche Seele denn? Cheops' Leichnam lag eine Etage höher. Seine göttliche Seele, sein »Ba«, kann es also nicht gewesen sein. Sie wird, wenn überhaupt, die oberen Schächte als Ab- und Einflugschneisen benutzt und sich nicht die Mühe gemacht haben, erst in die Königinnenkammer zu schweben, um dann zum Himmel zu fliegen. Bleibt nur – verfolgt man Stadelmanns Gedankengang weiter –, daß die ominöse

Statue in der Nische der Königinnenkammer eine »Ka«-Statue war. Dann war die Königinnenkammer ein Serdab, und die Schächte dienten für den Flug der »Lebenskraft«, des »Ka« des Cheops. Möglich – aber ohne weitere Informationen nicht beweisbar.
Zusammenfassend kommen wir zu dem Schluß, daß die These von den »Modellkorridoren« in der Königinnenkammer auf sehr wackligen Füßen steht; sie wirft mehr Fragen auf, als sie imstande ist, zu beantworten.
Selbst eine Ebene höher, für die Schächte der Königskammer, ist die »Seelenflug«-These nicht absolut schlüssig. Wie anfangs schon geschildert glaubt Stadelmann, daß beim altägyptischen Klerus der absteigende Gang als Weg der Pharaonenseele zum Himmel nicht hoch im Kurs stand. Erst die Erfindung der beiden Korridore, die von der hochgelegenen Königskammer direkt und steil nach oben zum Himmel weisen, habe es möglich gemacht, daß die Seele des toten Königs ohne Verzögerung zum Sternenhimmel aufsteigen konnte. So weit, so gut.
Studiert man aber die Grundrisse der Kammersysteme aller Pyramiden der 4. Dynastie etwas genauer, stellt man fest, daß es mehrere Ausnahmen von der Regel gibt. Besonders eine Königsseele mußte sehr wohl erst ein Stück ihres Weges nach unten antreten, bevor sie zum Firmament aufsteigen konnte: die des Snofru. In allen seinen Pyramiden wurde die Grabkammer leicht erhöht gegenüber dem Grabkorridor errichtet, war die Seele also gezwungen, eine kleine Talwanderung durchzumachen.
Zugegeben, die Grabkammern der Snofru-Pyramiden befinden sich nicht so weit oben wie die Grabkammer in der Cheops-Pyramide, und der Abstieg zum Grabkorridor war für die Seele Snofrus nicht weit.
Trotzdem erkennen wir hier einen Widerspruch zu Stadelmanns theologischer Interpretation, zum Dogma des Himmelsaufstiegs des toten Königs. Unserer Meinung nach hatte es weder Snofru noch seinen Priestern Kopfzerbrechen bereitet, als sie den Sarkophag in eine erhöhte Position brachten, so daß die königliche »Ba«-Seele einen kleinen Umweg in Kauf nehmen mußte.

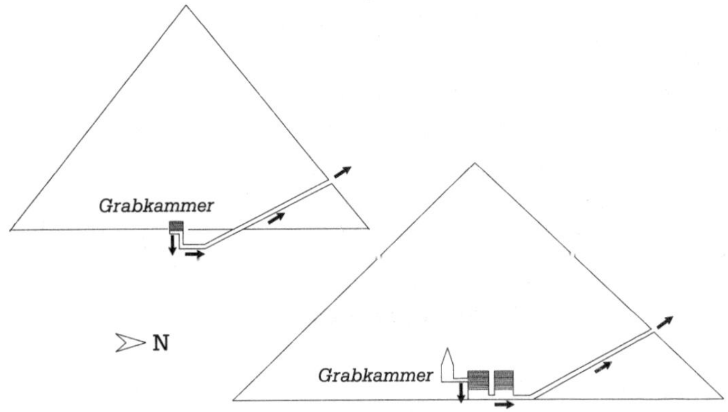

Zwei der drei Snofru-Pyramiden: Links oben die Pyramide von Medum, rechts unten die Rote Pyramide von Dahschur-Nord. Beide Kammersysteme sind so angelegt, daß die Seele des toten Königs zuerst ein Stück nach unten wandern mußte, ehe sie zum Himmel aufsteigen konnte. *(Skizze: Michael Haase)*

Außerdem: Wenn die göttliche Seele des Königs zum Nordhimmel fliegen wollte, welche Bedeutung hatte dann der südliche Korridor in der Königskammer? Stadelmann hat auch diesen Punkt bedacht: »Daß diese Modellkorridore nicht nur nach dem Nordhimmel, sondern auch nach dem Südhimmel führen, könnte mit dem universalen Anspruch des Cheops als Inkarnation des Sonnengottes erklärt werden: der nördliche Korridor (...) führt zu den Zirkumpolarsternen (...), wo der König die Tagesbarke des Sonnengottes besteigt, der südliche (...) zu den Dekanen und Planeten, die ihn in seiner Nachtbarke begleiten.«[66]
Leider bezieht sich Stadelmann hier wieder auf Interpretationen der erst Generationen später entstandenen Pyramidentexte, die uns – folgen wir kurz ihrer anachronistischen Benutzung – aber nur wenig Auskünfte über die astronomischen Umstände geben, unter denen die Seele des verstorbenen Königs am Himmel weilte. In ihnen lesen wir zwar, daß die Seele nicht nur zu den nördlichen Sternen fliegen, sondern auch das Sternbild Orion

am südlichen Himmel begleiten will, es gibt jedoch keine Textstelle, wonach sie bestimmte Sterne des Südhimmels in einem direkten Aufstieg von der Pyramide aus erreichen sollte. So bleibt auch der konstruierte Zusammenhang zwischen dem südlichen Schacht in der Königskammer und einem möglichen Seelenaufstieg des Königs zu den südlichen Sternen vorerst nur eine Hypothese.

»Luftschächte für die Arbeiter«

Die ägyptologische Deutung der Cheops-Schächte als Luftkanäle ist so alt wie die Pyramidenforschung selbst. Diese Annahme beruht u.a. auf den Grabungsaktivitäten der britischen Forscher John Perring und Howard Vyse, die in den 30er Jahren des letzten Jahrhunderts in der Cheops-Pyramide arbeiteten. Sie konnten miterleben, wie nach einer provisorisch durchgeführten Säuberung der oberen Schächte fast augenblicklich Frischluft in die Königskammer eindrang. Seither gehört diese praktisch orientierte Erklärung der Schachtsysteme zum Standardprogramm jedes Pyramidenwerkes.
Auch der Berliner Ägyptologe Dr. Rolf Krauss vertritt diese Auffassung: »Anders als bei früheren und späteren Pyramiden liegen in der Cheops-Pyramide die sogenannte Königinnenkammer und die Sarkophag- oder Königskammer hoch im Bauwerk und sind mit der Außenwelt durch einen zuerst nach unten und dann nach oben fahrenden Korridor verbunden. Bei anderen Pyramiden liegt die Grabkammer am Ende eines absteigenden Korridors und ein Luftaustausch findet von selbst statt, in dem kühlere Luft durch den Korridor nach unten fließt und wärmere Luft auf dem gleichen Weg nach oben entweichen kann. (...) Man hat berechnet, daß die beiden Kanäle der Königskammer eine Luftströmung hervorrufen, die in einer Stunde 90 Kubikmeter Luft zuführen. Es lag und liegt daher nahe, die Schächte als Lüftungskanäle zu deuten.«[67]
Krauss' Argumentation ist für die Königskammer sehr wohl

denkbar. Es ist nicht auszuschließen, daß man, vermutlich aufgrund der Erfahrungen in der aufgegebenen Felsenkammer zwei Lüftungskanäle in der Königskammer installierte, die – nachdem das Kammersystem überbaut und damit von der Außenwelt abgeschlossen wurde – den im Grabmal arbeitenden Polierern und Steinmetzen die notwendige Atemluft verschaffte. Nehmen wir Krauss' Berechnungen zuhilfe, können wir folgern, daß es mit diesen Kanälen möglich war, die Luft in der gesamten, etwa 320 Kubikmeter großen Königskammer in ca. dreieinhalb Stunden komplett auszutauschen. Ein moderner Vergleich: Das von Gantenbrink im südlichen Königsschacht installierte Belüftungssystem ist in der Lage, in nur 90 Minuten etwa 1 400 Kubikmeter Luft auszutauschen.[68] Damit wird der komplette Luftinhalt der Königskammer fast alle 20 Minuten »erneuert«.

Wie sieht es aber mit den Schächten in der Königinnenkammer aus? Sie führen weder in die Kammer, noch erreichen sie nachweisbar die Pyramidenaußenwand. Waren auch sie als Lüftungskanäle geplant worden, aber nie zum Einsatz gekommen? Auch für diese Frage hat Dr. Krauss einen Lösungsansatz parat: »Jede Erklärung sollte von den Kanälen der unteren Kammer [Königinnenkammer, d.V.] ausgehen, weil diese baugeschichtlich älter sind als die oberen Schächte«.[69]

Der Berliner Ägyptologe hat erkannt, daß der südliche untere Schacht annähernd im rechten Winkel auf die Pyramidensüdflanke zusteuert und folgert daraus indirekt: »Wenn es sich um Lüftungskanäle handelt, dann wäre es zweckdienlich gewesen, sie so kurz wie möglich zu bauen.« Er sieht in diesem Punkt einen entscheidenden Zusammenhang zwischen beiden Schachtsystemen: Da die Grabkammer mit ihren Schächten aus Sicherheitsgründen um etwa elf Meter aus der Ostwest-Achse der Pyramide nach Süden versetzt ist, die untere Kammer dagegen genau auf dieser Achse liegt, kann man vermuten, daß die Königskammer im ursprünglichen Bauplan der Pyramide auch dort liegen sollte. »Wenn wir die Grabkammer in Gedanken dorthin verschieben, wo sie vermutlich geplant war, nämlich auf die Ost-West-Achse der Pyramide, aber bei dieser Verschiebung die Austrittsstellen der Kanäle festhalten, dann verändert sich ihr Steigungswinkel. Aus den 45 Grad des Südkanals und 31 Grad des Nordkanals werden etwa 38 Grad. Ich nehme also an, daß die Kanäle der oberen Kammer mit der gleichen Steigung geplant waren wie die der unteren Kammer.«

Was für die Grabkammer nachvollziehbar erscheint, stellt uns bei den Schächten der Königinnenkammer vor Probleme: Wieso sollten die Architekten ihren Bauplan geändert haben? Warum decken sich die von Dr. Krauss errechneten Steigungen der ursprünglich geplanten oberen Schächte nicht exakt mit den Winkeln der unteren Schächte? Warum wurden die unteren Schächte in meßtechnischer und handwerklicher Hinsicht mit so großer Präzision errichtet und dann doch nicht ausgeführt, also nicht zur Belüftung benutzt? Waren sie im Bauplan womöglich als eine Art »Notbelüftungssystem« vorgesehen? Rechtfertigt ein simples Belüftungssystem überhaupt einen derartigen Mehraufwand an Arbeit und Meßtechnik? Wie paßt schließlich die äußerst aufwendig konstruierte, mit Bohrlöchern und Kupferstiften versehene Kanalblockierung ins Bild der Lüftungsschächte?

Wir sehen hier keine Zusammenhänge, können diese Fragen nicht befriedigend beantworten und gehen noch einen Schritt weiter: Waren Belüftungsschächte, die von der Königinnenkammer ausgehen, überhaupt notwendig?

Wir glauben, das ist nicht der Fall, denn folgt man dem Verlauf der Königinnenschächte von unten nach oben, stellt man fest, daß die Königinnenkammer zu jedem Zeitpunkt während ihrer Errichtung mit frischer Luft versorgt wurde: Als man mit ihrem Bau begann, lag das Kammersystem noch unter freiem Himmel, Luft war also ausreichend vorhanden.

Solange die Große Galerie sich im Rohbau – also ebenfalls noch unter freiem Himmel – befand, strömte die frische Luft direkt in die Königinnenkammer. Als die Galerie schließlich fertiggestellt war, übernahmen die Schächte der Königskammer, die sicherlich von Anfang an geplant waren, die Aufgabe der Belüftung des oberen Kammersystems. Wozu hätte man noch die Schächte der

Königinnenkammer bauen sollen? Die Bauarbeiter sind ganz offensichtlich auch ohne sie ausgekommen.
Insgesamt betrachtet stellt sich für uns die »Luftschacht«-These für die unteren Kanäle nicht so ohne weiteres schlüssig dar. Wir werden zukünftige Studien und neue Berechnungen abwarten müssen, die das eine oder andere von uns angesprochene Problem vielleicht lösen können. Im Folgenden wollen wir jedoch den deutlich erkennbaren Spuren im südlichen Schacht der Königinnenkammer nachgehen, die unsere Aufmerksamkeit auf den Bereich hinter dem Schachtende lenken.

Im Schatten der Blockierung

Grundsätzliches ...

Die Suche nach verborgenen Hohlräumen in der Cheops-Pyramide hat eine lange Tradition, sie ist so alt wie das Grabräubertum in Ägypten. Nicht wenige Zeitgenossen denken heute noch, in der großen Pyramide von Giza gebe es unentdeckte Schätze und verborgene Kammersysteme, in denen sogar noch der Leichnam des Cheops, intakt und mit allen Machtinsignien ausgestattet, auf seine Entdeckung warte. Das klingt ein bißchen nach Hollywood und hat nichts mit der tatsächlichen archäologischen Situation in der Cheops-Pyramide zu tun. So unromantisch dies auf den ersten Blick auch klingen mag, derzeit gibt es nicht die geringsten Anzeichen dafür, daß noch eine unbekannte, durch einen Zugang für Menschen erreichbare Grab- oder Geheimkammer in der Cheops-Pyramide existiert. Die lange ägyptische Grabräubertradition sowie die Tatsache, daß gerade die größte Pyramide des Landes von jeher das favorisierte Ziel der Forscher war, sprechen gegen diese Vermutung. Zwar wurden auch in den letzten fünfzehn Jahren von französischen oder japanischen Forscherteams immer wieder aufgrund gravimetrischer Messungen oder baulicher Eigenarten des Kammersystems Vermutungen aufgestellt, wo sich verborgene Kammern befinden könnten, doch keine einzige davon ließ sich bisher

stichhaltig beweisen. Dabei sahen sich alle »Kammerjäger« stets dem gleichen, scheinbar unlösbaren Problem gegenüber: der Frage nach der Tür zur unentdeckten Grabkammer.
Von all denen, die Zeit ihres Lebens nach verborgenen Räumen in diesem Grabmal suchten, konnte niemand auch nur eine einzige Stelle im Kammersystem definitiv bestimmen, die sich als »Tür« geeignet hätte. Das ist verständlich, denn gäbe es einen weiteren Zugang zu einem bislang unbekannten Hohlraumsystem, wäre er mit an Sicherheit grenzender Wahrscheinlichkeit auch schon von einem der vielen Millionen Besucher, die in den letzten 4000 Jahren die Cheops-Pyramide durchschritten haben, gefunden worden. Zumindest wäre man ihm auf die Spur gekommen.
Aber damit noch nicht genug. Das eigentliche Argument gegen eine geheime Grabkammer liefert das bekannte und äußerst aufwendig gebaute Kammer- und Gangsystem der Cheops-Pyramide selbst. Seine Sicherungsmechanismen waren nämlich derart aufwendig, daß es in unseren Augen unlogisch erscheint, weitere, bisher geheime Kammern hinter irgendwelchen Kalk- oder Granitsteinblöcken zu vermuten. Gäbe es irgendwo einen von den Ägyptern perfekt versteckten Zugangstunnel, der über die Jahrtausende nicht entdeckt wurde, hätte man sich wohl nicht die Arbeit gemacht, wichtige Korridorpassagen mit riesigen Granitsteinen zu blockieren. Selbst die heutige Grabkammer, vollständig mit tonnenschweren Granitblöcken gebaut, stellt sich mit ihrem monumentalen Sarkophag gegen alle Spekulationen. Es macht in Anbetracht dieser enormen Bauleistung wenig, um nicht zu sagen gar keinen Sinn, diese einzigartige Grabkammer zu einer Art »Scheinkammer« abzustempeln, zudem es im Pyramidenbau des Alten Reiches kein einziges Beispiel für etwas derartiges gibt.

... und Spezielles

Wir sind zu der Überzeugung gelangt – und das wird all jene, deren Illusionen wir zerstört haben, wieder mit uns versöhnen –, daß es einige, womöglich sogar viele isolierte, also vom bekannten Kammersystem abgeschnittene Hohlräume in der Cheops-Pyramide gibt. Sie sind meist bautechnisch begründet, bilden übergroße, oftmals mit Sand gefüllte Fugen oder breite Hohlräume zwischen den nur roh behauenen Steinblöcken im Kernmauerwerk. Häufig entstanden sie auch im unmittelbaren Bereich des Kammersystems, vermutlich immer dort, wo schräge Konstruktionen wie Giebeldächer oder aufsteigende Gänge gebaut wurden.

Bis vor wenigen Jahren gab es aber keinen konkreten Hinweis darauf, daß es einen durch die Baumeister bewußt geplanten und gebauten, also künstlichen Hohlraum in der Cheops-Pyramide geben könnte. Das änderte sich schlagartig mit Gantenbrinks Entdeckung. Schon allein die Auswertungen der Befunde an der Blockierung, die wir bisher dargelegt haben, verdichten sich zu einer konstruktiven Arbeitshypothese, nach der sich hinter oder oberhalb des Blockiersteins ein isolierter Hohlraum befinden könnte. Gantenbrink formulierte im Jahr 1995 zusätzlich eine Reihe äußerst signifikanter Indizien,[70] die diese Vermutung weiter untermauern und die wir hier in einer überarbeiteten Form vorstellen wollen. Begeben wir uns also wieder in den südlichen Königinnenschacht und gehen nochmals auf Spurensuche:

1. *Etwa vier Meter vor der Blockierung ist ein großes Stück Stein aus dem Schachtboden herausgebrochen.*

Mit der großen Bodenbeschädigung, zwei Steinblocklängen von der »Tür« entfernt, beginnt der Bereich, an dem die Ägypter darangingen, den Schacht präziser zu bearbeiten. Auf den Videoaufnahmen erkennt man, daß die rechte Schachtseite völlig poliert ist, während die linke noch nicht sauber bearbeitet wurde.

Diese Bruchstelle, die mit Abstand stärkste strukturelle Beschädigung aller untersuchten Schachtabschnitte, irritierte auch Rudolf Gantenbrink: »Es ist schon einigermaßen bizarr, daß wir gerade an einer Stelle, die sehr weit aus dem Mittelpunkt der Pyramide entfernt liegt und wo nur noch sehr wenig Gewicht auflastet, die stärkste Beschädigung vorfinden. Wir haben insge-

samt eine Schachtstrecke von 180 Metern untersucht, doch etwas Vergleichbares haben wir nirgends gefunden. Nicht einmal in den statisch sehr belasteten Bereichen der Kammern. Hinzu kommt, daß wir uns ausgerechnet hier an einer Stelle befinden, die von den Ägyptern schon sehr genau bearbeitet wurde.«[71]
Als mögliche Ursachen schlug der Münchner Techniker zwei Alternativen vor: Einerseits schloß er die Möglichkeit nicht aus, daß die Bodenbeschädigung durch eine dort vorliegende mangelhafte Bauausführung zustande kam. Im gleichen Atemzug bemerkte er aber kritisch, die ägyptischen Baumeister seien sich der Wichtigkeit dieses Schachtes und seiner Bauausführung wohl bewußt gewesen: »Man hat besonders unter solchen Strukturen – sprich Kammern und Korridoren – immer sorgfältig gegründet, weil man ganz genau wußte, daß dort sonst Schäden auftreten könnten.«[72]
Auf der anderen Seite hielt Gantenbrink es für durchaus möglich, daß es in diesem Bereich zu einer konzentrierten Druckbelastung, hervorgerufen durch irgend etwas in unmittelbarer Nähe des Schachtendes, gekommen war: »Eine Möglichkeit ist das Vorhandensein einer bisher unbekannten statisch-relevanten Struktur, wie auch immer sie geartet sein mag, die dafür verantwortlich ist, daß in diesem Bereich besonders große Kräfte am Werk sind.«
Ohne es explizit auszusprechen, hatte Gantenbrink das erste handfeste – von der Blockierung unabhängige – Indiz für einen möglichen Hohlraum geliefert. Weitere sollten folgen.

2. Kurz vor der Blockierung befinden sich Sägespuren auf dem Boden.
Die letzten vier Meter Wegstrecke zwischen der Beschädigung und der Blockierung zeichnen sich dadurch aus, daß sie sorgsam bearbeitet und fast vollkommen sandfrei sind. Schon zu Beginn seiner Videoanalysen waren Gantenbrink in diesem Bereich kurz vor dem Ende des Schachtes längliche Linien am Boden des Turablockes aufgefallen, von denen er anfangs nicht wußte, was sie zu bedeuten hatten. Waren dies womöglich Schleifspuren? War dort oben vielleicht etwas gezogen worden? Immer wieder

spielte Gantenbrink die Videoaufzeichnungen vor und zurück, jedoch ohne Erfolg.

Dann endlich kam ihm bei einer Pyramidenexkursion in Ägypten die erleuchtende Idee: »Mir ist aufgefallen, daß wir solche Spuren auch an den Verkleidungssteinen der Pyramiden finden. Hierbei handelt es sich um Sägespuren. Im Schacht ist nichts gezogen worden, sondern wir haben es mit einer Spur zu tun, die eine Steinsäge hinterlassen hat.«[73]

Merkwürdig. Nirgends sonst in den Schächten wurden unseres Wissens bislang Sägespuren entdeckt. Wozu wurde fast 60 Meter von der Königinnenkammer entfernt gesägt? Gantenbrink machte sich so seine Gedanken: »Steinsägen hat man verwendet, um sehr enge, dichte Fugen zu produzieren.« Und fügte hinzu: »Es ist einigermaßen erstaunlich, daß wir an dieser Stelle Spuren einer Steinsäge vorfinden. Sie konnten natürlich nicht in diesen Stein gelangen, nachdem er bereits eingebaut war. Er hat lediglich als Unterlage zum Sägen gedient.«

Was kann es in diesem Bereich für einen Grund gegeben haben, Steinblöcke derart präzise zu bearbeiten? Wir denken an die knapp 19 Meter entfernte Südseite der Pyramide. Hier mußte die Außenverkleidung präzise verlegt werden. Dazu wurden die Turakalksteine außen glatt poliert, vor allem aber ihre aneinanderliegenden Flächen so genau bearbeitet, daß sie nahtlos zusammenpaßten. Eine unmögliche Aufgabe für Hammer und Meißel, hier müssen andere Werkzeuge am Werk gewesen sein. Die Ägypter lösten dieses Problem auf elegante Art und Weise: Nachdem jeweils zwei Verkleidungsblöcke an ihrem Bestimmungsort zusammengeschoben wurden, nahm man eine Kupfersäge (oder einen Kupferdraht) und zog sie so oft zwischen den aneinanderliegenden Seiten der Steine hindurch, bis diese optimal geglättet waren. Danach konnten sie zusammengeschoben werden. Somit entstand zwischen den Blöcken eine sehr schmale Fuge, die gewährleistete, daß durch sie weder Wasser noch feiner Flugsand ins Innere der Pyramide eindringen konnte. Diese Verlegetechnik erklärt auch die Sägespuren, die man immer wieder auf den Verkleidungssteinen der Pyramiden findet. Denn fast

zwangsläufig blieb bei der Sägeaktion am Grund des unter den beiden bearbeiteten Blöcken befindlichen Kalksteins auch eine kleine Rille zurück, die Spur des Sägeblattes.
Dies erklärt die Sägespuren, löst aber unser Problem nicht. Die Verkleidungssteine wurden an ihrem Verlegeort, also an der Pyramidenkante gesägt, nicht viele Meter davon entfernt. Die Sägespuren im Schacht deuten also auf einen anderen Ursprung. Was wurde in seiner unmittelbaren Umgebung derart präzise bearbeitet wie die kostbaren Turasteine? Betrachten wir die feinen Fugen zwischen den Kalksteinblöcken der Königinnenkammer, kommen wir zu dem Schluß, daß man auch dort mit Sägen arbeitete. Wurde womöglich irgendwo im Umfeld der Blockierung auch ein Hohlraum »konstruiert«? Diese Möglichkeit – so Gantenbrink – könnte »diesen Befund erklären, ansonsten hätte man Schwierigkeiten, sich vorzustellen, wie diese Sägespuren hierher kommen.«

3. Der Boden vor der Blockierung ist völlig frei von Flugsand.
Eng mit den Sägespuren und der angedeuteten Fugenproblematik verknüpft ist eine andere Beobachtung kurz vor dem Schachtende.
Während etwa 92 Prozent des südlichen Königinnenschachtes mit einer feinen Sand- und Staubschicht bedeckt sind, die entweder im Laufe der Jahrtausende zwischen den Steinblöcken hinunterrieselte oder schon während der Bauzeit als Flugsand im Schacht liegenblieb, ist der Bereich vor der Blockierung nahezu steril sauber. Nichts von jenseits des Blockierungssteins, weder Sand noch größere Staubpartikel, scheint in den Jahrtausenden diese Barriere überwunden zu haben. Eine mögliche Erklärung könnte die glatt polierte Bodenfläche des fast 40 Grad schrägen Schachtes liefern, an der die größeren Sandpartikel, der Schwerkraft folgend, hinunterrutschen würden. Aber erklärt sich dadurch der vorliegende Befund? Ist der Schacht steil genug, der Reibungswiderstand derart gering, daß dieser Bereich fast vollständig sandfrei bleiben konnte?
Noch ein anderes Problem spielt hier hinein. Die Cheops-Pyra-

mide besitzt seit über 500 Jahren keine schützende Verkleidung mehr, das Kernmauerwerk ist dem stetigen Wind der Wüste ausgeliefert. Der mitgeführte Flugsand kann also ungehindert sein Zerstörungswerk an und in der Pyramide verrichten. Gantenbrink bemerkte hierzu: »Den feinen Flugsand bläst es überall hin, nur nicht dahin, wo wirklich ganz präzise gearbeitet worden ist«, und er fügte hinzu, daß der »Flugsand ab dem Moment, wo die Verkleidungssteine abgetragen werden, bis zu 20 Meter weit in das Mauerwerk eindringen kann«.[74]

Merkwürdig. Die Blockierung ist nur etwa 17 Meter von der heutigen Außenwand entfernt. Und wie wir gesehen haben, ist der Blockierstein zwar ein präzise bearbeitetes, aber auch bewegliches, mit Spalten, Nuten und Bruchstellen versehenes, fast lockeres Objekt. Müßte man nicht erwarten, daß über die Jahrhunderte gerade an dieser Stelle mehr Flugsand in den Schacht eingedrungen ist?

Es hat fast den Anschein, als ob die südliche Umgebung des Schachtendes hermetisch abgeschlossen wurde. Gibt es hier, wie Stadelmann vermutete, vielleicht mehrere Blockiersteine, die den Schacht nach oben hin abdichten? Oder könnte man vielleicht aus dem Fehlen des Sandes schließen, daß in einem größeren Radius um die Blockierung herum äußerst präzise gearbeitet wurde? Drang deshalb durch den Spalt an der Blockierung bisher nichts hindurch, weil es schlicht und einfach kein feinstrukturiertes »Material« hinter der Blockierung gibt, das in der Lage wäre, in den Schacht zu gelangen?

Ein Hohlraum, so präzise wie die Grab- und die Königinnenkammer ausgeführt, wäre ein idealer Schutzschirm gegen den Flugsand. Um allerdings den gesamten sandfreien Bereich entlang des letzten Blockes zu erklären, müßte sie aber nicht nur hinter, sondern vor allem auch oberhalb dieses Bereiches aufgebaut worden sein. Folgen wir diesem Gedankengang, ist es durchaus denkbar, daß die Schachtblockierung im Bodenbereich des Hohlraums endet, ähnlich wie ein schräges Abflußrohr in einem Keller. Nur weitere Forschungen können diese Hypothese bestätigen oder widerlegen. Eine andere Besonderheit, die gut in unseren Interpretationsrahmen paßt, befindet sich eine Ebene höher.

4. Im südlichen Schacht der Königskammer, unweit der nischenartigen Struktur, existiert eine vertikale Fuge.

In einem Kammersystem wie dem der Cheops-Pyramide sind die Positionen und Lagen der Fugen zwischen den Steinblöcken bautechnisch von großem Interesse. Sie zeigen uns eindeutig, wie die einzelnen Steinblöcke verlegt bzw. wie ihre Kanten gesägt wurden. Sie liefern uns auch wichtige Informationen zu der sie umgebenden Statik.

Kammern liegen in der Regel horizontal, also treffen wir in ihrem direkten Bereich nur horizontale und vertikale Fugen an. Die Steine wurden, wie nicht anders zu erwarten, in rechtwinkliger Form, in »Lego-Bauweise« an- und aufeinandergebaut. Ganz anders sieht es in den ansteigenden Bereichen der Schächte aus. Durch die schräge Lage der Steinquader treffen wir an den Seitenwänden der Schächte nur senkrecht zum Schachtboden (rechtwinklig zu den Schachtkanten) angeordnete Fugen an. Mit einer Ausnahme: Etwa 16 Meter vor der Nischenanordnung im südlichen Schacht der Königskammer existiert eine vertikale, nicht senkrecht zum Schachtboden verlaufende Fuge.

Sie ist bisher die einzige Fuge ihrer Art, die in den oberen Bereichen der Schächte gefunden wurde. Sollte dies nur ein Zufall sein? Von der Wichtigkeit dieser für den Laien wohl eher unscheinbar wirkenden Fuge war Gantenbrink schnell überzeugt: »Wir haben hier eine Fuge, die dazu geschaffen ist, Kräfte in die Horizontale zu leiten. Wo diese Kräfte herkommen, kann man nicht sagen. Sie könnten durch den sehr steilen Schacht selbst entstehen, doch dann müßten wir derartige vertikale Fugen auch bei den drei anderen Schächten finden. Das ist aber nicht der Fall. D. h., wir haben es in diesem Bereich tatsächlich mit einer Besonderheit zu tun.«[75]

Werden hier Kräfte von einer Struktur, die wir nicht sehen, abgefangen? Ist eine veränderte Statik – ansatzweise mit der im Be-

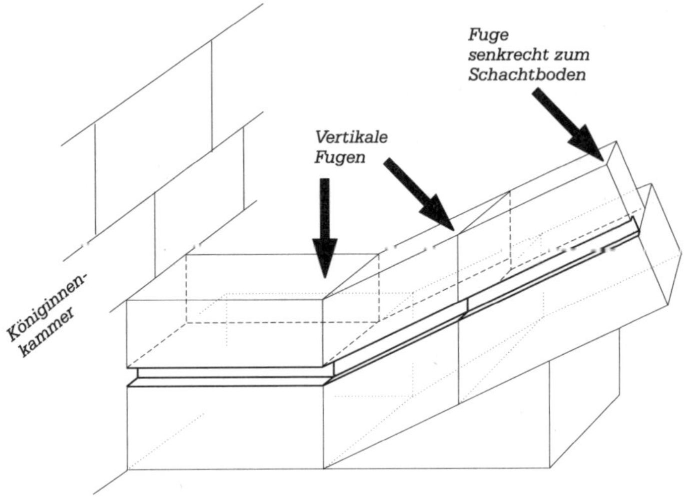

In der Nähe der Kammern treten stets vertikale Fugen auf, während in den ansteigenden Bereichen der Schächte mit einer Ausnahme die Fugen immer senkrecht zum Schachtboden liegen. *(Skizze: Michael Haase, nach R. Gantenbrink)*

reich der Kammern vergleichbar – oberhalb der Blockierung für die vertike Fuge verantwortlich?

Zugegeben: Die Fuge im südlichen Königsschacht kann durchaus mehrere Ursachen haben. Vielleicht wurde einfach nur die Kante eines Schachtblocks beim Einbau so stark beschädigt, so daß man ihn, wie auch seinen Anschlußblock, schräg ansägen mußte. Womöglich haben wir es hier auch wirklich nur mit einem unbedeutenden Zufall oder gar mit einem »Versehen« der Baumeister zu tun.

Und trotzdem: Allein die Tatsache, daß vertikale Fugen in den Schächten sonst nur direkt hinter den Kammern auftreten, reiht diesen speziellen Fund in die Riege der Hinweise für eine bisher unbekannte Hohlraumstruktur ein.

Damit sind wir am Ende unserer Bestandsaufnahme angelangt. Fassen wir die wichtigsten Indizien, die einen Hohlraum hinter oder oberhalb der Blockierung in den Bereich des Möglichen rücken, noch einmal zusammen:

- Wenige Meter vor der Blockierung existiert eine starke Bodenbeschädigung, die vielleicht durch die konzentrierte Druckbelastung eines unbekannten Hohlraums hervorgerufen wurde.
- Zwischen der Beschädigung und der Blockierung wurden Sägespuren entdeckt, die gewöhnlich innerhalb der Pyramide nur in unmittelbarer Nähe des Kammersystems auftauchen.
- Der letzte Block vor der Blockierung wurde im Unterschied zu allen anderen Blöcken im Schacht nach dem Meißeln poliert und besteht vermutlich aus wertvollem Turakalkstein.
- Direkt vor der Blockierung sind weder nennenswerte Sand- noch Staubspuren zu erkennen, was darauf hindeuten könnte, daß in der Umgebung des oberen Schachtendes ein hermetisch abgeschlossener Raum existiert.
- Der Blockierstein wurde äußerst präzise bearbeitet und vermutlich mörtelfrei eingesetzt. Er ist beweglich und besitzt einen schiebetürartigen Charakter.
- Die vermeintlichen Bohrlöcher sowie die Kupferstifte, die durch sie hindurchgesteckt sind, deuten darauf hin, daß wir nur die Rückseite der Blockierung sehen, die »Funktionsseite« demnach auf der uns entgegengesetzten Seite liegt.
- Neben einer Nischenanordnung im oberhalb der Blockierung gelegenen südlichen Schacht der Königskammer existiert eine statisch bedeutsame vertikale Fuge, die sonst gewöhnlich nur in Kammernähe anzutreffen ist.

Abschließend, so Gantenbrink in einem Fachartikel, »(...) kann man sagen, daß jeder dieser Hinweise – jede dieser Beobachtungen –, die hier gemacht wurden, auch andere Ursachen haben kann und eigentlich keine Beweiskraft besitzt. Es ist nicht zwangsläufig, daß dort – hinter der Blockierung – ein Hohlraum existiert. Aber die Menge dieser Befunde, die sich dort plötzlich auf einem kleinen Raum – auf einem Durchmesser von 18 Metern – konzentrieren, sollte doch zumindest zum Nachdenken

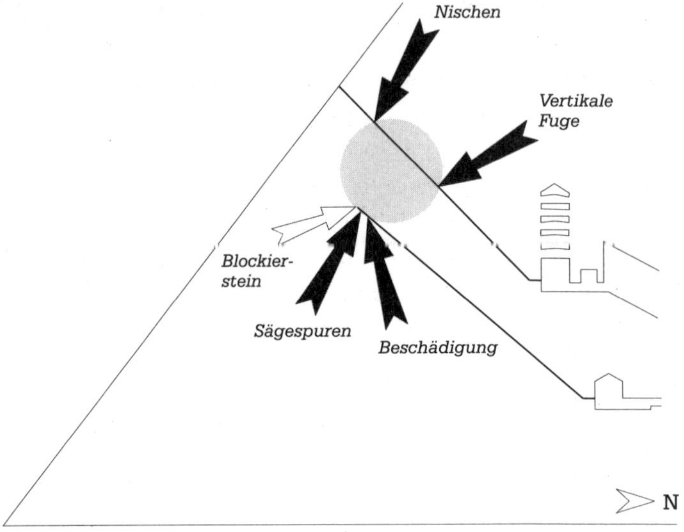

(Skizze: Michael Haase, nach R. Gantenbrink)

anregen und nicht dazu führen, dogmatischen Denkmodellen nachzuhängen. D.h., hier steht wirklich ein Hohlraum effektiv als Möglichkeit im Raum (...).«[76]

Ist das der Stoff, aus dem zukünftige Forschungsprojekte geboren werden? Wir glauben ja. Die Spuren der Baumeister am Ende des südlichen Königinnenschachtes und ein Stück darüber hinaus rufen alle Verantwortlichen dazu auf, die eingestellten Forschungsarbeiten in den Schachtsystemen endlich wieder aufzunehmen und auch zu einem Ende zu führen.

Wie sagte Rudolf Gantenbrink: »Das böse K-Wort, die Kammer, muß man gedanklich ausschließen. Wenn man das nicht tut, wird man gleich als Spekulant abqualifiziert. Und das geht nicht. Ich bin kein Ägyptologe, ich bin ein Techniker. Ich kann das nicht ausschließen. Es ist eine Möglichkeit, die ich miteinbeziehen muß. In dieser Pyramide ist seit Jahrhunderten nach Kammern gesucht worden, oft ohne wissenschaftlichen Hintergrund. Und nun haben wir einen Befund, der all die Wunschträume in greifbare Nähe rückt. Das ist ein Tanz auf dem Vulkan. Wenn es kein Tabu wäre, darüber zu sprechen, dann könnte sich die Ägyptologie doch freuen, wenn man hinter der Blockierung etwas erwarten könnte, von dem man vielleicht sogar etwas lernen könnte. Man muß sich doch mit solchen Dingen auseinandersetzen. Natürlich kann alles Schall und Rauch sein, aber man muß hier weiter untersuchen. Hier stehen wirklich alle Zeichen auf Alarm und sagen: ›Erforsche mich!‹ «[77]

Die technischen Voraussetzungen für eine erneute Mission in den Tiefen der Cheops-Pyramide sind gegeben. Gantenbrink hat – wie sicherlich so manch anderer Techniker und Ägyptologe – in den letzten drei Jahren Versuchsaufbauten und Mechanismen entwickelt, dem Geheimnis der türartigen Blockierung und dem vermeintlichen Hohlraum zu Leibe zu rücken. Was letztlich fehlt, ist nur der Befehl der Verantwortlichen, den zweiten und entscheidenden Akt des »Cheops-Krimis« zu beginnen. Wir werden aber wohl noch eine Weile auf diese Aufführung warten müssen.

Jenseits der Blockierung

Ein Zeit- und Gedankensprung: Durch die offenen Schachteingänge in der Königskammer aufmerksam geworden, brach der Brite Wayman Dixon im Jahr 1872 die Jahrtausende im Mauerwerk verborgenen, unteren Ausgänge der Königinnenschächte gewaltsam auf und brachte drei Gegenstände – Steinkugel, Kupferhaken, Holzleiste – ans Tageslicht, die, laut Professor Stadelmann, heute als »originale Beigaben« angesehen werden.

Diese Geschichte kennen wir. Was jedoch oftmals vergessen wird, ist die Tatsache, daß sich diese »Grabbeigaben« bis zu ihrer Entdeckung in einem vom bekannten Kammersystem hermetisch abgeschlossenen, unbekannten Hohlraum befanden, über dessen Existenz die Gelehrten vor 1872 nur spekulieren konnten.

Was wäre nun gewesen, wenn die Königinnenschächte bis heute

nicht entdeckt worden wären? Ganz einfach: Es gäbe weder die geringste Spur von irgendwelchen Grabbeigaben, noch würden die unzähligen Touristen, die Tag für Tag durch die Königinnenkammer stöbern, auch nur im entferntesten ahnen, daß über 4 500 Jahre alte, überaus wertvolle Gegenstände nur wenige Meter von ihnen entfernt auf ihre Entdeckung warten. Ist das nicht eine beunruhigende, aber zugleich auch motivierende Vorstellung? Stehen wir womöglich heute vor einer ähnlichen Situation?

Vergegenwärtigen wir uns: Was immer sich dort oben im Pyramidenmassiv verbergen mag, seine Lage und die Struktur des in seiner Nähe befindlichen Schachtes zeugt davon, daß es von langer Hand geplant und nicht zufällig angelegt wurde. Das Ende des südlichen Schachtes befindet sich zwar auf keinem Rasterpunkt der alten Baumeister, wie Gantenbrink uns versicherte, das schließt aber unserer Meinung nach eine meßtechnische Planung eines hinter der Schachtblockierung liegenden Hohlraumes nicht aus. Womöglich sehen wir mit der Blockierung nur ein Detail – die »Spitze des Eisbergs« sozusagen – einer sehr viel umfangreicheren Struktur, dessen bauliches »Zentrum« von den Architekten auf ihrem Papyrusbauplan beherrscht wurde. Kurzum, für uns steht fest: Schacht und Hohlraum, falls es ihn wirklich geben sollte, bilden eine untrennbare architektonische Einheit. Das ist die Grundlage für unsere weitere Argumentation. Was können wir nun aus dieser Annahme über Lage und Struktur des Hohlraums schließen?

Nach Betrachtung aller relevanten Aspekte wie Baustatik, Lage der Zugänge, Struktur des Kammersystems und Berücksichtigung aller architektonischen Besonderheiten in anderen Pyramiden des Alten Reiches deutet nun alles darauf hin, daß wir es jenseits der Blockierung nicht mit einer *von außen begehbaren Kammer,* sondern mit einem *isolierten Hohlraum* zu tun haben.

Derartige Hohlräume sind in der Cheops-Pyramide nicht unbekannt, wie z. B. die fünf Entlastungskammern über der Grabkammer zeigen. Außerdem demonstriert die schon erwähnte Entdeckung von Wayman Dixon, daß es selbst noch vor 125 Jahren geheime und hermetisch abgeschlossene Hohlräume zu entdecken gab, und diese, zur Überraschung aller Forscher, sogar noch altägyptische Gegenstände enthielten. Wurden ähnliche Objekte auch jenseits der Blockierung plaziert?

Da die Möglichkeit besteht, stellt sich nun die Frage, was man wohl zur damaligen Zeit an diesem Platz – festumschlossen von meterdicken Steinblöcken und doch so weit vom Zentrum des Grabmals entfernt – »deponiert« haben könnte.

Spekulationen gibt es viele, konkrete Hinweise sind dagegen eher spärlich. Spekulieren wir also: Könnte es sein, daß hinter der Blockierung, ähnlich wie bei der Grundsteinlegung der Pyramiden, wichtige Aufzeichnungen auf Papyrus, Meßinstrumente oder Werkzeuge symbolisch eingemauert wurden? Für die Existenz derartiger »Geheimfächer« gibt es in den Pyramidenbauten bislang keine Beispiele – sieht man einmal von den erwähnten Gründungsgruben ab, die sich aber stets am Fuß einer Pyramide befinden –, vollständig auszuschließen ist diese Möglichkeit jedoch nicht. Wenn es derartige »Depots« aber wirklich geben sollte, wird man sie wahrscheinlich in der unmittelbaren Nähe des Kammersystems zu suchen haben.

Auch für die durchaus reizvolle Vermutung, wonach der südliche Königinnenschacht und damit auch der vermutete Hohlraum eine »meßtechnische Funktion« besaßen, konnten wir keine stichhaltigen Argumente finden. Wenn der Schacht einst von den Baumeistern vielleicht als eine Art Hilfskanal auf meßtechnische Dinge ausgerichtet oder justiert war, kann er nur in seiner gesamten Länge zwischen der 26. und 74. Steinlage in Betrieb gewesen sein. Dagegen hätte der hypothetische Raum hinter der Blockierung lediglich auf der 74. Steinlage – oder womöglich noch darüber hinaus – einen meßtechnischen Sinn gehabt, also erst nach der Fertigstellung des Schachts und nachdem seine Funktion aufgegeben worden war. Wir sehen darin keinen praktischen Sinn. Eine meßtechnische Notwendigkeit ist in bezug auf den Schacht nicht zu erkennen.

Bleibt noch eine Erklärungsvariante übrig: Da die Pyramide ein reines Kultobjekt war, spricht zur Zeit vieles dafür, daß der vermutete Hohlraum eine religiöse Bedeutung hatte. Hierbei sind unsere Interpretationsmöglichkeiten aber eher eingeschränkt. Die bis heute nicht vollständig verstandenen religiösen Grundmuster, die zur Entstehung der Pyramiden und der dazugehörigen Kulte führten, bieten sicherlich noch viele Eigenarten, die den Bau eines weiteren Kultraums motiviert haben könnten. Vermutlich ist der völlig isolierte, dem Serdab einer Mastaba ähnliche und über den Schacht mit der Königinnenkammer in direkter Verbindung stehende Raum auf den Bauherrn und Eigentumer der Paramide, König Cheops, ausgerichtet gewesen.

Was mag er wohl enthalten? Wichtige »magische« Objekte aus dem Umfeld des Königs? Vielleicht eine Statue des Herrschers oder eine Miniaturbarke für seine Himmelsfahrt, womöglich auch jenen von Dixon entdeckten Gegenständen ähnliche heilige Geräte, die er symbolisch nach seinem Tod benutzen konnte?

Hier könnte sich der Kreis schließen: Laut Professor Stadelmann dienten die von Dixon entdeckten »Grabbeigaben« dem König dazu, den nördlichen Schacht der Königinnenkammer im Jenseits magisch zu öffnen. Die Frage ist nur, oben oder unten? Wenn es am oberen Ende des südlichen Königinnenschachtes einen Kultraum gibt, warum sollte dann – der Symmetrie der Schächte folgend – nicht auch am oberen Ende des nördlichen Kanals eine Blockierung und ein Hohlraum existieren? Stammten die drei Objekte womöglich aus diesem Bereich?

Falls die Baumeister und Priester wirklich ganz gezielt eine Reihe ritueller Objekte, die symbolisch für den König bestimmt waren, in dem abgeschlossenen, für niemanden betretbaren nördlichen Schacht hinterlegten, könnten sie dann nicht auch ähnliche Gegenstände in dem von uns vermuteten Kultraum des südlichen Schachtes deponiert haben?

Man stelle sich einmal folgendes Szenario vor: »UPUAUT-3« hebt ferngesteuert die Schiebetür im südlichen Schacht an und – alle in der Königinnenkammer auf den Monitor starrenden Wissenschaftler zucken erschreckt zusammen – eine Steinkugel rollt ihnen entgegen. Welche Überraschungen werden die zukünftigen Forschungen wohl noch für uns bereit halten?

UPUAUT-3: Was wäre wenn?

Wie wir gesehen haben, ist die Indizienfülle überwältigend: Alles in allem spricht mehr dafür als dagegen, daß sich ein wie auch immer gearteter Hohlraum hinter der »Tür« befindet.

Als Anfang 1996 die Dreharbeiten für unseren bereits erwähnten Film »Im Schatten der Pyramiden« begannen, beschlossen wir, nicht nur den Status quo der Untersuchungen zu dokumentieren, sondern auch einen Ausblick zu wagen. Obwohl die Zeichen für eine Wiederaufnahme des Projektes schlecht standen, hatte der Archäotechniker Rudolf Gantenbrink weitergearbeitet. Er hatte genug Zeit, sich auf den Fall der Fälle vorzubereiten. Was wäre wenn ...?

Als wir an einem Februarmorgen in Gantenbrinks Münchner Werkstatt unser Film-Equipment auspackten, stellten wir verblüfft fest, daß Phase 1 des UPUAUT-3-Projektes bereits auf Hochtouren lief. Natürlich gab es immer noch keine offizielle Genehmigung für die Fortsetzung der Arbeiten in der Pyramide. Doch der Ingenieur beschloß, das Beste aus der Situation zu machen und die Hände nicht in den Schoß zu legen.

Erste Überlegung: Der Verschlußmechanismus der Blockierung war nicht identifiziert. Also konnte man den Roboter nicht einfach zu einem »Gabelstapler« umrüsten, um die »Tür« hochzuschieben. Vielleicht war die Angelegenheit viel komplizierter als angenommen.

Zweite Überlegung: Wenn sich hinter dem geheimnisvollen Kalkstein wider Erwarten kein Hohlraum verbarg – was ja immerhin denkbar war, solange der letzte Beweis fehlte –, dann konnte man sich die Mühe eines Öffnungsversuches sparen. Die Frage lautete demnach: Welche Möglichkeiten gab es, herauszufinden, ob es hinter dem »Türchen« tatsächlich einen Hohlraum gab, ohne die Blockierung dabei zu öffnen oder gar zu zerstören?

Dritte Überlegung: Wie konnte er schlüssig nachweisen, daß es sich bei dem Kalkstein nicht um einen meterdicken Block, sondern – wie Gantenbrink vermutete – um eine relativ dünne

Steinplatte handelte? Zudem war keineswegs erwiesen, daß UPUAUT bei seinem Abenteuer die Vorderseite der »Tür« entdeckt hatte. Vielleicht sah man nur die Rückseite?! Auch um diese Frage zweifelsfrei zu beantworten, mußte ein völlig neues technisches Verfahren entwickelt werden.

Wir standen nun vor einem beeindruckenden Computer. Das edle, anthrazitfarbene Gehäuse des Monitors wirkte kühl und anziehend zugleich. In diesem hypermodernen Elektronengehirn waren 4600 Jahre alte Daten gespeichert. Nicht ohne Stolz präsentierte uns Gantenbrink sein neuestes Werk. Ein Knopfdruck und die größte aller Pyramiden wurde transparent, erwachte zum Leben. Was immer Wissenschaftler in den vergangenen Jahren über die Cheops-Pyramide veröffentlicht hatten, der Computer kannte das Datenmaterial.

Traumhaft sicher fuhr Gantenbrink durch die Programme: Cheops' Grabmal drehte und wendete sich, wurde dreidimensional, kippte vornüber, klappte plötzlich auf und ließ das Kammersystem sichtbar werden. Ehe wir uns versahen, befanden wir uns in der Königinnenkammer. Dann wieder ein neues Bild. Wie von Geisterhand flogen mehrere Blöcke in den Raum, schwirrten durch die imaginäre Luft und setzten sich zu einem Korridor zusammen: der Schacht des Cheops' entstand vor unseren Augen, in allen Einzelheiten. Wie ein Detektiv hatte der Archäotechniker begonnen, das architektonische System der Pyramide zu entschlüsseln. Wahrscheinlich verfügte kein ägyptologisches Institut dieser Erde über derart aktuelle Daten. Wie gebannt starten wir auf die sich stetig verändernden Grafiken. Nur unser Kameramann ließ sich nicht ablenken und brachte die ersten Aufnahmen in den »Kasten«.

Die Computervorführung demonstrierte Gantenbrinks Grundüberzeugung. Seiner Ansicht nach war es am sinnvollsten, die noch ungelösten Probleme im Zusammenhang mit der Cheops-Pyramide technisch anzugehen. Als wollte er dies zusätzlich unterstreichen, holte er nun von einem Regal auf der gegenüberliegenden Seite der Werkstatt einen quadratisch aussehenden Kalksteinblock herunter und legte ihn mitten auf eine hölzerne

Arbeitsplatte. Die Ähnlichkeit mit der »Tür« im Schacht war unübersehbar. Vorder- und Rückseite maßen jeweils ca. 20 mal 20 Zentimeter im Quadrat, die Außenflächen von Kante zu Kante hatten eine Dicke von etwa 10 Zentimetern. Der Stein mochte gut zwölf Kilogramm wiegen. Gantenbrink plazierte ihn nun auf dem Fußboden. Während unser Kameramann die einzelnen Arbeitsgänge auf Video festhielt, bohrte Gantenbrink mit einer elektrischen Bohrmaschine zwei Löcher komplett durch den Stein hindurch, genau an den Stellen, wo man auch am Originalblock die Öffnungen vermuten konnte. Von irgendwoher zauberte der Ingenieur sodann eine Aluminiumstange herbei, spannte sie kurzerhand in einen Schraubstock und bog sie zu einer Art rechtwinkligem Hufeisen zurecht. Dieses Metallteil steckte er jetzt durch die beiden Löcher im Kalkstein. Es war gespenstisch. Vor uns stand die »Tür« aus der Cheops-Pyramide, so wie wir sie schon unzählige Male aus UPUAUTs Kameraperspektive betrachtet hatten. Mit einem Unterschied: Die beiden Zapfen ragten starr etwa 5 Zentimeter weit in den Raum hinein. Als hätte er unsere Gedanken gelesen, ließ Gantenbrink nun einen Hammer auf die Aluminiumstifte niedersausen, bis sie schließlich ganz umgebogen waren. Die Illusion war perfekt.

Unzählige Stunden hatte der Archäotechniker die Videobilder ausgewertet. Mittlerweile war er felsenfest davon überzeugt, daß die Roboteraufnahmen in der Pyramide nur die Rückseite des Kalksteinblockes zeigten. Die alten Baumeister hatten auf der unsichtbaren Vorderseite irgend etwas angebracht, irgendein bedeutendes Objekt; und um es richtig zu befestigen, schlugen sie auf der Rückseite die Metallstäbe um. Eine kühne Hypothese! Wie wollte er sie beweisen? Der Tüftler lächelte verschmitzt. Aus einer Schublade kramte er einen Transformator hervor und stellte ihn zusammen mit der täuschend echten »Tür«-Imitation auf die hölzerne Arbeitsplatte. An den Trafo schloß er nun zwei Meßstrippen an, dazwischen schaltete er eine kleine Glühlampe. »Ich kann beweisen, daß die beiden Kupferstücke auf der anderen Seite eine Verbindung haben«, sagte Gantenbrink, »es ist ganz simpel, und ich brauche die Blockierung bei dem Experiment nicht einmal zu öffnen.«

Mit der Metallspitze einer Meßstrippe berührte er den rechten Aluminiumzapfen, die andere Meßstrippe hielt er an das Pendant auf der linken Seite. Das kleine Glühlämpchen begann zu leuchten: »Man kann das hier im Labor sehr schön demonstrieren. Wenn wir in die eine Seite einen Strom hineinschicken – und es ist hinten verbunden –, dann muß er natürlich auf der anderen Seite wieder herauskommen. Ich schließe hier ganz einfach einen Stromkreis. Auf der unsichtbaren Seite gibt es natürlich mehrere Möglichkeiten. Dort könnte sich eine Öse befinden, es könnte etwas Technisches sein, etwas Dekoratives, das alles bleibt noch Spekulation, weil wir bis auf weiteres nicht dahinter schauen können. Aber wenn Strom fließt, haben wir zwei Informationen. Erstens: Diese Kupferstücke haben ihre Funktionsseite auf der anderen Seite. Zweitens: Die UPUAUT-Bilder zeigen nur die Rückseite der Blockierung.«

Ein in seiner Einfachheit geniales Verfahren. UPUAUT, der kleine Roboter, wäre imstande, das Experiment im Schacht durchzuführen, wenn man ihn nur ließe. Lediglich ein paar kleine Umbauten wären notwendig. Sollte zwischen den beiden Kupferstäben tatsächlich Strom fließen, hätte man ein weiteres wichtiges Indiz für die Existenz eines verborgenen, ungeöffneten Raums. War nicht spätestens dann der Moment gekommen, die Tür zu öffnen, um Gewißheit zu haben? Nein, selbst dann wäre es, nach Gantenbrinks Überzeugung, für eine Öffnung noch zu früh. Zunächst mußte man versuchen, weitere Informationen zu sammeln. Es bestand schließlich immer die Gefahr, daß durch unüberlegtes Handeln etwas Wertvolles zerstört wurde. Eines der spektakulärsten Beispiele diesbezüglich war sicher die 1954 entdeckte Barke von Pharao Cheops. 4600 Jahre hatte das hölzerne Boot in einer Grube am Fuß der Pyramide unversehrt überstanden. Bis Straßenbauarbeiter durch Zufall den Eingang zu diesem unterirdischen Schiffsgrab aufrissen. Sofort strömte die abgasgeschwängerte Kairoer Luft hinein, gefolgt von Sand, Staub und Dreck. Fast unmittelbar danach setzte der Zerfall der antiken

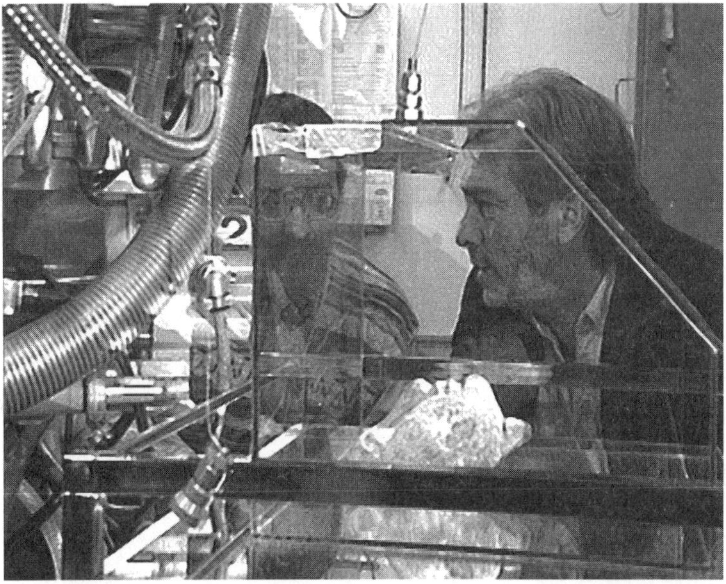

Ein Gas-Experiment bei der Münchner Firma LINDE: organisches Material sondert beim Zerfall Methan ab. *(Fotos: Sender Freies Berlin)*

Sonnenbarke ein. Heute steht sie, mühsam restauriert, über der Fundstelle in einem häßlichen Museum. Etwas ähnliches durfte sich mit dem vermuteten Hohlraum in der Pyramide nicht wiederholen. Was immer hinter der »Tür« verborgen lag, es durfte nicht in Gefahr gebracht werden.

Das primäre Ziel sollte deshalb darin bestehen, noch mehr über die Beschaffenheit der anderen Seite herauszufinden. Wie groß war zum Beispiel der hinter der Blockierung befindliche Hohlraum? Eine Möglichkeit der Untersuchung bestand darin, ein sogenanntes Endoskop durch den Spalt unter der »Tür« hindurchzuschieben. Endoskope werden normalerweise in der Medizintechnik eingesetzt und dienen der Betrachtung von Körperhöhlen bei Untersuchungen und Behandlungen. Es handelt sich dabei um eine winzige Glasfaseroptik mit integriertem Beleuchtungssystem und Miniaturkamera. Ein Lichtstrahl, der auf die polierte Eingangsfläche einer solchen Optik trifft, wird im Innern einer Lichtleitfaser durch Totalreflexion weitergeleitet. Was in den Blutbahnen des menschlichen Körpers möglich ist, wäre theoretisch auch im engen »Schacht des Cheops« denkbar: Der Lichtstrahl folgt allen Biegungen der Glasfaser, landet schließlich in einem Empfangsgerät in der Königinnenkammer und projiziert ein Bild. In der Praxis hat dieses Verfahren jedoch zwei entscheidende Nachteile: Erstens ist es sehr teuer, und zweitens würde die endoskopische Beleuchtung wohl kaum ausreichen, einen ganzen Raum genügend zu erhellen und Einzelheiten sichtbar zu machen.

Die Endoskopie mußte erst einmal zurückgestellt werden. Doch es gab andere Möglichkeiten, dem Geheimnis der Kammer auf die Spur zu kommen. Rudolf Gantenbrink hatte sich wieder etwas Besonderes einfallen lassen, ebenso bestechend einfach wie das Stromexperiment.

Ein Gas-Experiment

Das Ding sah aus wie ein Satellit aus einer anderen Welt. Chromblitzende Schläuche, funkelnde Drähte und hauchdünne Kapillaren wanden sich in kühnen Schleifen umeinander, drifteten in verschiedene Richtungen, um an anderer Stelle wieder zusammenzufinden. Ein Apparat, scheinbar chaotisch, ohne Ordnung, und doch von unglaublicher Logik und Präzision.

Ein monotones Brummen erfüllte den Raum, überlagert von beklemmenden Geräuschen wie auf einer Intensivstation. Doch wir befanden uns weder in einem UFO, noch im Krankenhaus, sondern in einem Labor der Gasfirma »Linde« am Stadtrand von München. Vor uns stand ein hochempfindlicher, millionenschwerer Gas-Chromatograph. Daran angeschlossen war ein aquariumähnliches Gebilde, in dem, luftdicht abgeriegelt, eine 2000 Jahre alte ägyptische Totenmaske »schlummerte«. Kein wirklich schöner, eher ein dämonischer Anblick: auf der einen Seite die sanfte Ausstrahlung des edlen antiken Gesichts, auf der anderen die blanke Kälte modernster Hochtechnologie. Ein faszinierender Kontrast.

Zusätzlich futuristisch wirkte die Szenerie durch die gleißenden Scheinwerfer, die wir für unsere Filmaufnahmen in den verschiedensten Ecken aufgestellt hatten.

Rudolf Gantenbrink kniete gemeinsam mit Dr. Gaier, dem Laborleiter, vor dem »Aquarium« und betrachtete nachdenklich die Totenmaske.

Es war denkbar, daß sich hinter dem »Türchen« in der Pyramide ein größerer Gegenstand befand, ein Papyrus vielleicht, eine Statue, eine Miniaturbarke oder etwas ganz anderes. Wäre ein solcher Gegenstand aus Holz oder Knochen, aus organischem Material also, dann mußte sich dies chemisch nachweisen lassen. Denn organisches Material sondert im Laufe der Jahrhunderte beim Zerfall Methan ab. Und dieser Prozeß ist meßbar.

Mit einem Experiment wollte Gantenbrink nun prüfen, ob er mit seiner Idee richtig lag. Der Gas-Chromatograph sollte dabei helfen. Die Totenmaske lag hermetisch abgeschlossen in ihrem gläsernen Sarkophag. Dieses würdevolle, furchtlose Antlitz war

ganz aus Holz und stammte wohl aus einem Grab im Tal der Könige, nahe Luxor. Gantenbrink hatte das äußerst wertvolle Stück von einem befreundeten Antiquitätenhändler ausgeliehen, der sich verständlicherweise nur ungern davon trennte.
Der Chromatograph analysierte nun die einzelnen Bestandteile des Luft-/Gasgemisches, das sich in dem Glaskasten befand. Die Meßinstrumente waren so eingestellt, daß sie erhöhte Methanwerte sofort erkennen konnten. Tatsächlich registrierten die empfindlichen Sensoren schon nach kurzer Zeit feinste Spuren des farb- und geruchlosen Gases. Unter Laborbedingungen funktionierte das Experiment also. Im Ernstfall aber gab es noch eine Menge Fragezeichen. Denn die Cheops-Pyramide war ja nicht 2000, sondern rund 4600 Jahre alt. Ob man Methanrückstände nach so langer Zeit noch finden konnte, war äußerst zweifelhaft.
Und noch ein Handicap. Um das Gasgemisch in dem mutmaßlichen Hohlraum exakt analysieren zu können, bräuchte man eine Gasprobe aus dem Bereich *hinter* der Tür. Und das, ohne die Blockierung zu öffnen oder zu beschädigen. Dies erschien uns als unlösbare Aufgabe. Offensichtlich nicht dem Archäotechniker. Not macht erfinderisch, meinte Gantenbrink nur und grinste. Am Abend, zurück in der Werkstatt, wolle er das Geheimnis lüften.
Wir bauten unsere Filmausrüstung ab – was bei den vielen Scheinwerfern, unzähligen Metern Kabel, der Kamera, dem Stativ und den Mikrophonen jedes Mal eine gute Stunde in Anspruch nahm –, verabschiedeten uns vom hilfsbereiten Laborpersonal und fuhren zurück in die Innenstadt. Nachdem sich die für unsere Zwecke so nützliche Totenmaske wieder in der Obhut des sichtlich erleichterten Antiquitätenhändlers befand, steuerten wir erneut Gantenbrinks Werkstatt an.
»Also«, sagte der Archäotechniker und hielt uns einen langen, dünnen Draht unter die Nase, »bei der Entnahme der Gasprobe verwenden wir solche Edelstahlkapillaren. Das ist im Prinzip nichts anderes als eine ganz lange Injektionsnadel, ein Miniaturrohr. Es ist innen hohl und so leicht, daß wir es auf die ganze Länge hinter uns herziehen können. Der Roboter wird umgerü-

stet. Er bekommt eine Vorrichtung, mit der wir die Injektionsnadel ferngesteuert unter dem Türspalt hindurchschieben können. Je nachdem wie weit sie sich schieben läßt. Aber das werden wir dann ja merken. Auf diese Weise können wir aus dem jenseits der Blockierung liegenden Bereich eine Gasprobe entnehmen.«

UPUAUT müsse allerdings mehrere Gasproben nach unten bringen, aus den verschiedensten Bereichen der Pyramide. Denn nur Vergleichsmessungen ließen Rückschlüsse zu. Sollte sich bei der Analyse der Werte tatsächlich herausstellen, daß der Methangehalt *hinter* der Tür höher sei als in den Bereichen davor, dann könne man mit ziemlicher Sicherheit davon ausgehen, daß sich hinter der Blockierung eine Kammer befinde und – daß diese Kammer nicht leer sei.

Mit derselben Methode wollte der Ingenieur anschließend herausfinden, wie *groß* der unbekannte Hohlraum war. Statt Gas abzusaugen, sollte UPUAUT in einem zweiten Schritt Gas *einströmen* lassen.

Der entsprechend umgerüstete Roboter würde die Kammer mit seiner Injektionsnadel gewissermaßen »impfen«. Nach der Menge des eingeleiteten Gases und der entsprechenden Verflüchtigungszeit konnte man dann das Fassungsvermögen, das Volumen des Raumes berechnen. Eine einfache, zerstörungsfreie Methode, die einem aber erst einmal einfallen muß.

Ein Jammer, daß all diese Ideen – aus den geschilderten Gründen – zunächst Theorie bleiben mußten. Gantenbrink ließ sich nicht in die Seele blicken, empfand jedoch sichtlich Genugtuung, als er unsere verblüfften Gesichter betrachtete. Quasi als Belohnung für die gezollte Anerkennung präsentierte er uns zum Abschluß das »Sahnehäubchen« des Tages: den Prototyp von UPUAUT-3, einem neuen Miniroboter. Dieses Gefährt war einem Raumschiff noch ähnlicher als das Vorgängermodell. Es sah aus wie das US-Space Shuttle, zwar ohne Flügel, dafür aber mit einem deutlich erkennbaren Greifarm. UPUAUT-3 sollte nicht in den Süd-, sondern noch einmal in den Nordschacht hinauffahren. Tatsächlich: Bei all der Aufregung um Türen und verborgene Grabkammern hatte niemand mehr daran gedacht, daß es ja auch in dem anderen Korridor noch Sensationelles zu entdecken gab. Niemand, bis auf Gantenbrink. UPUAUT-2 hatte damals nicht um die Kurve herumfahren können, weil zwei verklemmte Stangen im Weg lagen. Der Greifarm des Nachfolgeroboters sollte das Hindernis aus dem Weg räumen. Wer konnte wissen, ob es am Ende dieses Schachtes nicht eine weitere Tür gab? Und damit auch eine weitere Kammer?!

Als wir am Abend in einem Restaurant beisammen saßen, zogen wir ein erstes, positives Resumee. Der Cheops-Krimi, soviel war sicher, würde weitergehen. Möglicherweise ohne den Archäotechniker Gantenbrink, aber eine Fortsetzung war garantiert. Wie sagte noch ein altes arabisches Sprichwort: »Alles fürchtet sich vor der Zeit. Die Zeit aber fürchtet sich vor den Pyramiden.«

Rund 5000 Jahre waren seit dem Bau der ersten ägyptischen Grabmäler vergangen, seit der Antike forderten sie nun schon den menschlichen Geist heraus, aber noch immer gaben sie uns Rätsel auf. Kein Wunder, daß sensible, abergläubische Gemüter Angst vor ihnen hatten.

Unser nächster Drehort war Ägypten. Zwei weitere interessante Wochen lagen vor uns, ohne UPUAUT, aber mit vielen weiteren Spuren der alten Baumeister. Auf dem Plan standen die Pyramiden von Giza, Sakkara, Medum, Dahschur und schließlich Abusir, wo eine neue Überraschung wartete.

Gantenbrink war von den Filmarbeiten sehr angetan. Für ein paar Tage wollte er uns bei den Aufnahmen begleiten und, wo möglich, Hilfestellung leisten. Nur eines, meinte er, könnten wir von ihm nicht verlangen: daß er auch nur einen Fuß in die große Pyramide setzte. Ohne seinen Roboter würde er Cheops' Grabstätte nie wieder betreten. Entweder es gebe »grünes Licht« für UPUAUT-3 oder der Pharao müsse ohne ihn auskommen.

Ein logisch denkender und doch abergläubischer Techniker, welch interessante Mischung! Übrigens: Bis auf den heutigen Tag ist Gantenbrink seiner Maxime treu geblieben.

VI

Rampen, Rätsel, Ramadan

Wie baut man ein Weltwunder?

»Oh Ägypten! Ägypten!
Von deinem Wissen werden nur Fabeln übrigbleiben,
die späteren Geschlechtern unglaublich vorkommen.«

Lucius Apuleios,
römischer Philosoph, 2. Jh. n. Chr.

Blei im Blut

Wir stehen im Stau. Nicht in irgendeinem Stau. Es ist das größte Verkehrschaos ... nun, vielleicht nicht der Welt, aber sicher viel größer als das Chaos im Stadtzentrum von Rom unmittelbar nachdem Italien Fußballweltmeister geworden ist. »Stoßstange an Stoßstange«, »Stop and Go«, diese abgedroschenen Floskeln europäischer Verkehrsnachrichten sind eine schamlose Untertreibung im Vergleich mit dem täglichen Wahnsinn, der sich auf Kairos Straßen abspielt, diesem an Brutalität kaum noch zu überbietenden Überlebenskampf.
In Ägyptens Hauptstadt gibt es keine Regeln. Ampeln, Einbahnstraßen, Parkverbote, gegenseitige Rücksichtnahme, das alles spielt, sobald man die Wagentür zugeschlagen hat, keine Rolle mehr. Eine unüberschaubare Blechlawine ergießt sich in die Häuserschluchten. Es ist grauenhaft heiß und stickig. Die Abgase vermischen sich mit dem Staub der Straße, dem bitteren Sand

der nahen Wüste und den öligen Fettdünsten Tausender Restaurants zu einem zähen, dreckigen Brei, der sich wie eine undurchdringliche Glocke über die Metropole legt und den Namen »Luft« nicht mehr verdient. Trotzdem atmen die Menschen ihn ein. Der Bleigehalt im Blut der Kairoer Bevölkerung ist »top secret«. Die ägyptische Regierung läßt regelmäßig medizinische Untersuchungen durchführen, Stichproben, deren Ergebnisse vorsichtshalber nicht veröffentlicht werden.

Und dann der ohrenbetäubende Lärm. Obwohl der Vordermann nicht den Hauch eines Spielraums hat, wird er gnadenlos angetrieben mit wutgeballten Fäusten und schallendem Gehupe. Der Hintermann macht es genauso, rechts und links erdröhnen ebenso markerschütternd wie sinnlos die Hörner. Heisere Männerkehlen verfluchen den Tag ihrer Geburt, Hunde bellen, Kinder weinen, Bremsen quietschen, verschleierte Greisinnen recken verzweifelt die knorrigen Arme gen Himmel. Und in all dem Chaos der sich langsam, beinahe unmerklich vorwärtsschiebenden Autos, kreuzen auf geheimnisvolle Weise Fußgänger, Esel, Ziegen und Rinder die Fahrbahn, ermuntert von wildgestikulierenden, trillerpfeifenden Schutzmännern in verwahrlosten Uniformen.

Weder über Unfall- noch über Einwohnerzahlen gibt es hier eine zuverlässige Statistik. 15 Millionen Menschen mögen diesen Moloch bevölkern, wahrscheinlich sind es noch viel mehr. Die Wohnungsnot treibt die Obdachlosen bis auf die Friedhöfe. Dort, zwischen Gräbern und Gruften, haben sie sich häuslich eingerichtet. Ein absurdes, elendes Szenario, das mit unfaßbarer Gleichmut ertragen wird. In Kairo »ist die Krise Dauerzustand. Alles wird schlimmer. Aber es wurde schon immer alles schlimmer. Nicht, daß der Untergang fern wäre, doch man lebt seit Generationen damit, daß er unmittelbar bevorsteht«.[78]

Irgendwie schaffen wir es dann doch, uns bis zu der breiten Chaussee durchzumogeln, die aus den engen Gassen der Innenstadt hinaus zum Giza-Plateau führt. Eine Straße wie eine Zeitmaschine. Rechts und links moderne Wolkenkratzer, kilometerlang nur Wohnhäuser und Bürogebäude. Plötzlich aber, übergangslos, schieben sich aus dem Dunst des aufgewirbelten Saharasandes die jahrtausendealten Pyramiden ins Blickfeld.

Baulöwen der Antike

»Vor mehr als viereinhalb Jahrtausenden: Vom Nil herauf wälzte sich ein breiter Strom nackter Sklaven, hellhäutige und schwarze, plattnasige und wulstlippige und geschorene. Stinkend nach schlechtem Öl und Schweiß, nach Rettich, Zwiebeln und Knoblauch (Geld im Werte von 7 Millionen Mark wurde nach Herodot allein für die Nahrung an die Arbeiter der Cheops-Pyramide gezahlt), johlend und seufzend unter den Peitschenhieben der Aufseher, zogen sie über die polierten Platten der Granitstraße, die sich vom Nil herauf bis zum Bauplatz erstreckte, stöhnten unter der Last schulterschneidender Stricke und zerrten die riesigen, auf Walzen langsam rollenden Schlitten herbei, beladen mit den Steinen, von denen jeder mehr als einen Kubikmeter Rauminhalt hatte. Unter ihrem Geschrei, ihrem Gestöhn, ihrem Sterben wuchs die Pyramide. Sie wuchs zwanzig Jahre lang. Jedesmal, wenn der Nil seine Schlammfluten über die Ufer warf, wenn alle Feldarbeit ruhte, wurden die Hunderttausend zusammengetrieben für Cheops, zum Bau des Grabmals, das ›Echet Chufu‹ hieß, ›Horizont des Cheops‹!«
Eine herrliche, stimmungsvolle Beschreibung der Bauarbeiten aus dem »Roman der Archäologie« von C. W. Ceram: »Götter, Gräber und Gelehrte«. Ob es sich wohl so abgespielt hat? Sicher nicht in allen Einzelheiten, was ja kein Wunder ist: Herodot, von dem sich Ceram inspirieren ließ, war schließlich nicht dabei, als irgendwann vor rund 5 000 Jahren die ersten Menschen begannen, Gebirge aus Stein zu errichten, Totenhäuser für die allmächtigen Gottkönige, die Pharaonen. Er konnte nicht zusehen, als Blut, Schweiß und Tränen im trockenen Wüstensand versickerten, um sich die einzelnen Arbeitsschritte auf Papyrus zu notieren. Er war auf das angewiesen, was ihm die Einwohner Ägyptens um das Jahr 448 v. Chr. erzählten. Zwischen dem Be-

such des griechischen Historikers im Land am Nil und dem Bau der Pyramiden lagen bereits mehr als 2 000 Jahre. Dieselbe Zeitspanne, sogar noch ein bißchen mehr, liegt zwischen Herodot und unserer Gegenwart.

Was die Sache noch komplizierter und mysteriöser macht: Es gibt keinerlei antike Aufzeichnungen darüber, wie ein Steinzeitvolk es fertigbrachte, Millionen tonnenschwerer Kalksteinblöcke bis in schwindelerregende Höhen aufeinanderzutürmen. Zwar berichten uns die Hieroglyphen vom Alltag und von der Religion, doch über den Pyramidenbau sagen sie nichts. Erklärungsnotstand bei den Altertumsforschern. Obwohl die ägyptischen Monumentalbauten seit 200 Jahren wissenschaftlich untersucht werden, müssen die Experten ehrlich eingestehen, »daß wir über die Technik und Methoden des Baues praktisch nichts Sicheres wissen und ausschließlich auf Annahmen und Beobachtungen angewiesen sind, die davon ausgehen, wie wir Heutigen uns die Bewältigung einer derartigen Aufgabe mit den damals vorhandenen Hilfsmitteln vorstellen«.[79]

Doch welche Hilfsmittel waren das? Welche Werkzeuge verwendeten die alten Baumeister? Wie berechneten sie die Winkel? Wie beherrschten sie die Logistik? Nicht eine einzige zeitgenössische Wandmalerei gibt Auskunft.

Die Könige der 4. Dynastie stapelten innerhalb von nur hundert Jahren rund 25 Millionen Tonnen Steine aufeinander. Allein die Cheops-Pyramide wiegt ca. 6 Millionen Tonnen. Dazu schrieb der Ägyptologe Dr. Rolf Krauss anläßlich eines Vortrages in dem Berliner Kulturverein URANIA:

»Die größte ägyptische Pyramide wurde aus mehr als drei Millionen größtenteils gewaltigen Steinblöcken erbaut, um dem Pharao Cheops als Grabstätte zu dienen. Da seine Regierungszeit 23 Jahre umfaßte, muß alle drei Minuten ein tonnenschwerer Steinblock gebrochen, bearbeitet, transportiert und gesetzt worden sein, wenn man ohne Unterbrechung täglich 18 Stunden durch alle Jahre arbeitete! Wie war das möglich, und wie schaffte man es dann auch noch, diese Steine bis zu einer Höhe von 146,6 m hochzuschaffen, höher als der Berliner Funkturm?«

»Kairo, das geordnete Chaos.« *(Foto: Michael Haase)*

Der Potsdamer Platz in Berlin, die größte Baustelle Europas. *(Foto: Torsten Sasse)*

Sinnvollerweise hat Krauss seine Zahlen für das breite Publikum leicht aufgerundet, um die ungeheure Masse zu vergegenwärtigen. Es gibt weitere Rechenbeispiele:

»Napoleon soll in der Zeit, die einige seiner Offiziere zur Besteigung der Pyramide benötigten, schnell im Kopf berechnet haben, daß die Steinmassen der drei Giza-Pyramiden ausreichen würden, eine drei Meter hohe und 0,5 Meter breite Mauer um ganz Frankreich zu errichten. Eine andere Kalkulation ergibt, daß die Blöcke aneinandergereiht zwei Drittel des Erdumfangs ausmachten. In der großen Pyramide könnten nach anderen Berechnungen die fünf größten christlichen Kirchen des Abendlandes, den Petersdom einbegriffen, bequem untergebracht werden.«[80]

Ein modernes Beispiel aus unserer Zeit demonstriert die Leistung der alten Ägypter noch besser, insbesondere die logistische Leistung.[81]

Ein gigantischer Kraftakt

Der Potsdamer Platz in Berlin gilt als größte Baustelle Europas. Die Pharaonen der Neuzeit heißen nicht Cheops oder Snofru, sondern Daimler-Benz und Sony. In den nächsten zwanzig Jahren sollen im Zentrum der deutschen Hauptstadt Büro- und Geschäftshäuser in den Himmel wachsen, Wohnungen, Theater, Supermärkte und Hotels. Ein gigantischer Kraftakt innerhalb kürzester Zeit. Die enge räumliche, bauliche und funktionale Verknüpfung der einzelnen Bauvorhaben erschwert nicht nur die technische Abwicklung. Auch die logistische Seite des Großvorhabens erfordert besondere Aufmerksamkeit. So müssen bis zum Jahre 2002 200 000 Tonnen Baustellenabfälle *von* und rund 1,7 Millionen Kubikmeter Beton sowie rund 2 Millionen Tonnen Stückgüter *zu* den Baustellen transportiert werden. Der Erdaushub am gesamten Potsdamer Platz liegt bei 6 Millionen Tonnen. Das entspricht der Ladung eines Güterzugs von der Länge Berlin–Rom.

Gehirn der Berliner Baustelle ist das Logistikzentrum: Kontrolle per Computer also, sonst würden sich die Lastwagen, Bagger und Kräne gegenseitig behindern.
In Ägypten übernahm all diese Aufgaben ein einziger Mann: der Baumeister! Er war Planer und Architekt in einer Person. Auf dem Potsdamer Platz wird die Arbeit von tausend Menschen koordiniert, in Ägypten müssen es noch viel mehr gewesen sein. Denn damals war Manpower gefragt. Heute erledigen Maschinen die Schwerarbeit. Mit Beton und Stahl zaubern wir jede x-beliebige Form. Die alten Ägypter dagegen, so zumindest die Lehrmeinung, waren ein Volk, das mit Steinzeitmethoden arbeitete. Sie bauten massiv.
Zwischen Potsdamer Platz und Giza-Plateau liegen Jahrtausende. Doch so groß die Unterschiede auch sein mögen, die Logistik mußte funktionieren, damals wie heute.
Auch die Bauvorhaben der alten Ägypter waren räumlich, baulich und funktional verknüpft. Wie wir bereits gesehen haben, gehörte zu einem pharaonischen Grabkomplex viel mehr als nur eine Pyramide.
Komplett wurde die Anlage erst durch den Taltempel am Rande des Nils, den manchmal kilometerlangen Aufweg und schließlich durch den Totentempel am Fuß der Pyramide. Sämtliche Bauten mußten von Anfang an geplant und gleichzeitig in Angriff genommen werden. Was die Organisation betrifft, spielt es keine Rolle, ob es sich um die Konstruktion eines Tempels, einer Kirche, eines Hochhauses oder einer Pyramide handelt. Die praktische Durchführung mußte sich stets an übergeordneten technischen und logistischen Gegebenheiten orientieren.
1,7 Millionen Kubikmeter Beton müssen auf Lastwagen, Eisenbahnen und Schiffen zum Potsdamer Platz transportiert werden. Eine gigantische Menge, über die Pharao Snofru heute allerdings nur müde lächeln würde. Dieser Herrscher verbaute in seinen drei Pyramiden im Totenland westlich des Nils etwa 3,7 Millionen Kubikmeter Stein.
Der Erdaushub auf der Berliner Baustelle beträgt insgesamt 6 Millionen Tonnen. 6 Millionen Tonnen – sie könnten Cheops

nicht beeindrucken. Er hat soviel Steinmasse allein in seiner Pyramide verbaut. Die ägyptischen Könige brauchen den Vergleich mit den größten Baulöwen unserer Tage also wahrlich nicht zu scheuen.

»Wenn wir heute staunend vor den Wunderwerken der Alten Ägypter stehen«, so der Ägyptologe Karlheinz Schüssler, »wenn wir sehen, mit welcher Akribie, Feinheit und Präzision gearbeitet wurde, dann fragen wir uns unweigerlich, mit welchen technischen Hilfsmitteln, mit welchem Personalaufwand und in welcher Zeit überhaupt diese Werke geschaffen wurden.«[82]

Wie mußte das Baugelände beschaffen sein? Die Meßtechnik der alten Ägypter ist nicht hinreichend geklärt. Für die Eckenberechnung z. B. und deren Absteckung wäre der Satz des Pythagoras wenn schon nicht unbedingte Voraussetzung, so doch sehr hilfreich gewesen. Der griechische Philosoph und Mathematiker aber lebte rund 2000 Jahre nach Cheops. Wie viele Leute benötigte man für den Pyramidenbau? Wie erfolgte der Materialtransport? Herodot berichtet, es habe allein zehn Jahre gedauert, die Straße anzulegen, auf der das Baumaterial herangeschafft wurde. Dabei kannten die alten Ägypter wahrscheinlich weder Rad noch Flaschenzug. Und schließlich: Beim Einsatz großer Menschenmassen waren auch Hygiene und Ernährung ein Problem, es bestand die Gefahr, daß sich Seuchen ausbreiteten und in Windeseile Tausende von Menschen dahinrafften. Wer kümmerte sich während der Bauarbeiten um die Landwirtschaft? Fragen über Fragen.

Heute, rund 4600 Jahre später, sehen wir nur das Ergebnis, nämlich die größten Steinkonstruktionen der menschlichen Geschichte, Bauwerke, die selbst heutige Fachleute ins Schwärmen geraten lassen, wie z. B. Dr. Wilhelm Maier von der Baulogistik/Potsdamer Platz:

»Die Wunderleistung der alten Baumeister liegt vor allem in der Koordination der Ressourcen. Sie hatten sicher nicht unbegrenzt Zeit, sondern im Gegenteil strenge Vorgaben. Der Pharao kannte seine Lebenserwartung. Diese Zeitspanne mußte er berücksichtigen. Ähnliche Vorgaben haben auch wir, um ein Ge-

bäude zu errichten. Diese Umsetzung von der Theorie in die Praxis, die war bei den alten Ägyptern phänomenal. Selbst wir modernen Architekten haben große Probleme, dafür schlüssige Erklärungen zu finden. (...)
Wie haben die damals ihre Bauwerke so genau vermessen? Unsere Meßmethoden waren vor nicht einmal hundert Jahren noch sehr ungenau. Die Pyramiden aber sind mehr als viereinhalbtausend Jahre alt! Heute würden wir für derartige Messungen Lasergeräte einsetzen. (...)
Noch etwas, das zunächst ganz banal klingt: Verköstigen sie mal 1 000 Menschen über mehrere Monate auf einer Baustelle. Wer arbeitet, muß auch essen. Allein dafür ist eine ungeheure Logistik notwendig. Wir Praktiker wissen das. Da kann man über die Ägypter nur staunen. (...)
Wir haben heute EDV, wir haben Zugang zu zahllosen Informationsquellen, wir können architektonische Probleme blitzschnell durchrechnen. Das konnten die alten Ägypter sicher nicht. Die mußten das handschriftlich oder im Kopf machen. (...)
So ein Baumeister mit seinen innovativen Ideen wäre selbst heutzutage noch ein Genie: Er hatte eine kaum vorstellbare breitgefächerte Allgemeinbildung, naturwissenschaftlich, technisch, mathematisch, physikalisch, und er hatte darüber hinaus ein ungeheures Gefühl für Ästhetik, für Kunst! Wir leben heute in einer arbeitsteiligen Wirtschaft und haben diese ganzen Bereiche ausgegliedert. Wir leben von Spezialisten. So ein Genie von damals wäre uns heute sehr willkommen. (...)
Von der Konzeption her, von der Durchführung und der Logistik waren die alten Ägypter uns möglicherweise sogar überlegen, weil sie unsere technischen Mittel nicht hatten. Auch der technisch gebildete Mensch der Gegenwart kann nur den Hut ziehen vor dieser Leistung.«[83]

Bevor wir uns nun näher mit einigen Bautheorien auseinandersetzen, an dieser Stelle ein kurzer Exkurs. Zwar konnte die Wissenschaft bisher nur wenig über die technischen Methoden der alten Ägypter herausfinden, doch über die Herkunft des verbauten Materials, über die Steinbrüche also, wissen wir mittlerweile sehr viel.

Steine für Cheops

Für den Bau einer Pyramide benötigten die Ägypter neben gewöhnlichen Kalksteinen auch verschiedene kostbare Gesteinsarten: Rosengranit aus der Umgebung von Assuan, Grauwacke aus dem Wadi Hammamat (Ostwüste), Basalt aus dem nördlichen Faijum und Turakalk aus dem gleichnamigen Ort südlich von Kairo. Diese Materialien wurden zum Teil über 900 Kilometer weit mühsam per Schiff oder auf sandigen Wüstenpisten an die Pyramidenbauplätze transportiert, um an wichtigen Stellen der Grabmäler, in Kammern, Tempelböden oder an der Außenverkleidung, verbaut zu werden.

Die Kernmauerwerke der Pyramiden wurden dagegen hauptsächlich aus Kalkstein errichtet, der aus der unmittelbaren Umgebung der Baustelle stammte, wie Ägyptologen und Geologen z. B. im Fall der Cheops-Pyramide nachgewiesen haben.[84]

Das Hauptsteinbruchgebiet, aus dem die Baumeister zur Zeit Cheops' schöpften, befindet sich etwa 400 bis 500 Meter südlich der Pyramide. Noch heute kann man Spuren der Steinmetzarbeiten erkennen, zeugen glatt behauene Felsabbrüche oder tiefe Furchen im Stein vom Abbau der Blöcke. An diesen Felseinschnitten erkennt man besonders gut die einzelnen Schichten der horizontal gelagerten Kalksteinbänke, die durch dünne und weiche Ton- oder Mergelschichten voneinander getrennt sind.

Daneben gab es auf dem Giza-Plateau noch weitere kleinere Abbaugebiete, die sich von der unmittelbaren Pyramidenumgebung bis zum Gebiet südlich des Cheops-Aufweges zogen. Die ökonomisch denkenden Ägypter ließen keine Gelegenheit aus, die benötigten Steinblöcke zu gewinnen. So wurde auch das bei den Nivellierungsarbeiten im Bereich der Cheops-Pyramide und des östlichen Familienfriedhofs freigesetzte Kalksteinmaterial bearbeitet und in den Kernmauerwerken der Gräber verbaut.

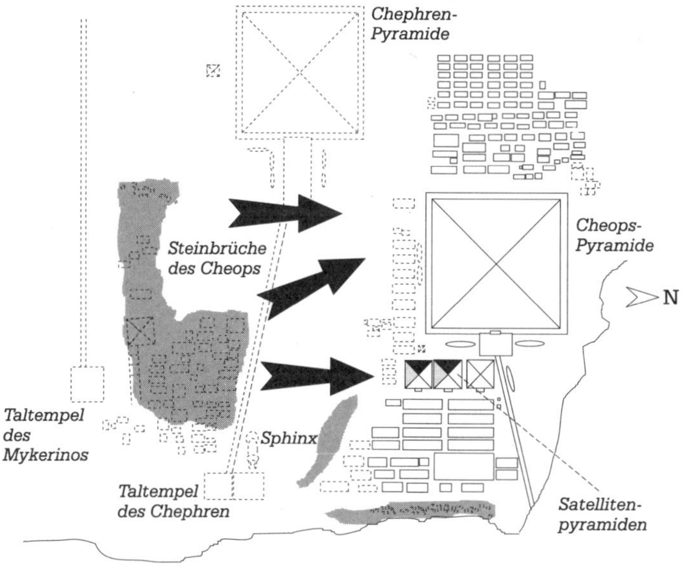

Die Lage der Steinbrüche des Cheops. Die Pfeile deuten die Haupttransportrichtungen der Steinblöcke an.
(Skizze: Michael Haase, nach R. & D. Klemm)

Obwohl das Giza-Plateau genügend qualitativ hochwertigen Kalkstein besaß – nach Cheops wurden noch zwei weitere große Pyramiden und Hunderte von Mastabagräbern gebaut –, stammt ein kleiner Teil des Kernmauerwerks aus den Steinbrüchen von Hitan el-Gurab bzw. konnte bisher keinem Steinbruchgebiet zugeordnet werden.[85]

Neben der Kenntnis von den Ursprungsorten der Steinblöcke, die zum Pyramidenbau benötigt wurden, wissen die Ägyptologen auch einiges über die Methoden ihres Abbaus zu sagen: Kannte man die Tiefe der Steinschicht, aus der man die Blöcke gewinnen wollte, mußte die erforderliche Länge der Steinblöcke abgemessen werden. Hierfür legte man mittels straff gespannter Seile und anschließender Markierungszeichen ein rechtwinkliges oder quadratisches Raster wie ein Schachbrettmuster auf das

vorher nivellierte Abbauareal. Diese Rasterlinien waren dabei so breit angelegt, daß die Handwerker in ihnen genug Platz zum Arbeiten hatten. Hierfür standen ihnen Pickel und Schlegel aus Hartgestein sowie Meißel aus Kupfer zur Verfügung, alles Arbeitsgeräte, mit denen sich der Kalkstein beliebig formen ließ. Waren die Arbeiter entlang der Rasterlinien an allen Seiten eines freigelegten Blocks so tief in das Gestein eingedrungen, daß sie die mergelige Trennkante zur nächsten Kalksteinschicht erreicht hatten, brachen sie ihn mit Hilfe von Hebeln und befeuchteten Holzdübeln von unten heraus. Auf diese Art und Weise »ernteten« sie einen Steinbruchabschnitt von oben nach unten ab, drangen mit jeder Mergelschicht, in die sie ihre Brechstangen trieben, tiefer in das Plateau ein.
Auch im Steinbruch mußte die Logistik stimmen, waren alle Arbeitsgänge peinlich genau aufeinander abgestimmt, da man bei den Bauarbeiten ständig unter Zeitdruck stand. Der Steinabbau wurde auf das genaueste berechnet und kalkuliert. Die individuelle Leistung jedes Arbeiters mußte regelmäßig kontrolliert, der Arbeitsfortgang schriftlich festgehalten werden. Auch die Übergabe an die Transportmannschaften, die die gewonnenen und grob behauenen Steinblöcke direkt zur Baustelle abtransportierten, wurde perfekt koordiniert. Hierfür wurden die bereits gebrochenen Blöcke registriert und durch Markierungszeichen für den genauen Bestimmungsort an der Pyramide deklariert. Für den eigentlichen Transport benutzte man stabile Holzschlitten, von denen noch heute ein Exemplar – allerdings aus dem Mittleren Reich – im Ägyptischen Museum von Kairo zu sehen ist. Am Bauplatz angelangt wurden die Steine eventuell noch einmal nachbearbeitet, aber ohne längere Zwischenlagerungen direkt und nach einem festen Plan an die für sie vorgesehenen Stellen verlegt. Jahr für Jahr kamen so Hunderttausende von Steinblöcken auf die Arbeitsplattform der Pyramide, die unaufhörlich weiter in die Höhe wuchs. Das klingt einfach, aber wie brachten es die Ägypter fertig, die tonnenschweren Steinblöcke bis an die Spitzen ihrer bis zu 146 Meter hohen Pyramiden zu transportieren?

Südlich der Cheops-Pyramide liegt das Hauptsteinbruchgebiet. Rechts neben Cheops' Grabmal erkennt man eine der Satellitenpyramiden. *(Foto: Reiner Penzholz)*

Die südlichen Satellitenpyramiden der Cheops-Pyramide von Westen aus gesehen. Sie besitzen noch teilweise ihre unteren Verkleidungssteine. *(Foto: Michael Haase)*

Wer diese Frage letztlich nachweisbar löst, wird ins Geschichtsbuch der Ägyptologie eingehen.

Rampen für den Pharao?

Für die Dreharbeiten in Ägypten hatten wir uns den Februar ausgesucht, um auch ein wenig von der Atmosphäre des Ramadan mitzuerleben. Der Ramadan ist der neunte Monat des islamischen Mondkalenders. Er dauert 29 beziehungsweise 30 Tage. Jedes Jahr fängt dieser Fastenmonat im europäischen Kalender etwa elf Tage früher an als im Vorjahr. Er beginnt und endet, sobald das »Neulicht« sichtbar wird, meist zwei bis drei Tage nach Neumond.[86]
Die ganz überwiegende Mehrheit der rund 56 Millionen Einwohner Ägyptens (ca. 93 %) bekennt sich zur Staatsreligion Islam. Für sie ist der Ramadan das, was für die Christen das Weihnachts- oder das Osterfest ist. In den vom Propheten Mohammed offenbarten Suren des Koran heißt es: »Eßt und trinkt, bis der weiße Faden von dem schwarzen Faden der Morgenröte zu unterscheiden ist.« Tagsüber ist dann praktisch alles verboten, was irgendwie Genuß bereitet: Essen, Trinken, Rauchen und – last but not least – die körperliche Liebe. Ausgenommen von dem strikten Reglement sind Reisende, Kranke, Kinder und Schwangere. Doch kaum versinkt die Sonne über der 15-Millionenmetropole, da beginnt augenblicklich das allabendliche »Fastenbrechen«, was bedeutet, daß die Muslime in unvorstell-bar kurzer Zeit schier unglaubliche Mengen Nahrung zu sich nehmen.
Traditionell finden auf öffentlichen Plätzen in Kairo während des Ramadan regelrechte Massenspeisungen statt. Auch die Armen dürfen an sogenannten »Tischen Gottes« Platz nehmen, die von Geschäftsleuten und Politikern ausgerichtet werden, freilich nicht nur aus Nächstenliebe, sondern um sich in der Öffentlichkeit positiv darzustellen. Kaum sind die heiligen Tage vorüber, müssen die Schwächsten der Gesellschaft wieder hungern wie zuvor.[87]

Immer während des Ramadan öffnet die ägyptische Antikenverwaltung das Giza-Plateau für die Kairoer Bevölkerung. Abertausende machen sich dann auf, um nahe den Pyramiden ihre Festtage zu verbringen.

Für eine Weile hatten wir unser Film-Equipment beiseitegelegt, um dem fröhlichen Treiben der Einheimischen zuzuschauen. Wir schätzten die wimmelnde Menge auf ungefähr 10 000 bis 15 000 Menschen. Wie die Ameisen kletterten sie nun an den Kanten der Cheops-Pyramide hinauf bis zur Spitze. Inoffiziellen Statistiken zufolge stürzen bei solchen Anlässen jedes Jahr mehr als zehn Menschen zu Tode. Dabei ist das Herumkraxeln auf den ehrwürdigen Monumenten strengstens verboten.

Während wir die tanzenden Gestalten in ihren farbenfrohen Kostümen beobachteten, wurde uns schlagartig klar: Herodot hatte sich geirrt! Oder man hatte ihn belogen. Der griechische Historiker schrieb, Hunderttausende Bauern seien einst vom Lande abkommandiert worden, um für den Pharao die Pyramide zu errichten. Doch das konnte nicht stimmen. Zum einen gehen jüngste Schätzungen heute nur noch von etwa zwei Millionen Einwohnern zur Zeit des Alten Reiches aus. Hätte man sich dann noch ausreichend um die Ernte und das Vieh kümmern können? Zum anderen aber machte der Ramadan mehr als deutlich: 100 000 Mann hätten auf der Baustelle gar keinen Platz gehabt. Schon die Touristen kamen sich ja ins Gehege – und das, obwohl sie keine tonnenschweren Blöcke durch die Gegend schleppen mußten. Mehr als 15 000, vielleicht 20 000 Arbeiter hatte der König bei der Errichtung seines Grabmals sicher nicht beschäftigt.

Die überlieferte Vorstellung, daß einfache, ungeschulte Bauern die Pyramiden gebaut haben, war ebenfalls ganz offensichtlich falsch. Auch diese Erkenntnis läßt sich ohne Schwierigkeiten nachprüfen, im Prinzip nämlich lebt das Volk der Pyramidenbauer noch heute. Abseits der großen Städte scheint die Zeit stehengeblieben zu sein. Die Landbevölkerung arbeitet noch mit denselben Methoden wie ihre Vorfahren. In kleinbäuerlichen Betrieben, die nicht mit modernen Maschinen arbeiten, sind nach wie vor jene uralten Anbauverfahren und Geräte üblich, die schon in den altägyptischen Darstellungen ausführlich geschildert werden.

Ägypten war immer ein Geschenk des Nils und ist es bis heute geblieben. Ohne diesen Fluß wäre das Land wahrscheinlich nur ein toter Streifen Sand irgendwo in der Wüste. Durch die periodischen Überschwemmungen verwandelte sich das Tal in ein fruchtbares Paradies, rasiermesserscharf getrennt von der unendlichen, flimmernden Wüste. Hier lebte eine einfache, hart arbeitende Bevölkerung, aber keine Zunft hochgebildeter Architekten.

Und trotzdem müssen damals Profis am Werk gewesen sein, keine Amateure! Es kann sich nur um eine kleine, gutausgebildete Pioniertruppe gehandelt haben. Unsere Hochachtung vor den alten Baumeistern wuchs noch mehr. Je kleiner die Anzahl der Handwerker, desto größer nämlich mußte das technische Wissen der Architekten sein. Wie paßte dies mit den von der Wissenschaft ermittelten primitiven Werkzeugen zusammen, mit den Holzschlegeln, den einfachen Hebeln, den Steinhämmern und -knollen sowie den weichen Kupfermeißeln?

Mit welchen Methoden haben diese wenigen Spezialisten gearbeitet? Wie schafften sie es zum Beispiel, die tonnenschweren Blöcke und schließlich das Pyramidion nach oben zu wuchten, den letzten Stein einer jeden Pyramide? Die Archäologie spricht von Rampen, von schrägen Ebenen. Tatsächlich hat man in Dahschur und Medum Überreste davon gefunden, Rampen, die einst aus einer massiven Schüttung von festem Stein und Mergelsand bestanden und auf denen, so wird vermutet,[88] der größte Teil des Kernmauerwerkes herangebracht wurde. Andere Überreste müßte man eher als nicht fest fundierte Steinstraßen aus Kalksteinsplittern bezeichnen. Auf diesen Straßen wurde möglicherweise der weiße Turakalkstein herantransportiert, der die Verkleidung der Pyramide ausmachte.[89]

Die Tatsache, daß man nur wenige Beweise für die Existenz derartiger Rampen findet, muß nicht unbedingt gegen ihre Benutzung sprechen. Die Frage aber bleibt: Sind die bisherigen Rampentheorien geeignet, den Bau einer Pyramide von Anfang bis Ende schlüssig zu erklären? Generell muß die Antwort nein lauten. Was auf den ersten Blick einfach und logisch klingt, hätte die Architekten damals in vieler Hinsicht überfordert. Beim Bau einer Rampe, beispielsweise aus Lehmziegeln, mußten mehrere Winkel gleichzeitig kontrolliert werden. Die alten Ägypter aber kannten, so die Lehrmeinung, weder den Satz des Pythagoras, noch Tangens oder Cotangens. Wählte man den Flankenwinkel zu flach, so reichte die Rampe nicht hoch genug hinauf. Wählte man ihn zu steil, wäre sie im oberen Teil breiter als die Pyramide selbst und schließlich übers Ziel hinausgeschossen. Die Liste der Schwierigkeiten ließe sich beliebig fortsetzen.

Grundsätzlich ist festzuhalten, daß Rampen den Pyramidenbau nur teilweise erklären können. Eine einzige, rechtwinklig auf eine Pyramidenflanke hinführende Rampe zum Beispiel »muß ausgeschlossen werden. Sie hätte bei der Cheops-Pyramide je nach Steigungswinkel eine Länge von 1 500 bis 3 000 Metern gehabt und das Sieben- bis Zehnfache der Pyramidenmasse verschlungen. Eine derartige Rampe, die ja immerhin eine Höhe von 100 bis 120 Metern hätte erreichen müssen, hätte man unmöglich als reine Schüttung errichten können (...) Aber auch die neuerdings wieder propagierte spiralig umlaufende Rampe hätte zuviel Masse erfordert, außerdem wäre die Festigung ihrer Flanken durch massives Mauerwerk mindestens ebenso aufwendig gekommen. Da eine solche Rampe alle vier Seiten der Pyramide und alle Ecken und Kanten bedeckt hätte, wären Kontrollmessungen ausgeschlossen gewesen. Wie hätten die altägyptischen Baumeister ohne diese Kontrollen die Böschung richtig einhalten können?«[90]

Der Ägyptologe Professor Dieter Arnold plädiert für die Annahme einer inneren Rampe: »Man ließ in Verkleidung und Kernmauerwerk eine Bresche von 20 bis 30 Metern Breite offen, hinter der dann der Pyramidenkern treppenartig – wohl zu einer Rampe ausgefüllt – in flachem Winkel zur gegenüberliegenden Seite anstieg. Auf diesem Weg konnte man im Innern der Pyramide wohl bis zu einer Höhe von 35 Metern gelangen

(...) Im Falle der Cheops-Pyramide wäre eine derartige Rampe auf alle Fälle zu fordern.«[91]

Genau das Gegenteil behauptet jedoch Arnolds Kollege Rainer Stadelmann: »So bestechend und originell dieses Rampenmodell mit der Ausnutzung des Pyramideninnern ist, bei den Pyramiden der 4. Dynastie hätte es nicht angewandt werden können, da die innere Rampe mit dem Grabkorridor und der über dem Felsniveau liegenden Kammer in Kollision gekommen wäre; insbesondere in der Cheops-Pyramide hätte man weder den absteigenden Gang in die Felskammer weitergraben, noch die Große Galerie und die hohen Kammern konstruieren können, wenn gerade an dieser Stelle die innere Rampe existiert hätte (...) Für den Bau der großen Pyramiden von Dahschur und Giza müssen andere Rampen gedient haben.«[92]

Aber welche? Stadelmann favorisiert eine Kombination verschiedener Modelle: »Ich nehme an, daß die Pyramiden mit einer Vielzahl von kleinen Rampen begonnen worden sind. Kleine Rampen, die von allen vier oder zumindest von drei Seiten bis auf eine Höhe von ungefähr 25 Metern hinaufreichten; nicht höher, weil es zu materialaufwendig gewesen wäre. Wahrscheinlich hat man dann entlang der Pyramidenflanke eine sogenannte angelehnte Rampe konstruiert, wobei man die bereits vorhandenen Rampen als Stütze verwenden konnte. Auf diese Weise hätte man das Baumaterial bis zu einer Höhe von 70 Metern nach oben führen können.«[93]

An dieser Stelle, so wird geschätzt, wären bereits 85 Prozent der Masse verbaut gewesen. Allerdings: Hinter den restlichen 15 Prozent verbergen sich immer noch Hunderttausende von tonnenschweren Blöcken. Die, so Stadelmann, mußten dann eben über kleine Zick-Zack-Rampen und am Schluß mit Hebeln hochgebracht werden, wobei man die im Bericht von Herodot erwähnten »Maschinen« als Flaschenzüge interpretieren könne. Hierbei sollte man allerdings bedenken, daß Flaschenzüge für das Alte Reich nicht belegt sind und daß zwar die Menge des zu verbauenden Materials abgenommen hatte, der Schwierigkeitsgrad der Arbeit in einer Höhe zwischen 100 und 150 Metern jedoch be-

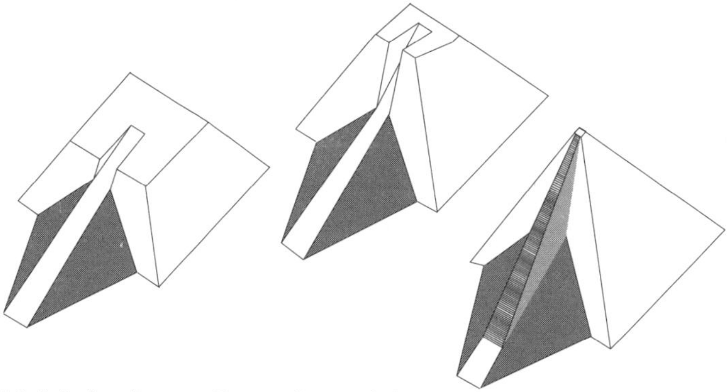

Modell einer inneren Rampenkonstruktion. *(Skizze: Michael Haase, nach D. Arnold)*

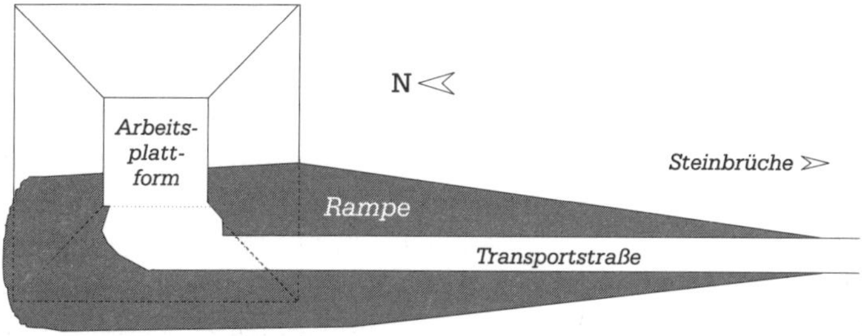

Modell einer angelehnten Rampenkonstruktion. *(Skizze: Michael Haase, nach M. Lehner)*

Filmarbeiten in Ägypten. Im Hintergrund Snofrus Rote Pyramide. *(Foto: Michael Haase)*

trächtlich gewachsen war. Mit welchen Mitteln man hier gearbeitet hat, ist nach wie vor völlig unklar.
Von allen angebotenen Theorien erscheint uns die der angelehnten Rampe am naheliegendsten. Doch mit Professor Arnold muß man zunächst eingestehen: »Wie die ägyptischen Bauleute sich behalfen, läßt sich nicht mehr erschließen.«[94]
Eine weitere Frage bleibt ungelöst: In der Cheops-Pyramide befindet sich in einer Höhe von rund 40 Metern die Königskammer. Darin sind Granitblöcke verbaut, von denen jeder einzelne über 40 Tonnen wiegt. Mit welcher Technik mögen die Arbeitsmannschaften sie bewegt und eingepaßt haben? Auch der bereits erwähnte Abschlußstein, das Pyramidion, wog mehrere Tonnen. Kein Rampenmodell ist imstande zu erklären, wie man es einst nach oben gebracht hat. In der Archäologie kursieren die verschiedensten Theorien über Holzgerüstkonstruktionen. Doch die Idee, in einer Höhe von knapp 150 Metern auf einem wackligen Gerüst mit mehreren Tonnen Gewicht zu balancieren, scheint abenteuerlich.
Die Hebetechnik bleibt also bis auf weiteres eines der großen Geheimnisse der altägyptischen Architekten, ebenso wie die Frage, wie sie es geschafft haben, die Pyramiden innerhalb der meist kurzen Regierungszeiten der Pharaonen fertigzustellen. So hätte beispielsweise Snofru in nur 24 Jahren mehr als 3,7 Millionen Kubikmeter Stein verbaut, Cheops in 23 Jahren 2,7 Millionen Kubikmeter und Chephren in 26 Jahren immerhin noch 2,2 Millionen Kubikmeter. »Legt man zur Berechnung der täglichen und stündlichen Arbeitsleistungen diese Massenzahlen zugrunde (...) so erhalten wir Zahlen, die eindeutig unerreichbar und unmöglich sind.«[95]
Demnach hätte nämlich Snofru täglich 428 Kubikmeter, Cheops 322 und Chephren 231 Kubikmeter Steinmasse verbaut. Dies kommt der Arbeitsleistung auf einer heutigen Baustelle durchaus gleich, wo moderne Flaschenzüge und Kräne im Einsatz sind.
Die Archäologie hilft sich aus ihrem Dilemma heraus, indem sie für die Pharaonen der 4. Dynastie längere Regierungszeiten annimmt als sie uns z. B. aus dem Turiner Königspapyrus (der aus

dem Neuen Reich stammt) überliefert sind: danach hätte Snofru 45 Jahre regiert (vorher 24), Cheops 32 Jahre (vorher 23) und Chephren 28 Jahre (vorher 26). Die Ägyptologen berufen sich dabei auf neuentdeckte Jahresangaben auf den Bausteinen einzelner Pyramiden. Die verlängerten Regierungszeiten scheinen das Zeitproblem zunächst einmal zu lösen, doch es ist nicht ausgeschlossen, daß künftige Entdeckungen die Berechnungen ein weiteres Mal relativieren, wie auch der Ägyptologe Dieter Arnold zugeben muß:

»Das chronologisch verwertbare Material für die Regierungszeit des Snofru besteht (...) aus den Resten von neun Jahresangaben und einigen – mit mehr oder weniger Sicherheit König Snofru zugeschriebenen – Jahresangaben auf Verkleidungsblöcken der Medum-Pyramide und der Roten Pyramide (...) Im Falle der Regierungszeit des Snofru kann man aber nicht mehr sicher sein, ob (...) in jährlichem oder zweijährlichem Turnus gezählt wurde, oder ob die Zählung überhaupt völlig unregelmäßig verlief. Wir wissen also nicht, ob die Jahre des 7. oder 8. Males der Zählung die Regierungsjahre 7 und 8 oder 13 und 14 beziehungsweise 14 und 15 meinen oder überhaupt andere Jahre.«[96]

Eine Alternative

Eine Alternative zu den bestehenden Rampentheorien hat unter anderen der Archäotechniker Rudolf Gantenbrink entwickelt: die sogenannte »Anschüttung«. Dabei handelt es sich um einen Berg aus Sand und kleinen Steinen. Darauf könnte man Straßen anlegen und das Baumaterial nach oben schaffen. Das Volumen einer solchen Anschüttung beträgt nach Gantenbrinks Berechnungen nur das Anderthalbfache des Pyramidenvolumens und viel weniger als das einer gewöhnlichen befestigten Rampe. Die Basis der Anschüttung wäre, folgt man der Überlegung des Ingenieurs weiter, mehr als 65 Meter von der Basis der Pyramide entfernt, was ausreichen würde, um einen stabilen Anschüttungswinkel und genügend breite Straßen zu erhalten. Das Material würde so aufgeschüttet, daß es zusammen mit der Pyramide wächst und das Grabmal gewissermaßen einbuddelt. Der Schüttungswinkel würde sich dabei durch den Neigungswinkel der Pyramide einstellen. Eine solche Baustelle ist von allen Seiten frei zugänglich. Ein idealer Platz zum Glätten der Außenflächen oder zum Transport des Materials. Dieses Modell – so es funktioniert, was freilich auch nicht bewiesen ist – erforderte weder Rad noch Flaschenzug. Selbst das Pyramidion könnte mit einem hölzernen Schlitten nach oben gezogen werden, von denen man inzwischen weiß, daß es ihn gab. Am Anfang sind die »Straßen« noch sehr breit, um den enormen Materialtransport für die unteren Teile der Pyramide aufzunehmen. Nach oben hin werden sie zunehmend schmaler, sind jedoch auch an der Spitze noch immer etwa vier Meter breit.

Nach Vollendung der Arbeiten wird der Sandberg wieder abgetragen und in der Wüste verteilt. Gantenbrinks Berechnungen zufolge müßte man dafür etwa ein Jahr veranschlagen.

Natürlich ist auch die Anschüttung, über die viele Archäologen in den verschiedensten Varianten bereits nachgedacht haben, keine endgültige Lösung für das Pyramidenproblem. Fraglich ist zum Beispiel, ob man dabei während der Bauzeit die Pyramideneingänge von Sand freihalten konnte. »Das Pyramideninnere mußte für den Fall eines plötzlichen Todes des Königs zugänglich gehalten werden, damit nicht erst die Vollendung der Pyramide (...) abgewartet werden mußte, um den König zu bestatten.«[97]

Eine denkbare Alternative zur herkömmlichen Rampe ist die Anschüttung aber allemal. Mit ein bißchen Phantasie lassen sich auch Hinweise darauf finden. Man muß nur danach suchen. Die Pyramide von Medum beispielsweise ist so ein Hinweis. Das Kernmauerwerk steht mitten in einem Berg aus losem Material. Ob es sich hier tatsächlich um eine Anschüttung handelt oder nur um die Reste der von Grab- oder Steinräubern abgeschlagenen Außenverkleidung, ist unklar. Techniker müßten sich den Schutthaufen einmal genauer ansehen und im Detail prüfen.

Einmal mehr wird deutlich, daß gerade diese vermeintlichen Kleinigkeiten der Schlüssel zum Verständnis sein könnten, Kleinigkeiten, die sich meist unbeachtet im Schatten der großen Pyramiden finden.

Spuren im Stein

Bei den großen Pyramiden von Dahschur und Giza ist man, wie wir gesehen haben, also noch immer großenteils auf Vermutungen angewiesen. Ein wenig anders liegen die Dinge bei den nur etwa 30 Meter hohen sogenannten Satellitenpyramiden, die östlich der Cheops-Pyramide stehen. Hier hat man durch die Kombination von ingenieurwissenschaftlichen und archäologischen Arbeitsmethoden gerade in jüngster Zeit Genaueres herausfinden können.
Der entscheidende Hinweis kam von Rudolf Gantenbrink, der uns auf einige Sägespuren an den Verkleidungssteinen dieser Pyramiden hinwies. Auch hier waren wieder die feinen Bearbeitungsspuren der Baumeister zu finden, die im Schatten der gewaltigen Felsbrocken, die die Pyramiden formen, kaum auffallen. In unserem Fall erklärten sie zum Teil die Bauweise der kleinen Satellitenpyramiden.
Wir wissen, daß die Lage der Hauptsteinbrüche auf dem Giza-Plateau Auswirkungen auf die Verlegung der Steinblöcke der Pyramide hatte. Zum einen verliefen die Haupttransportwege von Süden nach Norden an die Baustelle. Zum anderen mußte an ihrem Ende, also an bzw. auf der »Arbeitsplattform«, dafür gesorgt werden, daß die Steinblöcke nicht im Weg herumlagen, sondern gezielt verbaut wurden und den Bewegungsraum der Arbeiter nicht behinderten. Endete beispielsweise eine Rampe oder ein Transportweg z. B. an der Nordwestflanke des Pyramidenstumpfes, so wurde die gegenüberliegende Seite, der Südostbereich, zuerst gebaut und umgekehrt. Somit legten die Position der Steinbrüche und die Orientierung der Transportwege automatisch auch die Richtung jeder zu verbauenden Steinschicht

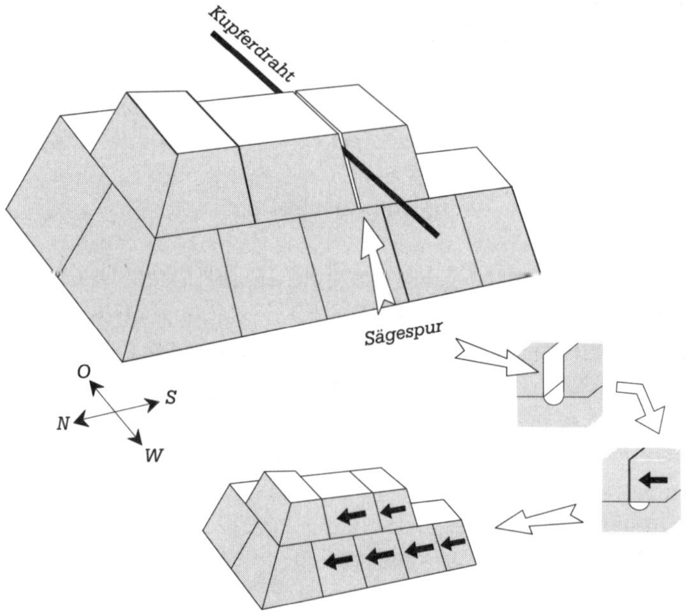

Beim Glätten der Verkleidungsblöcke durch einen Kupferdraht oder eine Steinsäge entstanden oftmals Sägespuren an den Oberflächen der darunterliegenden Steine. Durch das anschließende Zusammenschieben der Blöcke wurden sie verdeckt; sie zeigen aber deutlich, von welcher Richtung die Satellitenpyramiden gebaut wurden. *(Skizze: Michael Haase, nach einer Computeranimation von R. Gantenbrink)*

fest. Dies läßt sich zumindest für die beiden Satelliten- oder Nebenpyramiden des Cheops beweisen.
Diese Pyramiden, die heutzutage den Königinnen Henutsen und Meritites zugeordnet werden, weisen in den unteren Lagen teilweise noch die originalen Verkleidungsblöcke aus Turakalk auf. An den Oberseiten der Turablöcke an der Westseite der Henutsen- und an der Ostseite der Meritites-Pyramide fanden wir die auf den ersten Blick wie Vorritzungen der altägyptischen Bauarbeiter aussehenden Sägespuren. Sie entstanden, wie wir im letzten Kapitel erläutert haben, durch die sehr genau durchge-

führte, abschließende Verlegung der Verkleidungsblöcke. Wie wir an beiden Pyramiden feststellen konnten, haben alle Sägespuren, die an der Kante eines Verkleidungsblockes erkennbar sind, etwas gemeinsam: Sie liegen südlich von ihm. Das heißt, nachdem man ein Sägeblatt zwischen zwei Blöcken dieser Pyramide hindurchgezogen hatte, wobei auf dem darunterliegenden Block eine Spur hinterlassen wurde, schob man den südlich gelegenen Block an den anderen heran und verdeckte die Sägespur.

Damit wissen wir also ganz genau, daß die Steinlagen beider Königinnenpyramiden von Norden nach Süden verlegt wurden, was uns vermuten läßt, daß die Transportrampen, auf denen die Steine an diesen Bauplatz gebracht wurden, jeweils vor den südlichen Pyramidenflanken endeten. Ein weiterer, wenn auch nur kleiner Mosaikstein im großen Pyramidenrätsel ist gefunden. Weitere werden sicherlich folgen, denn die Spuren der Baumeister sind überall auf den Pyramidenplateaus zu finden.

VII

Das Geheimnis von Abusir

Vergessene Technologien

»Lassen Sie Ihr Gehirn nicht von
der herrschenden Lehrmeinung verkleistern!«

Alexander Fleming (1881-1955),
Entdecker des Penicillin

Die Spur des Rosengranits

Ein erneuter Raum-Zeit-Sprung: Wir verlassen Giza und die 4. Dynastie. Unser neues Ziel: Abusir, eine Nekropole der 5. Dynastie.
Die Autofahrt dorthin dauert nur knapp zwanzig Minuten, um ein Vielfaches länger braucht man jedoch, um den Entwicklungssprung in der Pyramidenarchitektur beider Orte zu verstehen. Zu groß sind die offensichtlichen Unterschiede zwischen den Monumentalbauten am Stadtrand Kairos und den eher ruinös wirkenden Pyramiden bei Abusir. Die Pyramidenevolution nahm in den etwa 90 Jahren, die zwischen Cheops' Todesjahr (um 2550 v. Chr.) und der Regentschaft des ersten Königs liegen, der sich in Abusir begraben ließ, eine ungeahnte Wendung. Ägypten befand sich in der Mitte der 4. Dynastie in einer religiösen Umbruchphase: Der Sonnengott Re, dessen Kult schon seit der 3. Dynastie belegt ist, gewann in dieser Zeit sehr an Bedeutung. Die religiöse Idee vom König als Horus,

der »Sonne Ägyptens«, wurde durch das schwächere Prinzip vom König als »Sohn des Sonnengottes« abgelöst. Dieser, laut Stadelmann, »Verlust der Identität zwischen Gott und König« bildete zugleich die Keimzelle für einen tiefgreifenden Wandel des Königsdogmas, der mit einer Demokratisierung des Staates einherging und an dessen Ende der völlige religiöse, wirtschaftliche und kulturelle Zusammenbruch des Alten Reiches stand.

Vor diesem Hintergrund sehen wir Cheops als eine Art »Wendefigur«, als ein wichtiges Bindeglied in der theologischen Evolution dieser Epoche, deren nachvollziehbare Spuren wir heute auch in der Veränderung der Pyramidenanlagen jener »Gründerkönige« wiederfinden, die nach Cheops die Geschicke Ägyptens lenkten. Im Zuge dieser Entwicklung war die große Pyramide von Giza auch nicht der Abschluß, sondern nur die Zwischenstation in einer formativen Phase des Pyramidenbaus, die erst viele Jahrhunderte später zu Ende gehen sollte. Auch Abusir, wo wir einem besonderen Geheimnis auf der Spur waren, lag nur am »Wegesrand« dieser Evolution.

Es wäre durchaus interessant, sich auch mit den Erben des Cheops ausgiebig zu befassen, doch wir wollen uns hier auf eine Entwicklung jener Epoche beschränken, deren steinerne Zeugnisse uns noch heute in ihren Bann schlagen: den Eintritt des Alten Reiches ins »Zeitalter des Rosengranits«.

Die Verwendung von Rosengranit, der aus der Region um Assuan stammt, nahm erst unter Cheops' Sohn und Thronfolger Djedefre (»Beständig wie Re«) größere Ausmaße an. Djedefre ließ die drei unteren Lagen seiner heute – durch den antiken Steinraub – völlig abgetragenen Pyramide mit diesem kostbaren Material verkleiden. Die Menge an verbautem Rosengranit entspricht dabei einem Vielfachen dessen, was wir in der Cheops-Pyramide vorfinden. Abbau und Transport dieses Hartgesteins stellten unter Djedefre anscheinend kein großes Problem mehr dar. Dies war aber erst der Anfang.

Djedefres Nachfolger und Bruder Chephren (altägyptisch: Chaefre, »Erscheint wie Re«), der sich unmittelbar neben der

Der große Sphinx von Giza. Vermutlich ein Werk des Königs Chephren. *(Foto: Michael Haase)*

Pyramide seines Vaters Cheops seinen eigenen Nekropolenbezirk errichtete, ließ nicht nur die beiden unteren Lagen seiner Pyramide mit Granit verkleiden, sondern ummantelte auch seinen Tal- und seinen Totentempel mit dem Assuangestein. Während die kostbaren Blöcke heutzutage beim Totentempel fehlen, ist die Granitverkleidung des Taltempels noch weitgehend intakt und bietet einen beeindruckenden Anblick. Die Größe der Quader, die wir heute an der Frontfassade des Totentempels vorfinden, läßt uns über die technischen Möglichkeiten der alten Ägypter nur staunen. Niemals zuvor hatten Baumeister derartig große und schwere Steine bewegt.

Mykerinos (altägyptisch: Menkaure, »Ewig wie die Ka-Seelen des Re«), ein Enkel Cheops, sollte seinen Vorgänger noch übertreffen: Seine Pyramide, das dritte Königsgrab in Giza, dessen Abmaße zur »Idealgröße« späterer Grabbauten wurden, war vermutlich bis zur Hälfte, bis in 33 Meter Höhe, mit Granit verkleidet worden. Heute sind noch die ersten acht Steinlagen teilweise mit Rosengranitsteinen bestückt, eine Unmenge abgesprengter Blöcke liegt im unmittelbaren Umfeld der Pyramide im Wüstensand verstreut.

Wieder erlebte Ägypten eine »industrielle« Revolution, die zweite nach Djoser. Die Be- und Verarbeitung des Rosengranits entwickelte sich endgültig zu einem ausgedehnten Wirtschaftszweig. Logistisch und bautechnisch wurde bei der Errichtung der Mykerinos-Pyramide die bis zu diesem Zeitpunkt aufwendigste und monumentalste Arbeit abgeliefert, die vielleicht sogar den Namen dieser Pyramide rechtfertigte: »Göttlich ist (die Pyramide des) Mykerinos«.

Zusammen mit der Beherrschung des rötlichen Hartgesteins kam die endgültige religiöse Wende. Die 4. Dynastie ging zu Ende, die Spuren der einst so mächtigen Snofru-Cheops-Dynastie verlaufen sich im Dunkel der Geschichte.

Mit der 5. Dynastie beginnt die »Dynastie der Sonnenkönige«. Ihr erster großer König, Userkaf (»Stark ist sein Ka«), läßt an seinem in Sakkara befindlichen Grabkomplex umfangreiche Modifikationen durchführen, verbaut große Mengen von Hartgestein

Die Ruine der Sahure-Pyramide bei Abusir. Blick von Osten. Im Vordergrund die Reste des Totentempels. *(Foto: Christine Mende)*

Im Totentempel des Sahure: reliefierte Königstitulaturen auf einem Deckenarchitrav aus Granit. *(Foto: Michael Haase)*

in seinem Totentempel und errichtet beim Dorf Abu Gurob zu Ehren des erstarkten Sonnengottes die »Festung des Re«, ein dem Aufbau der Pyramidenkomplexe ähnelndes »Sonnenheiligtum«. Userkafs Tempelkomplexe werden zum Prototypen einer neuen Architektur. Wohl durch Userkafs Sonnentempel veranlaßt, errichten seine Nachkommen ihre Pyramidenanlagen südlich von Abu Gurob, bei Abusir: Einer von ihnen war Sahure (um 2460 v. Chr., »Er, der dem Re nahe ist«).

Von Bohrlöchern und schmerzenden Weisheitszähnen

Wer kennt nicht die Angst, während einer längeren Reise im Ausland krank zu werden? Bevor wir unsere Dreharbeiten in Ägypten begannen, hatten sich die Team-Mitglieder gründlich »durchchecken« lassen. Außerdem gehörten zu den medizinischen Vorbereitungen: Malaria-Prophylaxe (für den Fall der Fälle, obwohl diese Tropenseuche in Ägypten kaum vorkommt), eine Spritze mit Gamma-Globulin zur Stärkung des Immunsystems gegen Hepatitis und ähnliches mehr. Auch leichte Schmerz- und Grippemittel sowie Durchfallpräparate verstauten wir im Gepäck.
Was man nach menschlichem Ermessen zur Vorbeugung tun kann, hatten wir bedacht. Doch: nobody is perfect!
Am fünften Tag erschien unser Kameramann, ein normalerweise braungebrannter, abgehärteter Naturbursche, reichlich blaß zum Frühstück im Hotelrestaurant. Es könne nur der Weisheitszahn sein, jammerte er. Die ganze Nacht hatte er ihn gequält, an Schlaf war nicht zu denken. Das marternde Pochen tief im Oberkiefer hatte sich bereits über die ganze rechte Gesichtshälfte ausgebreitet. Die Vorstellung, einen unbekannten Zahnarzt in Kairo aufzusuchen, stimmte uns nicht gerade zuversichtlich. Zu allem Übel war der Bemitleidenswerte allergisch gegen jede Art von Schmerzmedikament. So wollte unser pflichtbewußter Kameramann – im wahrsten Sinne des Wortes – versuchen, die Zähne zusammenzubeißen. Ironie des Schicksals, daß wir es an

Überall im Ruinenfeld von Abusir finden sich Steinbearbeitungen in Granit und Grauwacke. Inschrift auf einer Säule in der Nekropole des Niuserre. *(Foto: Michael Haase)*

Bohrungen in einem Grauwackeblock im Totentempel des Sahure. *(Foto: Michael Haase)*

Detailaufnahme einer aufgebrochenen Bohrung. Eindeutig sind die Bruchstelle und das Rillenmuster zu erkennen. *(Foto: Michael Haase)*

jenem Tag ausgerechnet mit den rätselhaften Bohrlöchern von Abusir zu tun hatten.

Das Gräberfeld von Abusir liegt auf einem flachen Vorgebirge über dem westlichen Nilufer, etwa auf halbem Wege zwischen Giza und Sakkara. Zu diesen Überresten der 5. Dynastie verirrt sich kaum ein Tourist und – bislang – leider auch nur selten ein Ägyptologe. Weitverstreut auf dem Plateau liegen auch die Trümmer des Totentempels von Sahure. Auf den ersten Blick ist Abusir nichts weiter als eine Ruine. Doch was so unscheinbar wirkt, entpuppt sich bald als großes Geheimnis, oder besser: als archäologischer Sprengstoff.

Wieder sind es Details, die stutzig machen: präzise Bearbeitungsspuren, exakte Winkel, perfekt hinterschnittene Kanten. Diesmal aber nicht im weichen Kalkstein, sondern in Basalt und Granit, die zu den härtesten Gesteinen unseres Planeten gehören. Die klassische Archäologie gesteht den Ägyptern vor rund 4 300 Jahren als Werkzeugmaterial nur Kupfer zu. Mit einem weichen Kupfermeißel aber hätte man gegen diese extrem harten Brokken keine Chance gehabt. Und auch nicht mit groben Hämmern oder Knollen aus Diorit, wie man sie in den Steinbrüchen gefunden hat. Die altägyptischen Handwerker haben derart präzise Winkel fabriziert, wie sie es mit solchen unförmigen Steinkugeln niemals hätten zustande bringen können. Sie hätten nicht einmal genügend Platz zum Ausholen gehabt.

Gleich nebenan wird das Rätsel noch größer. Überall auf dem Trümmerfeld findet man gewaltige Basalt- und Granitblöcke. Darin unzählige Bohrlöcher mit den verschiedensten Durchmessern und Tiefen. Das Gelände sieht aus wie das Experimentierfeld einer Bohrfirma. Tatsächlich aber sind die Spuren mehr als 4 300 Jahre alt. Antike Bearbeitungen, die allerdings modernen *Kern*bohrungen verblüffend ähnlich sehen. »Man nennt sie nicht etwa so, weil das Loch zum Kern des Gesteins vordringt, sondern weil der Kern selbst im hohlen Bohrer steckenbleibt und in Form einer Wurst herausgebrochen werden kann.«[98] Am Grund deutlich zu erkennen: ein Rillenmuster und eine Bruchstelle. Doch das schien unmöglich! Die alten Ägypter hätten ein technisches Verfahren beherrschen müssen, das eigentlich eine Erfindung unserer Zeit ist. Selbst heute können nur Experten damit umgehen.

In einen Block aus Rosengranit, so wie er in Ägypten vorkommt, ein Loch hineinzubohren, ist noch immer etwas Besonderes. Zum ersten Mal gelang das 1862 einem Schweizer Ingenieur – und zwar mit einem Stahlrohr, einer Bohrkrone aus Diamant und einem Auflagegewicht von zwei Tonnen. Heutzutage setzt man dieses Verfahren unter anderem bei der Erdölsuche ein. Der Rekord liegt bei rund 12 000 Metern Tiefe. Doch die Kernbohrung kommt auch ganz banal zum Einsatz: etwa, um größere Öffnungen für Türen oder Fenster herzustellen. Nicht zuletzt braucht man die Kernbohrung beim Autobahnbau. Um zu prüfen, wie hart die Straßendecke ist, bohrt man einen Probekörper heraus. Eine zeitsparende und materialschonende Methode. Die Ägypter haben sie Jahrtausende früher erfunden als wir. Und perfekt angewendet, sogar in Granit und Basalt. Doch mit welchen Instrumenten? Es muß eine Art Hohl- oder Rohrbohrer gewesen sein. Der englische Archäologe Sir Flinders Petrie beschrieb ähnliche Bearbeitungsspuren in seinem 1883 erschienenen Buch »The Pyramids and Temples of Gizeh«. Bei seinen Untersuchungen damals stieß er zwar auf einige Bohrkerne, jedoch nicht auf die dazugehörigen Werkzeuge. »Petrie vermutete, daß Diamanten eingesetzt wurden, verwarf diese Möglichkeit aber sofort wieder, da Diamanten in Ägypten nicht vorkommen und daher sehr selten waren.«[99]

Diese Ansicht vertreten die Archäologen noch heute. Zu den größten Fachleuten auf dem Gebiet der altägyptischen Steinbearbeitung gehören die Münchner Wissenschaftler Rosemarie und Dietrich Klemm, sie ist Ägyptologin, er Geologe. Beide wissen um das Rätsel von Abusir, wissen, daß es sich dort um Kernbohrungen handelt, schließen jedoch den Diamanten als Schneidematerial aus. Daß allerdings Kupfer allein nicht ausreicht, müssen auch sie anerkennen.[100] Dietrich Klemm:

»Man braucht ein Schleifmittel. Und das einzige Material, das den alten Ägyptern zur Verfügung stand – zumindest von meiner

mineralogischen Kenntnis her – ist Quarz. Es wäre kein besonders günstiges Schneidemittel. Aber wenn die Zeit keine Rolle spielt, geht es.«
Das trifft allerdings nicht ganz zu, wie Rosemarie Klemm vom ägyptologischen Standpunkt her ergänzt:
»Der Faktor Zeit bei den Pyramiden und den angeschlossenen Totentempeln ist insofern schon gegeben, als die Lebenserwartung damals bei vielleicht 35 Jahren lag. Ein König mußte darauf achten, daß in dieser Zeit sein Grabmal fertig wurde. Endlos dehnen konnte man den Faktor Zeit also nicht.«
So bleibt nur die Vermutung, daß in Abusir andere technische Methoden zum Einsatz kamen, die der Archäologie bisher verborgen geblieben sind. Der wahrscheinlich einzige moderne Bohrfachmann, der sich über das Geheimnis in der ägyptischen Wüste Gedanken gemacht hat, ist der Experimentalphysiker Horst-Detlef Gassmann. Er ist Leiter der entsprechenden Forschungsabteilung bei der HILTI AG in Liechtenstein und kann sich nicht vorstellen, daß die Steinmetze vor 4000 Jahren nur mit Kupferrohren und Quartz hantierten:
»Vor allen Dingen kann ich mir nicht vorstellen, daß man dann solche Rillen sieht. Mit Polierpulvern feinster Art kann das nicht funktionieren. Granit ist quarzhaltig. Einen derartigen Stein kann man nicht mit Quarz bohren, denn beide sind gleich hart. Das kann kein Loch geben! Jedenfalls nicht in der Ausführung, wie wir sie in Ägypten sehen. Mit einem Kupferrohr und etwas Schneidematerial allein war das unmöglich zu schaffen.«[101]
Nach Ansicht des Experimentalphysikers wurden aufgesetzte Schneidstoffe zum Bohren verwendet, dies zeigten eindeutig die Rillen auf den gefundenen Bohrkernen und Löchern. »Das gleiche Rillenmuster ergibt sich nämlich ebenfalls auf einem Bohrkern, der mit einer modernen Diamant-Kernbohrmaschine erbohrt wurde. Von Sir Flinders Petrie wurden auf einem Sarkophag aus Granit Sägeschnitte gefunden, an denen man erkennen kann, daß die Ägypter die gleichen Schneidemittel auch für das Sägeverfahren einsetzen konnten.«[102] Und noch etwas macht Gassmann stutzig: Auf den Diorit-Vasen wie auch auf den gro-

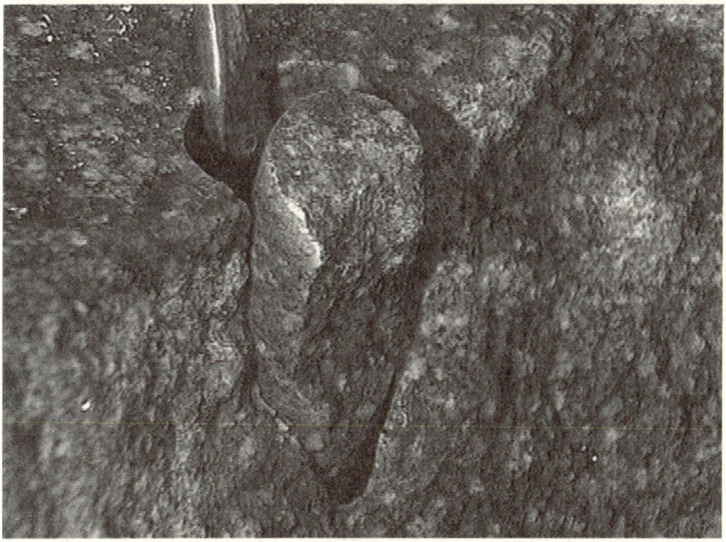

Eine moderne Kernbohrung in der HILTI-Forschungsabteilung. Um ein solches Loch herzustellen, sind ein Stahlrohr mit Diamantaufsatz, ein Auflagegewicht von rund zwei Tonnen und eine ausreichende Kühlung des Bohrers nötig. Welche geheimnisvolle Technologie verwendeten die alten Ägypter? *(Foto: Sender Freies Berlin)*

ßen Granitstatuen, Obelisken und Säulen in Giza, Karnak und Abusir sind Gravierungen und Schriftzeichen wie mit Schablone und Lineal gezogen. Die Kanten sind geschnitten scharf. »Diese Arbeiten können eigentlich nur mit einem diamantbesetzten Gravierstift ausgeführt worden sein.«[103]

Unstrittig ist, daß die alten Ägypter in der Lage waren, perfekte Bohrlöcher herzustellen, auch in Granit. Die zahlreichen präzise ausgehöhlten Gefäße aus der Zeit des Alten Reiches beweisen es. Die einfachen, aber effektiven Werkzeuge, die sie dazu benutzten, sind ebenfalls bekannt. Es gab zum Beispiel einen Drillbohrer mit Bogen. Dabei war an einem Holzstab eine Spitze aus Feuerstein oder Kupfer befestigt. Der Stab wurde während der Arbeit hin- und herbewegt. Weiter existierten eine Art Handkurbel mit Feuersteinspitze und eine Kurbel mit Schwungsteinen, mit der man eine Kupferspitze in feuchtem Schmirgelmaterial drehte. Als Auflagegewicht verwendete man schwere Sandsäcke. Alle diese Methoden sind bestens dokumentiert. Keine von ihnen vermag jedoch die speziellen Bearbeitungen in Abusir zu erklären, für die man, so scheint es, über Diamanten oder eine andere uns unbekannte Technik verfügt haben muß.

Horst-Detlef Gassmann hält es für möglich, daß das Wissen um die altägyptischen Arbeitsmethoden im Laufe der Jahrtausende verlorengegangen ist. »Durch den Untergang der Antike und den Zerfall des Römischen Weltreiches sowie die Wirren der Völkerwanderung sind die alten Erkenntnisse, Erfahrungen und Praktiken in Vergessenheit geraten, zumal sie sicherlich als Geheimnis der Fachleute streng gehütet worden waren.«

Wir können an dieser Stelle nur ein weiteres Mal zur interdisziplinären Zusammenarbeit aufrufen. Es ist merkwürdig, daß sich seit Flinders Petrie kein Archäologe mehr intensiv mit den Kernbohrungen auseinandergesetzt hat. Vielleicht kamen auch beim Pyramidenbau Techniken zur Anwendung, die längst vergessen sind. Vielleicht kannte man im Land am Nil damals schon den Diamanten. Vielleicht gab es doch unbekannte Handelsverbindungen, z. B. nach Indien, von wo man den Diamanten möglicherweise importierte.

Tatsache ist: Die alten Ägypter bearbeiteten den Hartstein, als handelte es sich um Butter. Die Kernbohrungen existieren ebenso wie die feinziselierten Gravuren in Diorit und Granit. Und es mutet seltsam an, daß sich der Archäotechniker Rudolf Gantenbrink mit ihnen beschäftigt, daß sie den Experimentalphysiker Horst-Detlef Gassmann neugierig machen und sich auch der von der Wissenschaft sträflich unterschätzte Autor Erich von Däniken ihrer angenommen hat – die Archäologie aber weitgehend uninteressiert bleibt.
Phantasie ist gefordert! Alle Fachrichtungen gemeinsam sollten das Gelände in Abusir systematisch untersuchen. Kein konstruktiver Forschungsansatz darf vernachlässigt werden. Möglicherweise liegt irgendwo noch einer der Bohrkerne oder das Werkzeug herum. Am Grund der Löcher könnten darüber hinaus Reste des Schneidematerials zu finden sein. Der Einsatz eines Elektronenrastermikroskops würde eventuell zu neuen Erkenntnissen führen. Solange all dies nicht geschieht, bleibt Abusir ein Geheimnis der Wüste.

Zu Risiken und Nebenwirkungen fragen Sie ...

Den ganzen Tag über hatten die Granitfelsen unseren Kameramann an das Loch erinnert, das offenbar seinem Weisheitszahn zu schaffen machte. Doch trotz der Schmerzen hielt er tapfer durch. Nun aber, auf der Rückfahrt zum Hotel, wurde es derart schlimm, daß wir uns etwas einfallen lassen mußten. Der Toningenieur hatte schließlich die rettende Idee.
Im Hotel angekommen, setzten wir den Leidenden an einen Tisch und begannen, ihn langsam, aber stetig mit Bier »abzufüllen«. Der Mann brauchte Schlaf, oder er würde die restlichen Drehtage nicht überstehen. Die Frage, ob er auch gegen Schlafmittel allergisch sei, verneinte er ein wenig verständnislos. Noch ahnte er nicht, was wir mit ihm vorhatten.
Die Kairoer Apotheken nehmen es mit der Rezeptpflicht nicht sonderlich genau. Und so wechselte für 20 ägyptische Pfund

eine Familienpackung Valium den Besitzer. Unser kranker Kollege hatte inzwischen die dritte Flasche »Stella Local« konsumiert, ein Bier aus einheimischer Produktion. Ein wenig mißtrauisch beäugte er nun die beiden rosafarbenen Pillen, die vor ihm auf dem Tisch lagen. »Keine Sorge!« beruhigten wir ihn. »Nimm jetzt mal zwei davon. Und wenn du gleich ins Bett gehst, trinkst du in aller Ruhe noch ein Bier, schluckst die letzte von den niedlichen Tabletten, und du wirst sehen, morgen geht es dir schon viel besser.« Zahnschmerzen machen gehorsam ...
Zugegeben: Am nächsten Tag begannen wir unsere Filmarbeiten etwas später als gewöhnlich. Es dauerte eine Weile, bis der Kameramann richtig wach war, doch schon bald lieferte er uns die gewohnten scharfen und kontrastreichen Aufnahmen. Der Weisheitszahn dagegen schlief friedlich in seinem Bett im Oberkiefer und wachte bis zu seiner Rückkehr in Deutschland nicht mehr auf.
Selbstverständlich hatten wir den ägyptischen Apotheker vor der Valiumtherapie zu Risiken und Nebenwirkungen befragt.

Schlußwort

Wir sind am Ende unserer Spurensuche angelangt, die gleichzeitig ein Plädoyer für mehr Kooperation zwischen den einzelnen Fachdisziplinen sein sollte.

An vielen Beispielen zeigte sich, daß die Archäologen an den Grenzen ihrer Möglichkeiten angelangt sind. Denn gemäß ihrer Ausbildung sind sie Sprachwissenschaftler, Experten für Texte, nicht für Technik. Um die ungelösten Rätsel in den Griff zu bekommen, sollten Ingenieure und Altertumsforscher künftig noch enger zusammenarbeiten. Das UPUAUT-Projekt war ein vielversprechender Ansatz, der dann leider scheiterte. Vorerst zumindest!

Übrigens ist es nicht das erste Mal, daß sich Archäologen und Techniker im Streit trennen. Das beweist ein kurzer Blick zurück in die Vergangenheit:

– 1986 waren die französischen Architekten Gilles Dormion und Jean-Patrice Goidin bei Untersuchungen der Cheops Pyramide auf Erscheinungen gestoßen, die sich ihrer Meinung nach schwer mit der sonst so perfekten und präzisen Konstruktion des Bauwerks vereinbaren ließen.[104] Bei mikrogravimetrischen Versuchen entdeckten sie unterschiedliche Dichteverhältnisse in den Strukturen der Pyramide. Das führte sie zu der Vermutung, neben dem bekannten Gang zur Königinnenkammer existierten drei oder mehr bisher unbekannte Hohlräume.

Bei Bohrungen stießen Dormion und Goidin darüber hinaus auf

eine starke Schicht kristallinen Sandes. Die Ingenieure erklärten vor der Presse, die bisherigen Ergebnisse erhärteten ihre Hypothese von der Existenz weiterer Kammern und eines Korridors. Dr. Ahmed Kadri, der damalige Direktor der ägyptischen Altertümerverwaltung, ein fachlich bis zu diesem Zeitpunkt unumstrittener Mann, war über die Untersuchungen der Franzosen hocherfreut: »Wir suchen keine Schätze«, sagte er, »sondern Erkenntnisse und Wissenszuwachs.«

Doch die meisten seiner Fachkollegen fällten ein vernichtendes Urteil. Prof. Jean-Philippe Lauer, der Nestor der französischen Ägyptologie, äußerte sich – stellvertretend für viele – gegenüber einer Tageszeitung: »Die beiden Architekten sind zwei junge Faselhänse.« Weiterhin unterstellte er den beiden Technikern amateurhafte Pyramidenromantik, die mit Wissenschaft nichts zu tun habe. (Fast dieselben Worte benutzte übrigens 1993 der Direktor des Ägyptischen Museums Berlin, Prof. Dietrich Wildung, um die Arbeit des Archäotechnikers Rudolf Gantenbrink abzuqualifizieren.)[105]

Die Konsequenz aus dem Kritikhagel: Die Arbeiten wurden eingestellt, und das, obwohl die Ägypter selbst die Ergebnisse durchaus positiv bewerteten. In einem Beitrag für *Die Welt* schrieb der Generalsekretär des Ägyptischen Museums in Kairo, Mohammed Saleh: »Was die Franzosen entdeckt haben, war tatsächlich ein sandgefüllter Hohlraum von etwa 2,50 Metern Tiefe und drei Metern Höhe westlich von der sogenannten Königskammer (...) Ein anderer Hohlraum von 1,50 mal 4 Metern befindet sich hinter der nordwestlichen Wand in der sogenannten Königinkammer (...) Die Untersuchung der Hohlräume kann den Wissenschaftlern helfen, die architektonischen Methoden des Pyramidenbaus besser rekonstruieren zu können.«[106]

Dazu kam es leider nicht mehr. Fast hat es den Anschein, als hätten sich die Ägypter dem negativen Urteil der ausländischen Wissenschaftler beugen müssen.

– 1987 ging die japanische Waseda-Universität auf Spurensuche. Techniker erforschten die Cheops-Pyramide mit elektromagne-

tischen Wellen, die Strukturen bis zu zehn Metern Tiefe aufzeichnen und auf einen Monitor reproduzieren können. Die Ausrüstung wurde eigens für archäologische Erkundungen entwickelt. Die Japaner bestätigten nicht nur die Untersuchungsergebnisse ihrer französischen Kollegen, sondern glaubten, weitere rätselhafte Hohlräume entdeckt zu haben.
»Ägypten befindet sich an der Schwelle zu einer neuen archäologischen Revolution!« freute sich damals Ahmed Kadri. Und Mohammed Saleh fügte hinzu: »Gibt es wider Erwarten keine (weiteren) Funde, ist unser Wissen über die Pyramiden trotzdem gewachsen. Diese Untersuchungen haben großes Interesse daran geweckt, hochentwickelte Geräte in einem Bereich einzusetzen, in dem bislang nur nach den üblichen archäologischen Methoden gearbeitet wurde. Nun können Archäologen und Naturwissenschaftler mit Hilfe modernster Technik Erkenntnisse gewinnen, ohne Ausgrabungen vorzunehmen (...) Eine neue Epoche in der Zusammenarbeit zwischen Archäologen und Naturwissenschaftlern in Ägypten hat begonnen.«[107]
Doch auch diese Arbeiten verliefen im Sande. Konservative Archäologen sprachen von »grotesken Untersuchungen dummer kleiner Schatzgräber«[108].
Ahmed Kadri mußte schließlich zurücktreten, offiziell freilich aus einem anderen Grund. Er habe sich nicht genügend um die Restauration des Sphinx gekümmert und durch die Bohraktion der Franzosen die Cheops-Pyramide gefährdet. Eine fadenscheinige Ausrede: Wie können drei kleine Löcher ein solch gewaltiges Bauwerk erschüttern? Insbesondere, wenn man bedenkt, daß während des Ramadan tausende Menschen auf den Grabmälern herumklettern und die einheimischen Händler mit ihren Kamelen rücksichtslos über die Ruinen trampeln.

– Das jüngste Beispiel für die Differenzen zwischen Archäologen und Technikern ist die Wiederentdeckung des Kleopatra-Palastes 1996 im Hafenbecken von Alexandria. Französische Taucher und Meeresarchäologen fanden im Wasser Königsstatuen, Granitsäulen und mit Hieroglyphen übersäte Steinquader.

Eine Aktion, die von der HILTI AG in Liechtenstein gesponsert wurde. Doch schon bald meldeten sich Kritiker zu Wort: Die Entdecker wurden von der Gelehrtenzunft als Abenteurer bezeichnet, die sich in den Medien profilieren wollten.[109] Und sogar die HILTI AG bezog ungerechtfertigterweise für ihren finanziellen Einsatz öffentlich Prügel, wurde als »Schlagbohrerdynastie« bezeichnet und mußte sich den Vorwurf gefallen lassen, es gehe ihr ausschließlich um einen Werbecoup.
Auch im Fall Kleopatra sind nun die weiteren Untersuchungen gefährdet.

Gerade in der Archäologie wäre es so unendlich wichtig, die Industrie als Partner zu gewinnen. Die Belüftung der Cheops-Pyramide durch Rudolf Gantenbrink ist dafür das Paradebeispiel. Der Archäologie selbst gelingt es mit ihren schwer verständlichen, wissenschaftlich abgefaßten Publikationen nur selten, sich in der breiten Öffentlichkeit Gehör zu verschaffen.
Aus diesem Grund lassen sich eventuelle Sponsoren kaum mobilisieren. Ein Teufelskreis, der unbedingt durchbrochen werden muß. Denn im Bereich der Altertumskunde gibt es heute neben der Ausgrabung neuer Funde eine weitere wichtige Aufgabe: nämlich das bereits bekannte kulturhistorische Erbe der Menschheit zu erhalten und zu schützen.
Vor 200 Jahren mußten die Forscher feststellen, daß sie den Wettlauf mit den Grabräubern verloren hatten. Kaum eine Fundstätte war noch unberührt. Heute liegt eine große Gefahr in der weltweiten Umweltverschmutzung und im Massentourismus. Die ägyptische Regierung verspricht seit Jahrzehnten, den Bau neuer Siedlungen in der Nähe der Pyramiden einzudämmen, den Bau neuer Straßen zu verhindern, Abgaskatalysatoren gesetzlich vorzuschreiben, sie verspricht, das Giza-Plateau für Autos und Reisebusse zu sperren – doch geschehen ist bisher nichts. Ähnlich kritisch ist die Situation auch in anderen Ländern der Dritten Welt, wo einst reiche Hochkulturen blühten, als in Europa noch die Steinzeit regierte.
Wir alle sind aufgerufen, daß Kulturerbe der Menschheit zu ret-

ten, damit sich auch die Generationen der Zukunft noch ein Bild von der Vergangenheit machen können. Persönliche und politische Streitereien sind unangebracht und der Wissenschaft nicht würdig.
In diesem Sinne wollen wir das Schlußwort dem Archäotechniker Rudolf Gantenbrink überlassen:
»Die Pyramiden-Forschung muß sich vom Ballast der Vergangenheit befreien, muß offener werden, interdisziplinärer. Sie muß den Mut haben, sich selbst zu widerlegen, Unerwartetes nicht als lästiges Hindernis, sondern als Geschenk nehmen. Vor allem aber muß sie erkennen, daß nicht mehr viel Zeit bleibt, bevor auch das letzte Indiz zum Opfer von Erosion und Verfall wird, daß es fünf vor zwölf ist und daß die Uhr in der Wüste tickt und nicht im klimatisierten Büro. Werden wir dann mehr wissen? Vielleicht, vielleicht auch nicht, aber wir geben uns zumindest eine Chance dazu.«[110]

Anmerkungen

1 Eine exakte Fixierung der geschichtlichen Ereignisse des 3. vorchristlichen Jahrtausends Ägyptens ist Gegenstand aktueller Forschungen. Alle Daten in diesem Buch bilden deshalb nur Richtgrößen, die – je weiter wir uns im Alten Reich oder in der ägyptischen Frühzeit in die Vergangenheit bewegen – durchaus einige Jahrzehnte oder gar ein Jahrhundert von den tatsächlichen Werten abweichen können.
2 Hornung, 1989, S. 198.
3 Lexikon der Ägyptologie, Band V, »Totenkult«, S. 659.
4 Interview mit Prof. Rainer Stadelmann im Februar 1996 in Kairo, geführt von Torsten Sasse.*
5 ebd.
6 Wolf, S. 31.
7 Stadelmann, 1990, S. 82.
8 Dorner, S. 55.
9 ebd., S. 44.
10 Lauer, S. 284.
11 Haase, Felskern, S. 5 ff.
12 Haase, Pyramiden, S. 46-57.
13 Wildung, S. 158.
14 Stadelmann, 1990, S. 132.

---

* Zitate aus Interviews wurden der besseren Lesbarkeit halber behutsam redigiert.

15 Sitchin, S. 300 ff.
16 Zur Widerlegung der »Fälscherthese«: siehe Haase, Syndrom, S. 159.
17 Recent Discoveries in the Great Pyramid of Egypt – Ancient Egyptian Weight, in: *Nature,* 26. 12. 1872, S. 146-149 (siehe auch Bauval/Gilbert, S. 261-268).
18 1. Obergeschoß, Saal 64, Vitrine 14, Registrationsnummern EA 67818 und EA 67819.
19 Bauval/Gilbert, S. 196.
20 Zitiert nach Polder, S. 9.
21 ebd., S.9.
22 ebd., S. 10.
23 Zitiert nach Polder, S. 9, und S-2-Kultur Hörfunk-Talkshow, ausgestrahlt am 15. 1. 1994.
24 Stadelmann/Gantenbrink, S. 292 ff.
25 von Däniken, 1995, S. 266.
26 ebd., S. 266.
27 von Däniken, 1995, S. 267.
28 Interview mit Rudolf Gantenbrink im Januar 1996 in München, geführt von Torsten Sasse.
29 Zitiert nach einer Reutermeldung vom 16. April 1993.
30 ebd.
31 Interview mit Prof. Stadelmann vom 15. 6. 93, geführt von Torsten Sasse.
32 ebd.
33 Schaffmann, S. 35.
34 Interview mit Prof. Stadelmann im Februar 1996 in Kairo.
35 Interview mit Rudolf Gantenbrink im Februar 1996 in Kairo, geführt von Torsten Sasse.
36 Interview mit Zahi Hawass im Februar 1996 in Kairo, geführt von Torsten Sasse.
37 Interview mit Mohammed Nur-El-Din im Februar 1996 in Kairo, geführt von Torsten Sasse.
38 Interview mit Prof. Stadelmann im Februar 1996 in Kairo.
39 Interview mit Rudolf Gantenbrink im Februar 1996 in Kairo.

40 Interview mit Prof. Stadelmann im Februar 1996 in Kairo.

41 Interview mit Dr. Mohammed Nur-El-Din im Februar 1996 in Kairo.

42 Zitiert nach Haase, Jenseits, S. 113.

43 Siehe Goyon, S. 220.

44 Haase, UPUAUT, S. 168.

45 Zitiert nach Haase, Banne, S. 200.

46 Klemm & Klemm, Steine, S. 65 ff.

47 Interview mit Rudolf Gantenbrink im Januar 1996 in München.

48 Haase, Randbetrachtungen, S. 22-23.

49 Haase, Jenseits, S. 112-118.

50 Zitiert nach Haase, Jenseits, S. 116.

51 Stadelmann/Gantenbrink, S. 289.

52 Interview mit Prof. Rainer Stadelmann im Juni 1993.

53 ebd.

54 Interview mit Prof. Rainer Stadelmann im Februar 1996 in Kairo.

55 Interview mit Rudolf Gantenbrink am 29. 5. 1993 in München, geführt von Torsten Sasse.

56 Schüssler, S. 107.

57 Sprüche 365 und 940, Pyramidentext in der Pyramide des Pepi, siehe: Lauer, S. 296 f.

58 Interview mit Prof. Stadelmann im Februar 1996 in Kairo.

59 Stadelmann/Gantenbrink, S. 291.

60 ebd., S. 291.

61 ebd., S. 285.

62 ebd., S. 289.

63 Zitiert nach Haase, Banne, S. 200.

64 Stadelmann, 1990, S. 137.

65 Stadelmann/Gantenbrink, S. 291 f.

66 ebd., S. 291.

67 Krauss, S. 16 f.

68 Stadelmann/Gantenbrink, S. 286.

69 Krauss, Vortrag im Planetarium Mannheim am 15. 11. 1996 (gilt auch für die nächsten Zitate).

70 Haase, Jenseits, S. 112-118.
71 Interview mit Rudolf Gantenbrink im Januar 1996 in München.
72 Zitiert nach Haase, Jenseits, S. 113 (gilt auch für das nächste Zitat).
73 Interview mit Rudolf Gantenbrink im Januar 1996 in München (gilt auch für die nächsten Zitate).
74 Zitiert nach Haase, Jenseits, S. 117.
75 Interview mit Rudolf Gantenbrink im Januar 1996 in München.
76 Zitiert nach Haase, Jenseits, S. 117.
77 Interview mit Rudolf Gantenbrink im Januar 1996 in München.
78 Hesse, S. 34.
79 Stadelmann, 1991, S. 217.
80 ebd., S. 107.
81 Broschüre der »Baulog« Potsdamer Platz, Berlin, 1995.
82 Schüssler, S. 326.
83 Interview mit Dr. Wilhelm Maier im Februar 1996.
84 Klemm & Klemm, Steine, S. 194.
85 ebd.
86 Tworuschka, S. 171.
87 Dahne, S. 4.
88 Stadelmann, 1990, S. 262.
89 ebd., S. 262.
90 ebd., S. 263.
91 Arnold, S. 22 ff.
92 Stadelmann, 1990, S. 266.
93 Interview mit Prof. Stadelmann im Juni 1993.
94 Arnold, S. 23.
95 Stadelmann, 1990, S. 259.
96 Arnold, S. 26 ff.
97 ebd., S. 21.
98 von Däniken, S. 31.
99 Gassmann, S. 3.

100 Interview mit Rosemarie und Dietrich Klemm am 28.1.1996 in München, geführt von Torsten Sasse.
101 Interview mit Horst-Detlef Gassmann am 30.1.1996 in Liechtenstein, geführt von Torsten Sasse.
102 Gassmann, S. 3.
103 ebd.
104 *Neue Zürcher Zeitung,* 13. September 1986, »Das Sandkorn in der Pyramide«.
105 Wildung, *Frankfurter Allgemeine Zeitung,* 5.8.1993.
106 Saleh, 14.3.1987.
107 Mohammed Saleh, ebd.
108 *Frankfurter Allgemeine Zeitung,* 26.3.1987.
109 *Der Spiegel,* 46/1996, S. 250.
110 Zitiert nach Haase, Pyramiden, S. 6.

Literatur

Arnold, D., *Überlegungen zum Problem des Pyramidenbaus,* in: Mitteilungsblatt des Deutschen Archäologischen Instituts in Kairo (MDAIK) 37, 1981.

Bauval, R. & Gilbert, A., *Das Geheimnis des Orion,* München 1995.

Borchardt, L., *Das Grabdenkmal des Königs Sahure,* Ausgrabungen der Deutschen Orientgesellschaft in Abusir, in: Wissenschaftliche Veröffentlichungen der Deutschen Orient-Gesellschaft, 2 Bände, Leipzig 1910 und 1913.

Brunner-Traut, E., *Altägyptische Märchen,* Reinbek 1991.

Clayton, P.A., *Die Pharaonen,* Düsseldorf 1995.

Cottroll, Leonard, *Das Geheimnis der Königsgräber,* München 1989.

Däniken, E. v., *Der Jüngste Tag hat längst begonnen,* München 1995.

Däniken, E. v., *Die Augen der Sphinx,* München 1989.

Däniken, E. v., *Auf den Spuren der Allmächtigen,* München 1993.

Däniken, E. v., *The Eyes of the Sphinx,* New York 1996.

Dahne, H., *Ramadan,* in: Berliner Morgenpost, 9. 1. 1997.

Dorner, J., *Form und Ausmaße der Knickpyramide,* in: MDAIK 42, 1986.

Dunn, H., *Diamantbohrer bei der Restauration historischer Bauten,* in: Industrial Diamond Review, Heft 2, 1968.

Edwards, I.E.S., *The Pyramids of Egypt,* London 1961/1990.

Fakhry, H., *The Monuments of Sneferu at Dahschur,* vol. I, Kairo 1959.

Gassmann, H.-D., *Die geschichtliche Entwicklung zum handwerklich genutzten Diamantkernbohren von Beton,* in: Schleifen + Trennen, Zeitschrift für Schleiftechnik, Folge 113/1987.
Goneim, Z., Horus Sekhem-Khet, *The Unfinished Step Pyramid at Saqqara I.,* Kairo 1957.
Goneim, Z., *The Buried Pyramid,* London 1964.
Goyon, G., *Die Cheops-Pyramide,* Augsburg 1990.
Gunn, B., *An Architect's Diagram of the Third Dynasty,* in: Annales du Service des Antiquités de l'Égypte, Kairo, (ASAE) 26, 1926.
Haase, M., *Der Felskern der Cheops-Pyramide,* in: G.R.A.L. 1, Berlin 1993.
Haase, M., *UPUAUT – Der, der die Wege öffnet,* in: G.R.A.L. 5, Berlin 1993.
Haase, M., *Im Banne des Cheops* – Interview mit Rudolf Gantenbrink, in: G.R.A.L. 5, Berlin 1994.
Haase, M., *Randbetrachtungen,* in: G.R.A.L. 1, Berlin 1995.
Haase, M., *Jenseits des Horizonts,* in: G.R.A.L. 2, Berlin 1995.
Haase, M., *Die andere Seite der Pyramiden,* G.R.A.L.-Sonderband 8, Berlin 1995.
Haase, M., *Das Chufu-Syndrom,* in: G.R.A.L. 3, Berlin 1996.
Haase, M., *Spurensuche im Schatten der Pyramiden,* in: Ancient Skies 5, Beatenberg 1996.
Haase, M., *Im Schatten des Cheops,* in: Dopatka, U. (Hrsg.): Sind wir allein? Düsseldorf 1996.
Hancock, G., *Die Spur der Götter,* Bergisch Gladbach 1995.
Hassan, S., *Giza.* Vol. 8, 1953.
Heisel, J. P., *Antike Bauzeichnungen,* Darmstadt 1993.
Hesse, R., *Kairo, Kapitale des geordneten Chaos,* in: Merian, Ägypten, 11. 11. 1993.
Hoffmeier, J. K., *The Use of Basalt, in Floors of Old Kingdom Pyramid Temples,* in: Journal of the American Research Center in Egypt (JARCE) 30, Boston 1993.
Hornung, E., *Einführung in die Ägyptologie,* Darmstadt 1984.
Hornung, E., *Geist der Pharaonenzeit,* Zürich/München 1989.
Jánosi, P., *Die Pyramidenanlagen der Königinnen, Untersuchungen zu*

einem Grabtyp des Alten und Mittleren Reiches, in: Österreichische Akademie der Wissenschaften, Denkschrift der Gesamtakademie, Band 13, Wien 1996.

Jentzsch, J. (Hrsg.), *Kleine Enzyklopädie Technik,* Thun/Frankfurt a. M. 1985.

Junker, H., *Bericht über die Grabungen auf dem Friedhof von Giza,* in: Österreichische Akademie der Wissenschaften, 12 Bd., Nr. 69-75, Wien 1929-55.

Kemp, J. K., *Ancient Egypt, Anatomy of a Civilization,* London 1991.

Klemm, R. & Klemm, D. D., *Herkunftsbestimmung altägyptischen Steinmaterials,* in: Studien zur Altägyptischen Kultur (SAK) 7, Hamburg 1979.

Klemm, R. & Klemm, D. D., *Steine und Steinbrüche im Alten Ägypten,* Berlin 1993.

Koch, K., *Erwägungen zu den Vorstellungen über Seelen und Geister in den Pyramidentexten,* in: SAK 11, 1884.

Krauss, R., *Astronomie in den Pyramidentexten,* in G.R.A.L. 1, Berlin 1995.

Lauer, J. Ph., *Das Geheimnis der Pyramiden,* München 1980.

Lehner, M., *The development of the Giza necropolis: the Khufu Projekt,* in: MDAIK 41, 1985.

Lehner, M., *The ARCE Sphinx Project. A Preliminary Report,* in: American Research Center in Egypt, Newsletter 112, 1980.

Lexikon der Ägyptologie, Wiesbaden 1975.

Lucas, A., *Ancient Egyptian Materials and Industries,* London 1962.

Maragioglio, V., Rinaldi, C.A., *L'Architettura delle Piramidi Menfiti,* Bd. 1-8, Turin/Rapallo 1963-1977.

Mendelsohn, K., *Das Rätsel der Pyramiden,* Bergisch Gladbach 1974.

Moores, R. G. Jr., *Evidence for Use of a Stone-Cutting Drag Saw by the Fourth Dynasty Egyptians,* in: JARCE 28, Boston 1991.

Müller, H. W., *Der Gute Gott Radjedef, Sohn des Re,* in: SAK 91, 1994.

Nyquist, G., *Die Gesteinsarten und ihr Einfluß auf die Wahl der Diamantwerkzeuge,* in: Industrial Diamond Review, Heft 2, 1968.

Ottoson, L., *Entwicklung von Diamantwerkzeugen für die Steinindustrie,* Vortrag auf der Skandinavischen Steintagung am 2. und 3. Oktober 1967 in Göteborg.
Perring, J. S., *The Pyramids of Giseh,* London 1839-1842.
Petrie, W. M. Fl., *Medum,* London 1888.
Petrie, W. M. Fl., *A Season in Egypt,* 1888.
Petrie, W. M. Fl., *The Pyramids and Temples of Gizeh,* London 1883.
Petrie, W. M. Fl., *Tools and Weapons,* London 1917.
Polder, E., *Klimaanlage für Cheops-Pyramide,* in: Bessere Umwelt, 2/3 1993.
Porter, B./Moss, R. L. B., *Topographical Bibliography of Ancient Egyptian Hieroglyphic Texts, Reliefs and Paintings,* 7 Bände Oxford 1927/52, 1960.
Rehork, J. (Hrsg.), *Enzyclopädie der Archäologie,* Augsburg 1990.
Reisner, G.A., *A History of the Giza Necropolis,* 2 Bde. I: London 1942; II: mit W. St. Smith, Cambridge 1955.
Rieth, A., *Zur Technik des Bohrens im Alten Ägypten,* in: Mitteilungen des Institutes für Orientforschung, Band 6, Berlin 1958.
Röder, J., *Zur Steinbruchgeschichte des Rosengranits von Aswan,* in: Jahrbuch des Deutschen Archäologischen Instituts (Archäologischer Anzeiger), Berlin 1965.
Ruffert, G., *Diamantwerkzeuge als Hilfsmittel bei Bauwerksanierungen,* in: Industrie Diamanten Rundschau, Heft 1, 1979.
Saleh, M., *König Cheops' Geheimnissen auf der Spur,* in: Die Welt 14. 3. 1987.
Sasse, T., *Der Schacht des Cheops,* in: G.R.A.L. 5, Berlin 1993.
Schaffmann, C., *Geheimnisse, hütet euch vor den Robotern,* in: Berliner Zeitung, Magazin am Wochenende, 12./13. November 1994.
Schlott, A., *Schrift und Schreiber im Alten Reich,* München 1989.
Sitchin, Z., *Stufen zum Kosmos,* München 1989.
Schüssler, K., *Die ägyptischen Pyramiden,* Köln 1992.
Sollner, Chr., *In Abusir stimmt etwas nicht,* in: Däniken, E. v. (Hrsg.), *Fremde aus dem All – Kosmische Spuren: Neue Funde, Entdeckungen und Phänomene,* München 1995.

Stadelmann, R., *Die großen Pyramiden von Giza,* Graz 1990.
Stadelmann, R., *Die ägyptischen Pyramiden,* Mainz 1991.
Stadelmann/Alexanian/Ernst/Heindl/Raue, *Pyramiden und Nekropole des Snofru in Dahschur.* Dritter Vorbericht über die Grabungen des DAI in Dahschur, in: MDAIK 49, 1993.
Stadelmann, R./Gantenbrink, R., *Die sogenannten Luftkanäle der Cheopspyramide,* in: MDAIK 50, 1994.
Thome, K. (Hrsg.), *Die Technik im Leben von heute,* Mannheim/Leipzig/Wien/Zürich 1986.
Tönshoff, H. K. und Schulze, R., *Einfluß des Kühlmittels bei der Bearbeitung von Hartgestein,* in: Industrie Diamanten Rundschau, Heft 1, 1980.
Tompkins, P., *Cheops,* München 1973.
Tworuschka, M. & U., *Religionen der Welt,* München 1996.
Vyse, H., *Operations carried out on the Pyramids of Gizeh,* 3 Bde., London 1840-1842.
Wildung, D., *Pharaomarkt,* in: Frankfurter Allgemeine Zeitung, 5.8.1993
Wolf, W., *Die Welt der Ägypter,* Stuttgart o. J.
Yoshimura, S./Tonouchi, S./Nakagawa, T./Seki, K., *Non-Destructive Pyramid Investigation* (1), in: Studies in Egyptian Culture Nr. 6. Tokyo 1987; (2) ohne Seki, in: Studies in Egyptian Culture Nr. 8, Tokyo 1988.

CAPITAINE NEMO

LES AVENTURES DU JEUNE JULES VERNE

2 – LE PHARE MAUDIT

Traduit de l'espagnol
par Vanessa Canavesi

POCKET JEUNESSE
PKJ·

Titre original :
Las aventuras del joven
Jules Verne :
El faro maldito

Loi n° 49956 du 16 juillet 1949 sur les publications destinées à la jeunesse : novembre 2016.

Un projet de Cuca Canals

ISBN : 978-2-266-26544-7
Dépôt légal : novembre 2016

LES AVENTURIERS DU XXIe SIÈCLE

JULES VERNE

Âgé de onze ans, c'est un garçon très intelligent et extraordinairement imaginatif. Sa curiosité n'a pas de limites ! Il passe son temps à ébaucher des engins futuristes (comme un véhicule pour descendre au fond de la mer ou une machine qui détecte la présence des fantômes). Il est persuadé qu'un jour ses inventions seront très utiles !

HUAN

D'origine asiatique, Huan a un an de plus que son camarade de classe et meilleur ami Jules. Doté d'un grand sens de l'humour, il fait tout le temps des gaffes. Il adore jouer des tours, en particulier à ses professeurs. Même s'il s'efforce de ne pas le montrer, c'est le plus peureux du groupe.

LES AVENTURIERS DU XXIe SIÈCLE

CAROLINE

À treize ans, la cousine de Jules est une jeune fille intelligente et jolie. Elle sait prendre des décisions dans l'urgence. Passer du temps avec Jules et ses amis la change de sa vie à la maison !

MARIE

À onze ans, Marie s'inquiète toujours pour les autres. Elle ne cache pas qu'elle aurait préféré être un garçon, parce qu'« ils peuvent faire tout ce qu'ils veulent ». Elle est agile, rêveuse et pleine d'imagination. D'ailleurs, elle est convaincue que si les adultes en avaient un peu plus, le monde fonctionnerait bien mieux !

PROLOGUE DU CAPITAINE NEMO

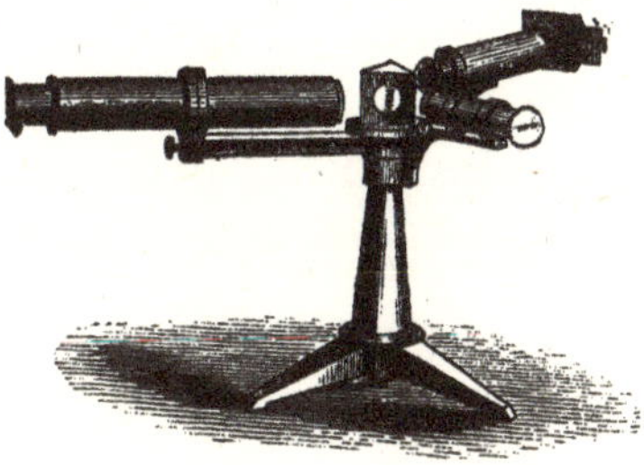

Nantes, hiver 1840

Avec beaucoup de précaution, Jules sortit de son sac un surprenant animal que Huan, son voisin de pupitre, regarda avec fascination. C'était une de ces créatures mécaniques dont Jules avait le secret. Il avait d'abord fabriqué un oiseau, puis un lézard, et ensuite un bourdon. À croire qu'il faisait exprès de choisir des animaux de plus en plus petits pour montrer son habileté ! Huan aurait parié que le prochain serait une mouche ou un moustique, mais il s'était trompé : ce que son ami tenait dans la paume de sa main était une sorte d'araignée construite avec le mécanisme d'une montre à gousset et des fils de fer en guise de pattes. Bien qu'en métal argenté, elle paraissait réelle.

Jules la remonta et la posa par terre pour la faire courir entre les deux rangées de pupitres. Certains élèves ricanèrent avant de faire un clin d'œil à Jules. D'autres bondirent sur leur chaise au moment où elle passait près d'eux.

Malheureusement, le jeune inventeur n'avait pas prévu que le mécanisme de l'araignée lui permettrait d'aller aussi loin : le faux animal s'arrêta aux pieds du professeur, qui écrivait au tableau. Claude Mathieu se retourna, ouvrit la bouche pour commencer son explication… et posa les yeux sur la créature. Il sursauta et poussa un cri. Toute la classe partit d'un grand rire.

M. Mathieu – qui était aussi le directeur du collège – détestait qu'on chahute en classe. Il piétina l'araignée jusqu'à ce qu'elle ne soit plus qu'un amas de métal aplati sur le sol.

Puis il se dirigea droit vers le pupitre de Jules, des éclairs dans le regard. Comme les élèves, le professeur savait bien qui était le créateur de cette araignée. Et celui-ci méritait une punition.

D'abord, il lui reprocherait sa conduite inacceptable, puis il l'expulserait en le menaçant de convoquer ses parents.

Une seconde découverte, cependant, empêcha la scène habituelle de se dérouler. Quand il ne fut plus qu'à un pas de Jules, M. Mathieu aperçut une boîte en bois sous la chaise du garçon.

— Peut-on savoir ce que c'est, Verne ? Une autre de vos inventions diaboliques ? Mettez-la sur votre bureau, que je puisse la voir !

Jules obéit. Pendant ce temps, un petit groupe d'élèves se forma dans le dos du professeur. Eux aussi voulaient voir la nouvelle création de leur camarade.

Il s'agissait, comme l'expliqua Jules à son professeur, d'un bureau portatif. Il comportait un tableau noir miniature à l'intérieur du couvercle, un espace pour écrire, des compartiments pour l'encre, la plume et les craies, et même un tiroir où ranger livres et cahiers. Un véritable pupitre-cartable.

— Il me sert à ordonner mon matériel de classe, c'est pourquoi je l'ai appelé « ordinateur personnel », compléta le garçon.

Le professeur ne savait que répondre. Ce qu'il avait face à lui était un mini-secrétaire très bien pensé, digne d'un élève appliqué. Jules profita de la confusion de M. Mathieu pour se lancer dans une de ses prédictions :

— C'est très pratique ! Dans quelque temps, tout le monde en aura un. Mais les ordinateurs du futur seront bien plus performants, car à la place du tableau noir, il y aura une toile transparente où seront projetées des images amplifiées des données contenues dans le tiroir. Elles seront codées et prendront très peu de place, on pourra donc les stocker en grande quantité.

Les camarades de Jules se retenaient difficilement de rire, pouffant derrière leur main.

— Une toile transparente pour projeter des images ? Des données codées ? Mais qu'est-ce que vous baragouinez ? Ces théories scientifiques extravagantes vous ont fait perdre la raison, Verne. À moins que vous ne vous moquiez de moi ?

N'y tenant plus, les élèves s'esclaffèrent.

— À vos places ! vociféra le professeur. Et vous, Verne, quand les cours seront finis, montez dans mon bureau avec votre « ordinateur » !

BUREAU PORTATIF

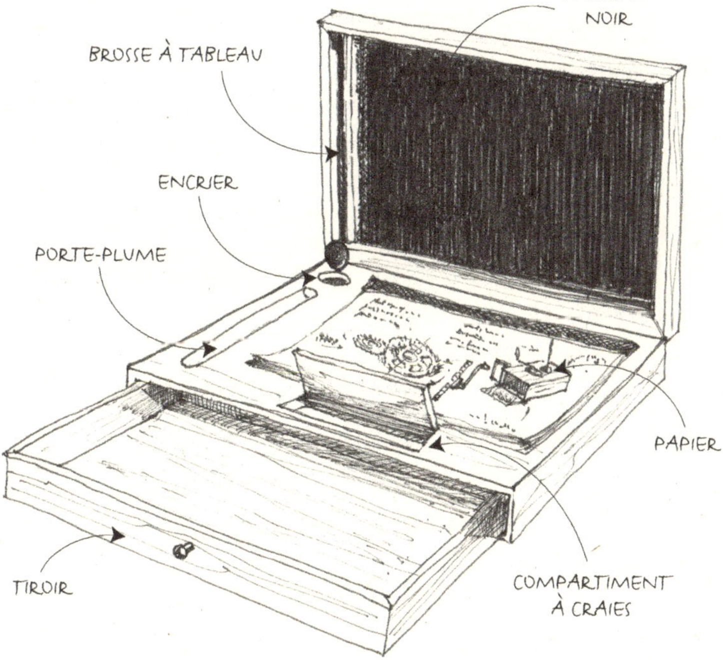

— J'en ai plus qu'assez de vos idées insensées et de votre mauvaise conduite !

Le directeur s'était dressé au moment où Jules avait franchi la porte de son bureau. Tout en lui trahissait la haine qu'à cet instant – et comme d'habitude – il nourrissait envers le garçon : le ton véhément de sa voix, la lueur furieuse dans ses yeux exorbités, les gestes brusques de ses mains, ou encore la façon qu'il avait de pencher son corps en avant.

— Ce n'est pas le futur qui devrait vous intéresser, poursuivit-il, mais le présent. Votre présent justement, c'est ce collège et moi. Je sais que vous aimeriez que je vous expulse, mais je ne vous ferai pas ce plaisir. C'est un combat entre vous et moi, et je le gagnerai, vous m'entendez ? Je vais vous ôter de la tête ces idées absurdes et révolutionnaires !

La furie du directeur augmentait. Il contourna le bureau et attrapa Jules par le col.

— Vous me faites mal…

— Ce n'est rien en comparaison de ce que je ferai si vous ne changez pas de comportement.

La main serra Jules de plus belle ; le garçon avait du mal à respirer. Il ne savait que faire : se débattre à coups de pied et de poing, ou attendre que la main relâche son étreinte ?

Le directeur finit par lâcher prise.

— Maintenant, sortez ce qu'il y a dans ce petit secrétaire, déposez-le sur mon bureau, et fichez-moi le camp !

Jules s'exécuta à contrecœur. C'était la dernière fois qu'il voyait son « ordinateur personnel », sur lequel il avait travaillé tant d'heures. Mais alors qu'il s'apprêtait à sortir, quelque chose attira son attention. Sur la patère, dans le manteau de M. Mathieu, le manche d'un pistolet dépassait de la poche intérieure... Jules se figea.

— Qu'est-ce que vous avez à rester planté là ? Disparaissez !

Comme chaque jour, Caroline, Huan et Marie attendaient Jules devant la grille du collège. Huan avait rapporté aux filles l'incident de l'araignée et la convocation de Jules chez le directeur. Elles n'étaient pas vraiment rassurées : en plus d'être un professeur tyrannique, M. Mathieu était un homme dangereux et capable de tout, même du pire.

Les quatre amis en avaient fait l'expérience quelques mois plus tôt. Un matin d'automne, ils s'étaient échappés de chez eux pour observer de près la montgolfière qu'on venait d'exposer en ville. Lorsqu'ils étaient montés dans la nacelle,

M. Mathieu et ses acolytes avaient défait les liens de l'aérostat, le laissant s'envoler au beau milieu d'une terrible tempête. Par miracle, ils avaient survécu.

Jules apparut, le visage abattu.

— Il me l'a confisqué !

— Qu'est-ce qu'il t'a confisqué ? Raconte !

Ses amis écoutèrent avec stupeur les détails de son entretien avec le directeur. Certes, Jules était effrayé par ce qu'il avait vu, mais à cet instant, la rage d'avoir perdu son « ordinateur personnel » l'emportait. Les autres étaient surtout choqués d'apprendre que M. Mathieu possédait une arme.

Ils gardèrent le silence quelques instants. Marie fut la première à réagir. L'« ordinateur » n'était pas la dernière invention de Jules ; la veille, ils avaient justement terminé la fabrication d'un objet destiné aux résidents de l'hospice où elle était bénévole. C'est aujourd'hui qu'ils devaient le leur apporter, et elle ne laisserait personne lui gâcher ce plaisir.

Tout comme elle ne permettrait pas que quiconque gâche ce qui seraient peut-être ses derniers mois au collège. Il était fort probable qu'elle doive arrêter l'école à la fin de l'année pour travailler. Elle avait six petits frères et ses parents, modestes artisans, ne gagnaient pas assez pour subvenir aux besoins de la famille.

L'école en soi lui importait peu – bien qu'elle ait de bonnes notes. Ses amis, en revanche, comptaient beaucoup pour elle. Elle avait formé le club des Aventuriers du XXIe siècle avec Jules et Huan. Caroline, la cousine de Jules récemment arrivée de Paris, les avait rejoints depuis. Le but de ce club était simple : améliorer le quotidien des gens, par de petites ou de grandes inventions. Grâce à eux, le monde serait meilleur dans un futur lointain : au XXIe siècle !

Jules ne se laissait pas décourager facilement. Mais sa colère durerait plusieurs heures, et Marie voulait qu'il oublie au plus vite cet incident.

— Peu importe qu'il ait gardé ton pupitre portatif ! On en fabriquera d'autres, autant qu'il nous plaira, et M. Mathieu enragera chaque fois qu'il en verra un. Comparé à toi, cet homme est un être insignifiant.

Et elle planta un baiser sur la joue de Jules, avec un regard en coin à Caroline. Lors de leur première aventure, elle avait vu les cousins se tenir la main sur la plage de l'île perdue et cela lui avait déplu ; elle voulait la rendre jalouse.

— Maintenant, en route vers l'hospice ! On nous attend.

Voilà ce que racontaient les premières pages des cahiers dans lesquels Caroline consigna leur deuxième grande aventure et qu'elle me remit quelque temps plus tard.

Depuis que les quatre aventuriers du XXIe siècle étaient rentrés de cette île perdue au milieu de l'océan Atlantique, mon amitié avec eux s'était renforcée. Nantes était pour moi le point de départ et d'arrivée de chacun de mes voyages à travers le monde. Dans cette ville, me semblait-il, il y avait encore beaucoup à faire contre les sinistres forces qui voulaient freiner le progrès. Une guerre silencieuse à laquelle je me devais de participer.

Jules, Marie, Caroline et Huan, sans l'avoir cherché, se trouvaient au centre de cette guerre. Et ils étaient sur le point de livrer la deuxième bataille – aussi dangereuse que toutes les autres, et cette fois réellement terrifiante.

J'en ai encore des frissons en lisant leur récit.

CAPITAINE NEMO

CHAPITRE 1

UNE CHAISE ANIMÉE. LES VISIONS DU VIEILLARD

Le transport de la nouvelle invention de Jules jusqu'à la Charité Nantaise, l'institution de bienfaisance où travaillait Marie, fit sensation. Les gens s'arrêtaient dans la rue pour observer l'extravagant objet que portaient les deux garçons. On voyait bien qu'il s'agissait d'une chaise, mais pourquoi avait-on ajouté de faux bras humains sur son dossier ?

Jules se sentait gêné : même s'il était fier de sa création, les commentaires des passants étaient moqueurs et parfois cruels.

Huan, en revanche, se montrait aussi prétentieux que s'il avait pensé et construit l'engin lui-même. De temps en temps, il agitait la main pour saluer, comme dans un défilé. Il était sur le point de vanter les qualités de l'appareil quand Jules le fit taire.

— Huan, je t'en prie ! Tu vois bien que la chaise les fait rire… ils riront encore plus s'ils apprennent à quoi elle sert.

Quelques jours plus tôt, Marie avait raconté à ses amis que certains pensionnaires de l'hospice se sentaient très seuls. Les membres de leur famille étaient morts, vivaient loin ou, pire, ne venaient simplement pas les voir. Ils auraient donné n'importe quoi pour une conversation, un repas, ou un après-midi avec leurs petits-enfants. Pour autant, ce qui leur manquait le plus, c'était qu'on les serre dans les bras.

Jules avait aussitôt réfléchi à un moyen de les réconforter. En réalité, tous les quatre y avaient réfléchi, mais la seule idée qu'avaient eue les autres était d'aller leur rendre visite et de passer plus de temps avec eux.

L'esprit de Jules, lui, fonctionnait d'une manière plus complexe.

Il fallait que les résidents aient à leur disposition une machine qui leur permette de ne pas dépendre de la complaisance des visiteurs. Un vrai défi pour lui, qui jusqu'alors n'avait conçu que des objets à l'utilité concrète ; remonter le moral d'une personne était quelque chose de très différent.

Il avait gardé le silence tout l'après-midi. Ses amis ne lui en avaient pas voulu, ils savaient qu'il était en train de réfléchir et que ses élucubrations menaient toujours à la construction d'un engin.

Et il en fut ainsi. Pas cet après-midi-là, mais le suivant. Comme d'habitude, il n'avait rien dit aux filles pendant la récréation, et ne s'était pas non plus livré à Huan. Il avait affiché un sourire énigmatique toute la journée.

Une fois ses amis bien calés sur des caisses dans l'arrière-boutique, Jules avait sorti de son cartable deux feuilles sur lesquelles il avait tracé les plans du « réconforteur », comme il l'avait nommé. C'était une chaise avec deux bras mécaniques. Elle se mettait en route quand on s'asseyait et s'appuyait contre le dossier : les bras se refermaient alors autour de la personne.

RÉCONFORTEUR

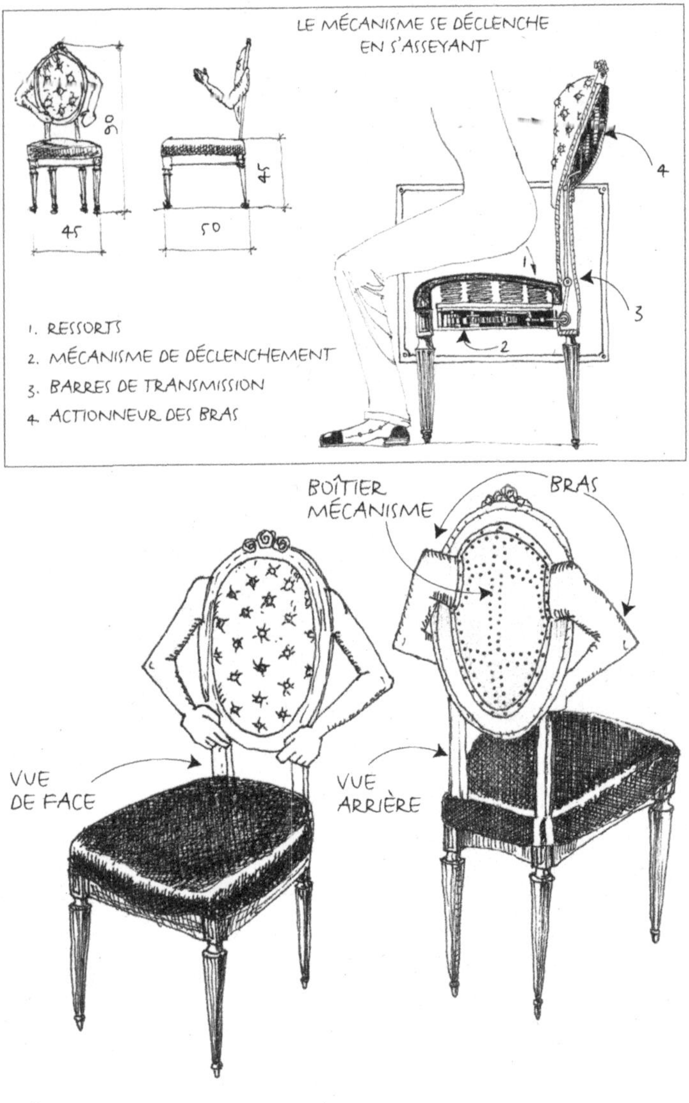

— Je ne veux pas m'asseoir ! cria la vieille femme. J'ai peur !

Et elle avait raison. Quelques instants plus tôt, le premier essai de la chaise s'était révélé un échec total. Un vieillard s'y était assis, plein d'espoir, mais les bras mécaniques l'avaient serré si fort qu'ils avaient failli lui briser les os.

Jules avait dû s'excuser mille fois et prétendre que c'était un défaut sans importance qu'il allait régler sur-le-champ. Tandis qu'il tournait des écrous et détendait des ressorts, Marie, penchée vers lui, murmura :

— On aurait dû faire plus d'essais avant de l'apporter ici. Je me sens coupable.

— Elle avait l'air de fonctionner à la perfection, on ne pouvait pas savoir…, se justifia Jules, même s'il savait que Marie avait raison.

Lui aussi était inquiet que les résidents ne lui fassent plus confiance. Il leur avait déjà fabriqué de nombreux gadgets et tous leur avaient été très utiles, de la fourchette gratte-dos télescopique au remonte-chaussettes qui avait changé la vie de ceux qui ne pouvaient plus se baisser.

Les pensionnaires avaient beaucoup d'admiration pour l'inventeur en herbe et n'auraient jamais imaginé qu'un jour les machines du garçon puissent leur faire du mal. Jules devait très vite regagner leur confiance.

— Vous pouvez vous asseoir, madame, rassura-t-il la vieille femme terrorisée. Les bras vont vous enlacer en douceur. Dès que vous voudrez vous lever, repoussez-les et ils reprendront automatiquement leur position initiale.

Dans la grande salle de la Charité Nantaise, le silence se fit.

Jules était le seul à croire que son appareil fonctionnerait.

Marie se sentait à fleur de peau. Si quelqu'un était blessé, elle ne se le pardonnerait pas. Et il faudrait en plus qu'elle supporte les reproches des résidents chaque fois qu'elle viendrait à l'hospice.

Caroline, elle, s'inquiétait pour Jules : comme toujours, il avait mis tout son cœur dans cette invention. S'il échouait, il douterait sûrement de sa capacité à devenir un grand scientifique. Heureusement, il était rare que ses créations ne fonctionnent pas.

Les pensées de Huan ne ressemblaient en rien à celles de ses amis ni à celles de l'assemblée. Tandis qu'il transportait la chaise dans la rue, son esprit avait échafaudé un plan : il y avait là un filon à exploiter, un filon qui pouvait rapporter gros. Et si le réconforteur était un succès ? Et si le bruit se répandait qu'une telle merveille existait ? Ils pourraient le fabriquer en série, comme cela se faisait déjà beaucoup, et le vendre un bon prix. Ils deviendraient riches et ne retourneraient jamais dans cet affreux collège.

La femme qui avait peur de s'asseoir, une des pensionnaires les plus âgés et les plus en manque d'affection, planta son regard dans celui de Jules. Ainsi, ce garçon soutenait qu'il n'y avait aucun danger ?

— De toute façon, ce ne sont pas de vrais bras, lança-t-elle, ils se fichent de qui est assis là, ils ne ressentent rien…

Caroline s'attendait à une telle critique et avait préparé ses arguments.

— Eux, peut-être, mais nous, nous avons des sentiments. Quand vous serez assise, imaginez que ce sont nos bras qui vous enlacent. C'est exactement pour cela que nous l'avons conçu, expliqua-t-elle avec enthousiasme. Vous pouvez aussi imaginer que ces bras appartiennent à quelqu'un que vous aimez…

Ses paroles firent mouche. La vieille caressa la joue de Caroline et, à la stupéfaction générale, elle s'assit sans sourciller.

Les bras de la chaise se refermèrent très lentement, d'abord rigides comme deux bâtons puis articulés au niveau des coudes, de façon à venir entourer le buste de la vieille dame. Le mouvement était doux, délicat, presque... humain.

La femme se mit à pleurer. Marie poussa un soupir de soulagement.

— À moi, maintenant ! s'exclama un résident.

— Non, à moi ! cria un autre.

— Tu rêves !

La petite vieille n'eut d'autre choix que de se lever. Elle profiterait du réconforteur quand ce serait de nouveau son tour.

Elle alla droit vers Jules et plaqua un baiser baveux et sonore sur sa joue. Marie, qui connaissait bien les baisers de cette dame, observa la mine déconcertée de son ami avec amusement. Puis ce fut au tour des filles de recevoir la même récompense, tandis que Huan s'écartait discrètement. Mais la vieille femme ne le laissa pas s'échapper.

— Oh, qu'il est timide ! Viens là que je t'embrasse, n'aie pas peur !

Le reste de l'après-midi fut consacré à la fête. Malgré leur peu de ressources, les religieuses avaient préparé d'énormes gâteaux. Une façon de remercier les enfants mais aussi de rompre avec la routine quotidienne des résidents.

Les vieillards s'asseyaient chacun leur tour dans la machine pour qu'elle les enlace. L'appareil, en fermant ses bras, fit tomber la part de gâteau de l'un d'eux.

— Tant pis pour toi, tu n'auras pas de goûter ! lui lança un de ses compagnons.

— Ça t'apprendra à vouloir faire plusieurs choses en même temps ! ajouta une vieille femme en ricanant.

« Ils sont plus méchants que des enfants entre eux », songea Caroline. Elle accompagnait une femme très apprêtée à la table du goûter.

— Tu es aussi jolie que moi à ton âge, répétait celle-ci.

Marie, qui espionnait à la dérobée tous les mouvements de Caroline, était surprise de son attitude envers les personnes âgées.

Jules fut d'emblée encerclé par quelques octogénaires qui lui demandèrent comment il avait eu l'idée de la machine et en quoi consistaient exactement les mécanismes qui actionnaient les bras. Ces anciens forgerons, charpentiers et ouvriers avaient passé leur vie dans les outils. Jules était ravi de satisfaire leur curiosité. Un homme lui fit de plus une offre fort intéressante :

— Nous sommes vieux et nous se servons quasiment à rien, mais certains d'entre nous sont toujours habiles de leurs mains ! Si un jour tu as besoin d'aide pour tes machines, tu peux compter sur nous.

Marie, qui s'occupait de distribuer les parts de gâteau et les tasses de chocolat avec les sœurs, remarqua qu'un résident n'avait pas quitté son coin depuis le début. Il tournait le dos aux autres, les bras croisés et le regard rivé au mur.

Elle le connaissait, il venait juste d'arriver à l'hospice ; il était très renfermé et parlait à peine. Elle songea que c'était l'occasion de l'intégrer au groupe et s'approcha de lui. De tous les pensionnaires, c'était peut-être celui qui avait le plus besoin du réconforteur.

— Bonjour, le salua-t-elle. Pourquoi restez-vous tout seul ici ? Vous ne voulez pas goûter ? Venez avec moi, vous pourrez vous asseoir sur la chaise, vous allez l'adorer.

À la grande surprise de Marie, l'homme se recroquevilla sur son siège, porta les mains à son visage et se mit à hurler, épouvanté :

— Non, ne me laissez pas avec lui, il est venu pour moi ! Il me guette jour et nuit ! Pourquoi vous l'avez amené ? Vous êtes comme eux ! Laissez-moi tranquille !

Tout le monde se retourna, stupéfié. Une sœur accourut, mais l'homme était hors de lui.

— Vous êtes des fantômes sortis de l'enfer ! Et vous avez amené cette chaise pour qu'il m'attrape et ne me laisse pas m'échapper ! Vous ne m'aurez pas !

Une autre religieuse arriva et, à elles deux, elles parvinrent à le calmer un peu. Mais il continuait de tenir des propos confus au sujet de spectres qui l'attaquaient à toute heure, d'esprits qui se cachaient derrière chaque porte et surgissaient au moment où il pensait les avoir semés.

— Vous ne me croyez pas, hein ?

Il réclama alors du papier et une plume et dessina de grandes formes allongées aux contours ondulés. Il griffonna le fond de la feuille pour l'assombrir et faire comme si les créatures scintillaient dans l'obscurité.

— Des fantômes ! Elle, c'est ma défunte femme, j'en suis sûr. Elle m'apparaît la nuit…

Ils murmurent toujours quelque chose que je n'entends pas. Leurs voix ne sont pas humaines.

Il était encore tôt quand ils quittèrent la Charité Nantaise. La terreur de cet homme avait mis fin à la fête. Les résidents, pourtant, continuèrent à faire la queue pour s'asseoir dans le réconforteur, sans s'occuper des délires de cet homme taciturne et maussade.

Marie avançait tête basse, contrariée par ce final précipité ; ce vieillard aux hallucinations macabres lui faisait de la peine. Elle frissonna.

Elle aperçut alors, assis sur les marches du perron, un mendiant qu'elle connaissait. La Charité Nantaise, en plus de loger des personnes âgées sans foyer, distribuait de la nourriture aux nécessiteux de la ville. Les religieuses avaient tenté de faire entrer cet homme à l'hospice, mais il disait préférer la liberté de la rue. Il était toujours accompagné d'un autre vagabond au visage brûlé et couvert de cicatrices. Marie fut surprise de ne pas les voir ensemble.

Elle sortit de son sac un des morceaux de tarte que les sœurs lui avaient donnés pour ses frères et l'offrit au mendiant. Elle en profita pour l'interroger sur son compagnon.

— Ça fait un bail que je ne le vois plus, répondit-il. On était inséparables... Mais un matin, quand je me suis réveillé, il ne restait plus que sa couverture. Je n'ai pas de nouvelles depuis. C'est comme s'il avait été enlevé par des esprits.

Les quatre amis s'éloignèrent, mais la mention des êtres surnaturels avait troublé Huan, qui croyait voir dans chaque recoin des silhouettes identiques à celles dessinées par le vieillard de l'hospice.

— Tu crois aux fantômes, Huan ? lui demanda Marie.

— Bien sûr que non ! Mais bon...

Jules et Caroline, impressionnés eux aussi, faisaient semblant de parler normalement.

— Pauvre vieux, disait Caroline. Passer les dernières années de sa vie à imaginer des fantômes...

— Tu es certaine qu'il ne fait que les imaginer ? l'interrogea Jules pour la provoquer.

— Bien sûr ! Les fantômes n'existent pas.

— On n'en sait rien ! Il y a peut-être des phénomènes que la science n'a pas encore expliqués. Cela ne les empêche pas d'être réels. Par exemple, on ne sait encore rien sur l'électricité.

— Ça, c'est la meilleure ! Mon cousin le grand scientifique croit aux spectres ! Et les vampires ? Tu crois aux vampires ? Je me disais, aussi, c'est bizarre que tu sentes l'ail parfois. Est-ce que tu t'en tartines la nuit pour qu'on ne te morde pas ?

Huan et Marie rirent aux éclats, même s'ils n'étaient pas d'accord avec Caroline au sujet de l'existence des fantômes. Huan redevint sérieux :

— Mes parents se racontent des histoires de leur pays natal, le soir, quand je suis couché. Je les ai écoutées en cachette. Elles sont atroces ! Depuis, je ne dors pas très bien. Une fois, je les ai entendus dire que dans un village, il y avait un homme à qui les fantômes avaient arraché une…

— Tais-toi ! l'interrompit Caroline. Ce ne sont rien que des mensonges !

— Oui, n'en dis pas plus, sinon je ne vais plus fermer l'œil non plus, frissonna Marie.

— Et si on demandait au capitaine Nemo ce qu'il en pense ? suggéra la cousine de Jules. Je suis sûre qu'il a les idées claires, lui. Il pourra nous expliquer pourquoi les gens inventent ces histoires ou ont ce genre d'hallucinations.

Tout le monde approuva : le capitaine Nemo était la personne la plus sensée et intelligente qu'ils connaissaient. Comme il leur restait un peu de temps avant le dîner, ils se mirent en route vers le quai où était amarré le *Nautilus*.

CHAPITRE 2

EXPLOSION AU PORT. LES FANTÔMES DU CAPITAINE NEMO

Une drôle d'agitation régnait dans le port. Les gens couraient dans tous les sens et formaient de petits attroupements dans lesquels tout le monde parlait en même temps. Les enfants s'approchèrent pour tenter de comprendre ce qui se passait, mais ce qu'ils entendirent n'avait ni queue ni tête. Au loin, une colonne de fumée s'élevait d'un bateau submergé.

Ils parvinrent au *Nautilus* en fendant la foule, non sans se faire bousculer. Le capitaine Nemo, sur le quai, observait lui aussi l'épaisse fumée noire qui flottait sur la Loire.

— Qu'est-ce qui est arrivé, capitaine ? Pourquoi ce bateau a coulé ?

— Ce n'est déjà plus un bateau, Jules... Seulement un tas de ferraille qui reposera bientôt au fond du fleuve, pour toujours. Avant l'explosion, c'était un merveilleux cargo tout juste sorti de l'arsenal de Liverpool, le fleuron de l'industrie navale.

— Il a explosé ? s'étonna Huan.

— Ce qui a explosé, c'est une bombe très puissante que quelqu'un a placée à l'intérieur, répondit le capitaine Nemo en baissant les yeux.

Les enfants étaient stupéfaits. Une bombe, dans le port de Nantes ?

— Il y a des morts ? s'inquiéta Marie.

— Je ne crois pas. La bombe a explosé dans la salle des machines, qui était déserte. Les moteurs étaient éteints, le bateau avait jeté l'ancre à l'endroit même où vous le voyez qui coule à pic. Les quelques marins qui étaient sur le pont ont été éjectés par le souffle de l'explosion. Ils sont seulement blessés.

— Mais pourquoi s'en prendre à un bateau ?

Caroline n'y comprenait rien, ses amis non plus.

— Ce n'était pas n'importe quel bateau, c'était un des premiers navires à propulsion mécanique, sans voile ni mât.

— Vous croyez que... qu'on l'a détruit pour ça ? hasarda Jules.

— Je n'en doute pas une seconde. Ces nouveaux bateaux sont la preuve que la vapeur peut s'appliquer avec fiabilité à la navigation. Les navires seront bientôt plus rapides, plus gros, plus stables aussi. Un véritable progrès. Il est probable que cela déplaise à certains.

Les quatre amis comprirent tout de suite à qui faisait allusion le capitaine. D'instinct, ils dévisagèrent les curieux qui se pressaient sur le quai. Ce fut Caroline qui l'aperçut en premier, à moitié caché par la foule : Claude Mathieu, le directeur de la Bonne Tradition, leur collège. Il souriait, comme s'il se félicitait de la catastrophe.

Nemo avait suivi le regard de Caroline et le vit à son tour.

— Allons-nous-en, il y a trop de monde ici. J'ai autre chose à vous raconter à propos de l'attaque.

Ils s'éloignèrent. Le capitaine était plongé dans ses pensées, les enfants n'osèrent pas le questionner. Une fois les dernières maisons dépassées, le marin s'assit sur un rocher, face au fleuve. Ils l'imitèrent.

— Ce n'est pas facile de faire exploser un bateau en métal, commença-t-il. Or la bombe l'a déchiré comme du papier. Avec un explosif classique, la charge aurait été beaucoup trop volumineuse pour que personne ne la remarque. Ils ont dû utiliser un explosif extrêmement puissant. En réalité, il n'en existe qu'un seul dans le monde et rares sont ceux qui le connaissent.

— Lequel, capitaine ? demanda Jules, impatient de savoir s'il faisait partie de ceux-là.

— Il n'a peut-être même pas de nom, mais son composant principal est un minéral, le gallium. En as-tu déjà entendu parler ?

— Non, dut admettre Jules.

Il lui restait tant de choses à apprendre, et il en savait si peu comparé au capitaine Nemo !

— C'est un minéral rare, extrait de mines secrètes. Moi-même, qui ai sillonné toutes les mers et visité les continents les plus reculés, je ne sais pas où les mines se trouvent. Quelque part en Afrique ou en Amérique, je suppose. Peut-être plus près.

— C'est inquiétant de savoir qu'un explosif de ce genre peut tomber entre les mains d'individus mal intentionnés, dit Caroline.

— Est-ce qu'ils pourraient faire sauter une ville entière, ou un pays ? interrogea Marie.

— S'ils avaient assez de gallium, oui, mais je ne crois pas que les quantités soient suffisantes dans les mines pour provoquer de telles catastrophes. Jusqu'à maintenant, il n'avait été utilisé que pour détruire un laboratoire et une usine. Je ne veux pas imaginer ce qu'ils en feraient si c'était un minéral abondant.

Le capitaine se tut ; il en avait sûrement trop dit. Il jeta un coup d'œil aux enfants, sans bouger la tête : ils semblaient absorbés dans leurs pensées, le regard perdu sur le fleuve, sans doute en train d'imaginer leur ville dévastée par des hommes à capuche, un heaume doré brodé sur la poitrine.

— Est-ce que les fantômes existent, capitaine ? demanda tout à coup Huan.

Personne n'avait parlé depuis un long moment. Le soleil se couchait, les contours des rochers et des arbres devenaient incertains dans l'obscurité et le garçon recommençait à voir des formes blanchâtres un peu partout.

Pour ses amis, qui avaient oublié l'épisode de l'hospice, cette question ne rimait à rien après l'attentat du port, qui était un événement véritablement terrifiant.

Jules expliqua au capitaine Nemo pourquoi Huan posait cette question et évoqua – d'un ton presque méprisant – le vieillard et ses apparitions.

— Moque-toi ! répliqua Huan. Cet homme allait vraiment mal. Et je me fiche de ce que tu penses, je veux savoir si le capitaine Nemo croit aux fantômes ou non.

— Si je crois aux fantômes..., répéta le capitaine tandis qu'il réfléchissait à sa réponse. Je ne dirais pas que j'y crois. Mais il se trouve qu'un jour j'en ai vu.

Les enfants prirent ses paroles pour une plaisanterie et rirent. Mais le capitaine était sérieux.

— Je ne comprends pas, capitaine.

La dernière chose à laquelle s'attendait Caroline, c'était d'entendre une absurdité pareille de la bouche de cet homme sage et aventurier. Elle continua, fâchée :

— Comment peut-on voir quelque chose en quoi on ne croit pas ? Comment peut-on ne pas croire en quelque chose que l'on a vu ? Vous m'embrouillez, je ne sais même plus ce que je raconte. Expliquez-nous, s'il vous plaît.

Mais le capitaine n'expliqua rien du tout. À la place, il leur raconta une histoire :

— Il y a quelques années, je voguais avec mon navire à quelques encablures de la côte orientale du Groenland, tout au nord. Ce sont des eaux dangereuses sur lesquelles flottent des icebergs détachés des glaciers de l'Arctique. Il est rare de croiser des embarcations par là-bas. Mais un jour, nous sommes tombés nez à nez avec un bateau qui semblait à la dérive. Il changeait de cap à chaque ressac et il n'y avait personne sur le pont, la barre tournait toute seule. Malgré la peinture écaillée, on pouvait encore lire son nom : *Octavius*. Je suis monté à bord avec certains membres de l'équipage et ce que nous avons vu nous a tétanisés : en réalité, le pont était rempli de marins, recroquevillés au sol, congelés. Puis nous sommes descendus dans les cabines. Le capitaine était assis dans la sienne, la tête sur le journal de navigation ouvert sur son bureau. Il semblait endormi, mais il était aussi froid que les autres. La mort l'avait surpris alors qu'il s'apprêtait à noter les événements du jour. Il n'avait eu le temps que d'en inscrire la date : 19 décembre 1762. Si, comme on peut le supposer, le capitaine était mort en même temps que ses matelots, alors l'*Octavius* voguait à la dérive depuis plus d'un demi-siècle.

— Sans personne à bord… je veux dire, personne de vivant, dit Huan.

— Non. Le plus étrange, c'est qu'il n'ait pas percuté un iceberg, ou la côte. Le courant et les vagues finissent toujours par échouer ou briser les coques des bateaux. Celui-là, pourtant, continuait à flotter sur les mêmes eaux qui avaient vu son équipage mourir.

— Comment c'est possible, à votre avis ? Est-ce que quelqu'un le manœuvrait ? demanda Jules.

— Laisse-moi terminer. Un de mes hommes a trouvé un tiroir bourré de doublons d'or dans le bureau du capitaine. Je l'ai autorisé à les prendre, à condition qu'il partage avec les autres. Quand sa main a touché les pièces, nous les avons vus.

— Qui ça ? glapit Huan.

— Je ne saurais pas les décrire. Spectres, fantômes, apparitions… ? Appelez-les comme vous voudrez. Toujours est-il que leurs intentions étaient claires : ils nous attaquaient.

— Et vous vous êtes battus contre eux ? voulut savoir Marie.

— Nous ne nous sommes même pas posé la question ! Nous avons pris la poudre d'escampette et ne nous sommes pas retournés avant d'être revenus sur le *Nautilus*. Ensuite, nous avons navigué le plus loin possible de ce bateau. Mon équipage et moi-même n'en avons jamais reparlé depuis. C'est la première fois que je raconte cette histoire.

CHAPITRE 3

LE PHARE ABANDONNÉ. NUIT DE CAUCHEMAR

Caroline était contrariée. Elle était persuadée que le capitaine Nemo, que tout le monde respectait, mettrait fin à cette dispute stupide sur l'existence des fantômes. Les fantômes étaient l'affaire d'esprits superstitieux, voilà tout. Ni le capitaine, ni Jules, en tant qu'hommes de science en avance sur leur temps, ne pouvaient croire aux spectres malfaiteurs. Quelle idée !

Mais le capitaine Nemo n'avait pas fini, et ce qu'il dit ne plut pas davantage à Caroline :

— Peut-être avez-vous déjà entendu parler du vieux phare, plus bas sur la Loire, après le village de Paimbœuf ?

— Je ne savais pas qu'il y avait des phares dans les terres, remarqua Jules.

— Là-bas, le fleuve s'ouvre sur un grand estuaire, où l'eau douce se mélange à l'eau salée. C'est comme être sur la mer, on voit à peine la rive opposée. On y a donc érigé un phare pour les navires qui s'engagent dans le canal en direction de Nantes. Mais cela fait des décennies qu'il ne fonctionne plus, depuis qu'un étrange bateau s'y est échoué… Les autorités ont prétendu qu'il désorientait les marins plus qu'il ne les guidait et l'ont fermé. On raconte qu'aujourd'hui il est hanté par un fantôme.

— Un fantôme ? s'exclama Huan.

— C'est ce qu'on dit. Le phare serait maudit et, pour une raison obscure, le fantôme serait condamné à rester là-bas. Des témoins ont affirmé l'avoir vu et il paraît que certaines nuits, la lanterne s'allume. Ce ne sont sans doute que des commérages, mais le fait est que personne n'ose s'en approcher depuis longtemps.

Caroline ne voulait pas en entendre davantage. Assez de spectres en une journée.

— Il est tard ! lança-t-elle. Je vais me faire gronder.

Les enfants saluèrent le capitaine. La brume était tombée et les silhouettes des rares curieux qui s'attardaient formaient des taches sombres dans le port.

Les quatre amis s'enfoncèrent dans les rues désertes de la ville. Ils seraient en retard pour le dîner, mais, hormis Caroline, ce n'était pas ce qui les inquiétait le plus.

La jeune fille observait ses amis en cachette, amusée. L'attitude de Jules la laissait perplexe. Pas étonnant que Huan et Marie jettent de petits coups d'œil alentour comme s'ils étaient poursuivis ; ils avaient beau dire, ils croyaient dur comme fer aux fantômes. Et avec toutes les histoires qu'ils avaient entendues aujourd'hui, ils devaient sentir le souffle des spectres sur leur nuque. Mais pourquoi Jules marchait-il les épaules affaissées, l'air effrayé ?

— Ouuuh..., murmura-t-elle.

Les trois autres sursautèrent ; elle s'esclaffa.

— Très drôle ! ironisa Marie.

Huan était sans voix et Jules ne parvenait même pas à sourire.

— Tu parles d'aventuriers ! On est rien que des poules mouillées ! dit Caroline. Enfin, *vous* l'êtes. Allez, à demain, et faites attention à ne pas vous faire dévorer par un fantôme, j'en ai vu un au coin de la rue.

Elle rentra chez elle au pas de course. Les trois amis la perdirent aussitôt de vue, mais ils pouvaient encore entendre ses éclats de rire dans la brume.

Jules, Huan et Marie se saluèrent à leur tour et chacun partit de son côté.

Jules, encore troublé par la plaisanterie de Caroline, arriva chez lui transi et épuisé.

Le garçon se boucha les oreilles pour ne pas entendre les terribles hurlements des spectres sur ses talons. Il courait sans chaussures et les cailloux se plantaient dans la plante de ses pieds nus.

La dernière fois qu'il avait regardé derrière lui, les fantômes étaient à plus de cinq mètres ; soudain, une main au bout d'un bras sans fin lui frôla l'épaule. Une autre balaya l'air au-dessus de sa tête.

Il examina les alentours à la recherche d'un abri. En contrebas, il repéra une usine en brique sombre. Il y descendit, referma la porte branlante et s'y appuya de tout son poids. Mais les spectres, de l'autre côté, parvenaient à glisser leurs doigts dans les interstices. Il reprit sa course et gravit un escalier métallique. Une faible lueur dans le hangar lui indiquait que les esprits n'étaient pas loin. Il arriva sur la terrasse et se rendit compte qu'il n'y avait pas d'issue. Si les fantômes montaient jusque-là, il était fichu. Trop tard. En quelques secondes, ils envahirent l'espace, formant un cercle autour de lui. L'un d'eux l'attrapa par le col, comme l'avait fait M. Mathieu dans son bureau. Jules était si épuisé qu'il se débattait à peine. Dans un moment de lucidité, il hurla à son adversaire qu'il n'était pas réel, qu'il n'était qu'une création de son esprit. Mais le spectre partit d'un rire moqueur et resserra son étreinte. Jules voulut crier, cette fois pour demander pardon, mais aucun son ne sortit de sa gorge nouée. Les autres créatures refermèrent leurs mains sur lui et le suspendirent au-dessus du vide.

Il se réveilla juste avant de percuter le sol. Son cœur battait à tout rompre, il était en sueur. Il eut du mal à se défaire des images de son cauchemar ; c'était comme si les spectres rôdaient dans sa chambre. Il pouvait presque les voir.

Il jeta un œil à la fenêtre. Il faisait déjà jour.

— Debout, Jules, ordonna sa mère en entrant avec des vêtements propres. Tu vas être en retard au collège.

CHAPITRE 4

CURIOSITÉ SCIENTIFIQUE. UNE CHUTE QUI TOMBE À PIC

Huan, les mains dans les poches, flânait dans la cour du collège, seul. Aussi seul qu'il l'avait été pendant les premières heures de cours. Jules ne s'était pas montré ce matin-là ; son ami était inquict. Il songeait à M. Mathieu et à son pistolet.

— Et Jules, il est privé de récré ? demanda Caroline quand Marie et elle sortirent à leur tour dans la cour.

— Il n'est pas venu.

— Lui, absent ?

Marie ne pouvait pas y croire.

— Est-ce qu'il est malade ?

— Qu'est-ce que j'en sais ? s'emporta Huan.

Les filles ne lui en demandèrent pas plus ; de toute évidence, il était inquiet. Elles, contrairement à Huan, éprouvaient le besoin de parler.

— Hier, quand on s'est quittés, il allait bien…

— Et s'il avait eu l'intention de ne pas venir, il nous l'aurait dit…

— Ce n'était sûrement pas prévu…

— J'espère qu'il ne lui est rien arrivé…

— Taisez-vous ! explosa Huan. Pourquoi vous voulez qu'il lui soit arrivé quelque chose ? Il a dû prendre froid, c'est tout. Moi j'ai éternué plusieurs fois pendant le dîner !

Pourtant, Jules ne manquait jamais les cours. Il n'apprenait rien qu'il ne sache déjà par ses propres études et il faisait mille choses au lieu d'écouter le professeur, mais si par hasard une leçon lui apportait une connaissance nouvelle, il était là pour la prendre en note. Un jour où il avait de la fièvre, un professeur avait dû le traîner hors de la classe et le ramener chez lui de force. Aussi, soit Jules avait une bonne raison, soit il s'était passé quelque chose de grave.

— J'avais M. Mathieu ce matin et il n'a fait cours qu'une demi-heure, dit Caroline. Bizarre, comme coïncidence, non ?

— Taisez-vous, je vous en supplie.

Ils en auraient presque pleuré, tous les trois.

— Qu'est-ce que c'est que ces têtes d'enterrement ? Quelqu'un est mort ?

Le garçon qu'ils croyaient assassiné se tenait devant eux, son cartable plus lourd qu'à l'accoutumée. Les filles lui sautèrent au cou et Huan lui donna une tape un peu brutale sur l'épaule.

— Aïe ! Mais qu'est-ce qui vous prend ?

— Tu es sain et sauf !

— Oui. Et alors ?

— M. Mathieu ne t'a pas tiré dessus ? lança Huan bille en tête.

— Oh, vous croyiez que… Non, il ne m'a pas tiré dessus, mais il m'a fait bien peur. Je suis arrivé par l'entrée de derrière et au moment où je passais, j'ai vu son visage par la fenêtre. Il est toujours là, à nous espionner… ça fait froid dans le dos ! C'est lui, le véritable fantôme, pas ceux du vieux de l'hospice.

— Alors il est déjà au courant pour ton retard, comprit Marie. Il va te punir, Jules.

— Non ! En me voyant, il est descendu aussi sec pour me passer un savon. Mais mon cartable l'a intrigué et il m'a demandé ce que je transportais de si lourd.

— Et on peut savoir ce que c'est ?

— Des manuels sur les fantômes. Malheureusement, j'ai dû les lui montrer.

— Et tu dis qu'il ne va pas te punir ? s'étonna Marie.

La frayeur précédente étant passée, elle plaisanta :

— Te punir, peut-être pas, mais te tirer dessus, ça oui. Qu'est-ce qu'il a dit ?

— C'est le plus curieux : il m'a seulement demandé pourquoi je trimballais ces livres. Je lui ai raconté que j'avais entendu parler de l'histoire du fantôme du phare, que je n'y croyais pas et que je voulais en savoir plus sur les esprits. Il a murmuré : « Le phare, hein ? » Et il m'a ordonné de rejoindre la cour, rien de plus.

— Et d'où tu sors ces bouquins ? Je ne savais pas qu'il existait des manuels sur les fantômes, commenta Marie.

— Quelle perte de temps, écrire des livres sur des choses qui n'existent pas ! s'exclama Caroline.

Le cauchemar de Jules n'avait fait qu'accroître son intérêt pour les apparitions. En se levant, il avait décidé de passer par la bibliothèque municipale avant d'aller au collège pour y consulter les ouvrages scientifiques sur le sujet.

Et il y en avait beaucoup. Tellement qu'il n'avait pas eu le temps de tous les lire et qu'il avait dû en emprunter. Jules s'était concentré sur les théories écrites par des physiciens. L'une d'elles, entre autres, prétendait qu'un être vivant, en mourant, dégageait un champ électromagnétique si fort qu'il en devenait visible à l'œil nu. C'était sans doute ce cumul d'énergie qui demeurait ensuite dans l'atmosphère.

Pourquoi ne pas essayer de « capter » cette énergie ? À peine sorti de la bibliothèque, Jules avait eu une idée. À genoux sous un porche, à l'abri de la pluie qui menaçait, il s'était mis à tracer des esquisses sur un cahier.

Il était si absorbé qu'il n'avait pas remarqué une présence à ses côtés.

— Qu'est-ce que tu gribouilles avec tant d'empressement, mon garçon ? lui avait demandé l'agent de police, une main sur son épaule. Tes devoirs de classe ? Laisse-moi voir.

Jules s'était relevé d'un bond, faisant tomber son cahier.

— Euh… oui, ce sont des devoirs, avait-il bredouillé, encore apeuré.

Puis il avait ramassé son cahier et avait détalé.

— Au revoir, monsieur l'agent, je suis en retard !

M. Mathieu, professeur de morale et de bonne conduite, prononçait son habituel discours contre le progrès et ses funestes conséquences sur la société. Mais ce jour-là, il fut encore plus radical :

— Même la superstition, cette croyance populaire qui veut qu'une force invisible – comme les esprits – porte chance ou malchance, est plus respectable que la foi aveugle en la science.

Ses mots s'adressaient avant tout à Jules, qu'il ne quittait pas des yeux. Huan tenta de le prévenir, mais son ami était si concentré sur ce qu'il faisait qu'il ne l'entendit pas. Il avait repris ses dessins commencés plus tôt sous le porche.

Le professeur remarqua son manque d'attention et s'avança jusqu'à son pupitre sans cesser de parler.

Huan essaya une nouvelle fois d'avertir son camarade : prenant son courage à deux mains, il fit tomber son crayon, se pencha pour le ramasser… et finit à plat ventre au milieu du couloir, empêchant M. Mathieu de passer.

Le professeur n'était pas dupe : Huan l'avait fait exprès. Cependant, il songea qu'une telle accusation serait ridicule, puisque le garçon feignait de s'être blessé au genou. Il préféra se moquer de lui :

— Vous n'êtes même pas capable de tenir assis sur une chaise sans vous casser la figure, Shian ?

Les élèves s'esclaffèrent ; ils avaient désormais de quoi se payer sa tête pour la journée. Mais grâce à lui, Jules, qui avait eu le temps de ranger ses croquis, l'avait échappé belle.

CHAPITRE 5

PORTRAITS DE FANTÔMES

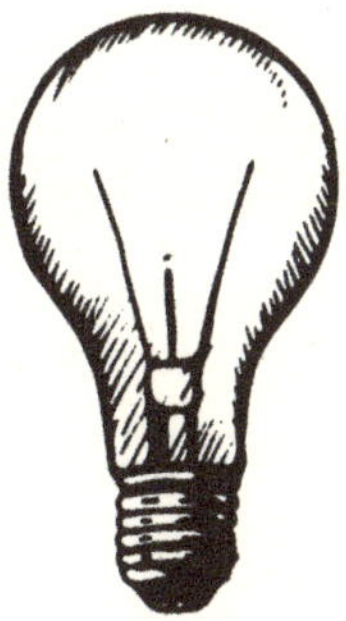

L'après-midi, dans l'arrière-boutique de M. Shian, Marie et Caroline regardaient avec curiosité Jules tracer les dernières lignes de sa nouvelle invention. À quoi cette machine pourrait-elle bien servir ? Elles n'en avaient jamais vu de pareille. La seule chose qu'elles reconnaissaient dans ce dessin, c'était une boîte rectangulaire.

— Ça y est ! s'exclama Jules, triomphant, quand il eut terminé.

— Maintenant, explique-nous ce que c'est, dit Marie.

— Facile : c'est un appareil à reproduire l'image des fantômes.

Caroline soupira.

— Ça suffit, avec cette histoire ! Je croyais que les Aventuriers du XXIe siècle s'occupaient d'améliorer la vie des autres. Pas qu'ils perdaient leur temps avec des bêtises !

Marie, elle, était intriguée. Si Jules avait décidé de construire cette machine, c'est qu'il avait de bonnes raisons. Il ne perdait jamais son temps.

— Comment ça fonctionne ? demanda-t-elle.

Jules n'eut pas le temps de répondre ; la porte s'ouvrit à la volée et une silhouette blanche informe apparut. Marie et Caroline poussèrent un hurlement.

Jules, en revanche, rit aux éclats :

— Pour quelqu'un qui ne croit pas aux fantômes, tu me parais bien effrayée.

Puis il se dirigea vers la silhouette restée sur le seuil et souleva le drap sous lequel se cachaient Huan et le plateau du goûter.

Les deux garçons avaient bien réussi leur coup.

— C'est pour ça que vous souriez depuis qu'on est sortis du collège…, comprit Caroline, rouge comme une tomate. Bon, explique-nous à quoi sert cette satanée machine pendant qu'on goûte.

Jules avait eu l'idée de cet appareil lors d'un orage. Pour capter les éclairs, pure énergie électrique libérée par les nuages, on avait conçu quelques années auparavant le paratonnerre. Par conséquent, si les fantômes étaient une quelconque forme d'énergie, on devait pouvoir les capter, ou du moins enregistrer leur présence par un moyen physique.

Enregistrer leur présence lui paraissait plus faisable que les attraper. Récemment, un homme avait inventé le « daguerréotype », sorte de boîte terminée par un orifice. On ôtait quelques instants le bouchon de l'objectif pour reproduire une image sur une plaque recouverte d'une pellicule sensible à la lumière, placée à l'opposé de la boîte. Daguerre, l'inventeur, avait réussi à obtenir des images d'objets et de paysages.

— Mais il nous faut quelque chose en plus : un système qui attire les fantômes et se déclenche quand il perçoit de l'énergie. Ainsi, on pourra les « photo-grapher », expliqua Jules.

— Photo... quoi ? Qu'est-ce que tu as dit ?

— Photo-grapher. C'est un mot que j'ai inventé. Il est formé de deux mots grecs qui signifient « lumière » et « écrire ». Autrement dit, « écrire avec de la lumière ». Je veux reproduire l'image des fantômes grâce à la lueur qu'ils émettent.

— S'ils existent, souligna Caroline.

— Ouuuh, se moqua à nouveau Marie en sautant dans son dos par surprise.

Caroline frissonna malgré elle et finit par s'avouer vaincue :

— Oh, quand vous avez une idée en tête ! D'accord, finissons-en avec cette machine à peindre les fantômes ou je ne sais pas comment tu l'appelles, bougonna-t-elle. Allons tirer le portrait aux esprits.

Jules commença par dresser la liste du matériel dont ils avaient besoin. Elle était plutôt longue et certains objets – comme les verres de lunettes – ne seraient pas faciles à trouver.

Naturellement, ils comptaient sur M. Shian, qui n'avait jamais refusé de leur fournir le nécessaire pour leurs inventions. Mais les choses avaient changé depuis la construction du réconforteur, pour lequel Huan avait pris une chaise très chère sans demander la permission.

— Ton père a raison, Huan. Je crois qu'on abuse de sa générosité, dit Marie.

— Mais non ! C'est juste qu'il préfère être tenu au courant des stocks. Cette chaise faisait partie d'un lot de six qu'il avait déjà vendu et il a dû en commander une autre en urgence. La cliente attend toujours.

— On aurait pu utiliser une chaise ordinaire, rappela Jules. Ça n'avait pas d'importance.

— Ça en avait pour les personnes âgées ! Elles la trouvent super confortable, répliqua Marie.

— Alors, comment on va faire ? demanda Caroline.

— Ne vous inquiétez pas, je parlerai à mon père ce soir. Laisse-moi la liste, Jules.

— Tiens. Mais ne lui demande pas la manivelle ni les lunettes…

Puis il ajouta en souriant :

— … ma famille aussi doit apporter sa contribution à cette… machine à peindre des fantômes !

CHAPITRE 6

IL FAUT TERMINER L'APPAREIL À PHOTO-GRAPHER. DANS LA TOMBE DE LA TORTUE

Du mardi – jour où Jules avait parlé de son projet d'appareil à « photo-grapher » les fantômes jusqu'au vendredi, les Aventuriers du XXIe siècle ne cessèrent de travailler dans l'arrière-boutique.

M. Shian n'avait finalement pas rechigné à leur fournir le matériel que Huan avait demandé. Jules avait quant à lui fouillé sa maison jusqu'à mettre la main sur de vieilles paires de lunettes dont ses parents ne se servaient plus. Il avait comparé les verres et choisi ceux qui feraient le meilleur objectif pour l'appareil.

Personne ne comprenait pourquoi Jules était si pressé de terminer son invention. Sans doute l'anxiété propre à la création.

Mais il n'y avait pas que cela. Le vendredi au collège, à la fin de la récréation, Jules s'arrêta dans un couloir et déclara :

— Il faut à tout prix finir l'appareil cet après-midi. Demain, on ira au phare vérifier s'il y a bien un fantôme. On passera la nuit sur place et on reviendra dimanche.

— J'en étais sûre ! s'écria Caroline, qui commençait à bien connaître son cousin.

— Je ne sais pas si je pourrai venir, se lamenta Marie. J'ai promis aux sœurs que j'irais les aider dimanche, l'une d'entre elles est malade.

— Tu veux vraiment aller au phare ? s'exclama Huan.

— Ne parle pas si fort, murmura Caroline.

Elle avait cru apercevoir une tête à l'angle du couloir. Peut-être que quelqu'un les écoutait en cachette.

Ce n'était pas la première fois qu'ils se sentaient épiés cette semaine, depuis que M. Mathieu avait attrapé Jules à son retour de la bibliothèque.

On entendit alors des bruits de pas et un crayon tomber sur le sol. Était-ce un élève qui courait parce qu'il était en retard, ou… ?

— Mieux vaut se parler à la sortie, trancha Jules.

Le couloir était désert depuis un bon moment ; ils filèrent dans leur salle de classe.

Cet après-midi-là, ils n'avaient pas beaucoup parlé. Juste assez pour convenir d'un rendez-vous le lendemain et se mettre d'accord sur l'excuse à donner à leurs parents.

— On n'a qu'à dire que la prof de sciences nous emmène en excursion pour observer la faune et la flore du fleuve, suggéra Caroline.

— Parfait !

Ils avaient passé beaucoup de temps à travailler, et l'appareil était quasiment prêt. Ne manquait plus que la manivelle pour activer le capteur d'énergie spectrale. Jules savait où en trouver une ; ou plutôt, il comptait sur celle du moulin à café de ses parents. Il terminerait l'assemblage de la machine dans sa chambre.

— Bonne chance, les amis, les salua Marie.

Elle avait donné sa parole à l'hospice et décidé de s'y tenir. Pendant que ses camarades partiraient à la chasse aux esprits, elle servirait à manger aux pauvres.

— Même si je ne sais pas trop si c'est une chance de croiser des fantômes…

— Ne t'en fais pas, on passera le bonjour de ta part à tous les fantômes qu'on croise, dit Caroline.

Mais elle regretta ses paroles dans la seconde. Elle donnait l'impression de se moquer de l'absence de Marie, alors que ce n'était pas le cas. Elle tenta de se rattraper :

— Je plaisante. On ne va voir aucun fantôme et on va s'ennuyer à mourir. Toi, au moins, tu feras quelque chose qui en vaut la peine.

— Salut ! lança brusquement Marie avant de partir en courant.

Jules et Huan regardèrent Caroline avec désapprobation. Elle hocha la tête, comme pour reconnaître sa faute.

— J'espère qu'elle ne l'a pas mal pris…

Une fois chez lui, Jules descendit dans l'arrière-cour. Il avait réussi à récupérer la manivelle du moulin à café après une incursion dans la cuisine puis l'avait fixée à l'appareil en deux temps, trois mouvements.

SPECTROGRAPHE

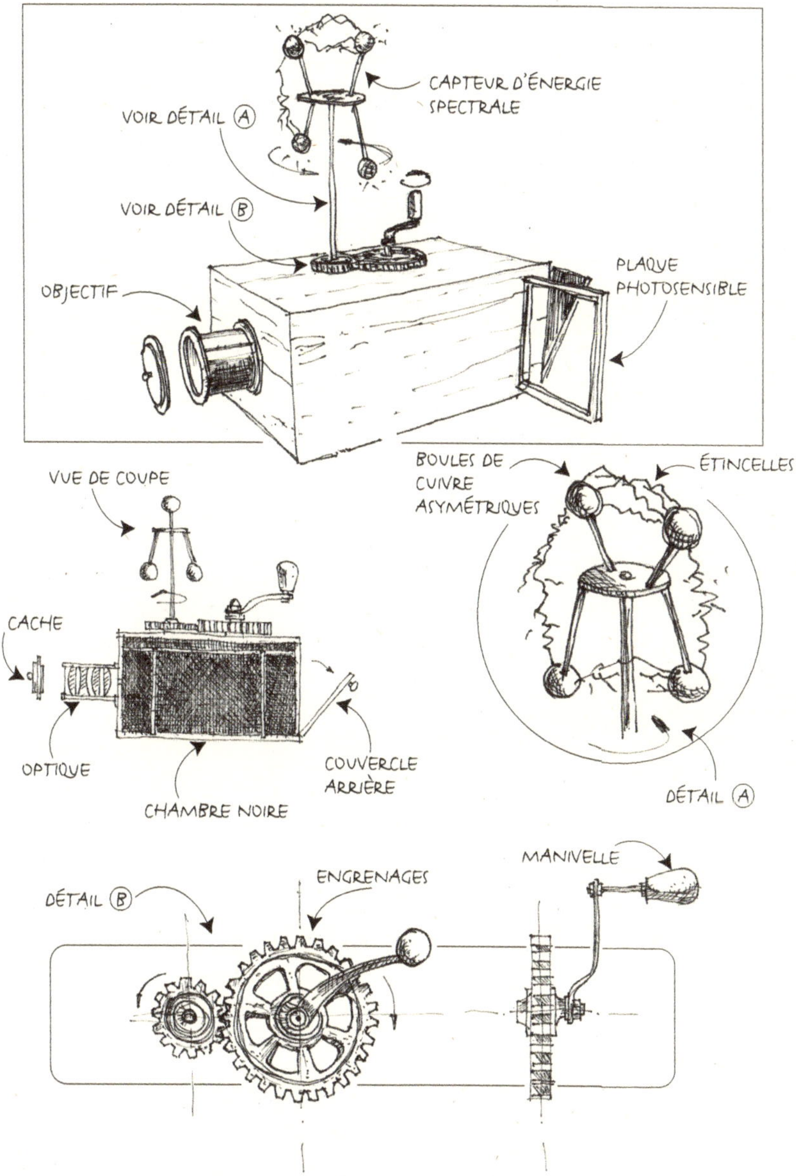

C'est dans la cour qu'était enterré l'animal de compagnie de son frère. La pauvre tortue avait perdu la vie dans le vol raté de la montgolfière que Jules avait construite quelques mois auparavant. Si tous les êtres vivants libéraient une quantité d'énergie en mourant, peut-être l'énergie de la tortue était-elle encore là et son appareil pourrait-il la capter ?

Il actionna la manivelle à toute vitesse et attendit que les boules de cuivre le préviennent de la présence du spectre de l'animal.

Il ne s'était pas rendu compte, cependant, qu'il n'était pas le seul à être descendu dans la cour. En le voyant sortir, son frère, Paul, et sa petite soeur, Anna, l'avaient suivi à pas de loup. Ils se tenaient derrière lui, scrutant l'étrange machine.

— Qu'est-ce que tu fais ? demanda la petite Anna.

— Quoi ! sursauta Jules.

— Ha ha ! Je ne te savais pas aussi peureux, se moqua son frère. Qu'est-ce que c'est, ce truc ?

— Rien d'intéressant. Rentrez à la maison.

— Non, répliqua Anna. Dis-nous ce que tu fais !

— Je teste un mécanisme, voilà tout. Si vous voulez rester, ne m'interrompez pas.

Jules donna un autre tour de manivelle, plus fort encore. Soudain, les boules lancèrent des étincelles ; il retira le cache de l'objectif quelques secondes.

Mais Anna avait pris peur et se mit à crier.

— Maman, maman !

— Anna ! entendit-on répondre au loin.

Jules savait que sa mère descendrait sur-le-champ. Heureusement, il avait eu le temps de placer la plaque sensible à la lumière au moment où les étincelles avaient jailli.

Sa mère apparut dans la cour et Anna courut dans ses jupons. La femme n'eut qu'à poser les yeux sur son fils pour que Jules commence à se justifier :

— J'étais en train de faire une expérience…

— Je le vois bien, dit sa mère. Ce n'est pas là qu'est enterrée la tortue de ton frère ?

— Si. En vérité, cet appareil est capable de capter l'image des morts, ce que les gens appellent « esprits » ou « fantômes ». Moi, je crois que ce n'est qu'un phénomène naturel, une énergie qui…

— Ça suffit, Jules. Les fantômes n'existent pas, ne fais pas peur à ton frère et ta sœur. Ramasse ton attirail et emporte-le dans ta chambre.

Jules s'exécuta sous le regard sévère de sa mère et devant l'expression étonnée de Paul. Anna, en entendant parler de fantômes, avait enfoui la tête dans les jupes de leur mère.

— Une minute ! Est-ce que c'est la manivelle de notre moulin ?

— Euh, oui… j'en avais besoin pour l'engrenage.

— Retire-la immédiatement et remets-la à sa place. Et sache que je compte parler de tout cela à ton père.

— Non, s'il te plaît ! Il va me punir et je ne pourrai pas partir en excursion ce week-end ! C'est important pour mes cours…

Sa mère l'observa. Certes, il méritait une correction, mais il en avait beaucoup reçu ces derniers temps. Elle eut pitié de lui.

— C'est bon, je ne dirai rien. Donne-moi cet engin ; je vais le jeter à la poubelle.

Tout le monde rentra à la maison. Jules, étrangement, ne protesta pas. En réalité, il comptait le récupérer dès que sa famille serait au lit. Et il piquerait à nouveau la manivelle du moulin.

Il s'exécuta, après avoir fait les cent pas dans sa chambre pour ne pas s'endormir. Quand il put enfin retirer la plaque photosensible de l'appareil, il éprouva une déception : on distinguait vaguement la terre de la cour, mais aucune trace de forme lumineuse.

« C'était une toute petite tortue, elle n'a pas dû libérer beaucoup d'énergie », se consola-t-il.

CHAPITRE 7

PAYSAGE TÉNÉBREUX. UN CAVALIER PASSE

Le prétexte de l'excursion avait fonctionné : même Caroline avait obtenu l'autorisation de ses parents. Ainsi, le samedi matin, Huan, Jules et Caroline se retrouvèrent sur un des ponts du fleuve. Ils le traverseraient et longeraient l'autre rive en direction de la mer. Le phare se dressait à une vingtaine de kilomètres de là.

C'était un jour sombre, les nuages bouchaient complètement le ciel. La ville, sur la rive opposée, formait une masse grise de laquelle dépassaient les clochers des églises. Le fleuve, avec cette faible luminosité, perdait toute transparence et ressemblait à un grand serpent qui ondulait.

Comme ils ne connaissaient pas le chemin, ils songèrent que le mieux était de suivre la berge. De petits sentiers boueux fendaient parfois la végétation. Sur la gauche s'étendaient des champs qui n'avaient pas encore vu sortir les premières pousses de ce qui avait été semé. Sur la terre fraîchement labourée, brune et humide, on distinguait à peine les limites entre les différentes propriétés. Ils ne croisèrent pas un seul paysan.

Au passage des enfants, les grenouilles croassaient et les rats d'eau plongeaient la tête la première dans le fleuve.

— D'où vient ce bruit ? demanda Caroline.

Jules le savait, mais il haussa les épaules sans répondre.

— Sûrement les grenouilles, elles prennent peur et sautent dans l'eau, supposa Huan.

Dans le ciel, des rapaces solitaires semblaient immobiles, les ailes déployées ; ils les surveillaient comme depuis une tour de guet. Pas un oiseau ne voletait alentour.

— Pourquoi il n'y a pas de bateaux sur le fleuve ? demanda Huan au bout de deux heures.

— La mer doit être agitée et ils ont dû rester à quai, répondit Jules.

— L'orage approche, remarqua Caroline.

Ils s'étaient arrêtés un moment pour se reposer. Chacun portait dans son sac à dos de la nourriture et une couverture. Jules, en plus, transportait l'appareil qu'il voulait tester au phare.

Ils ne savaient pas combien de temps durerait le trajet, c'est pourquoi ils avaient décidé de ne faire que des pauses courtes et strictement nécessaires.

— Je grignoterais bien quelque chose, protesta Huan. Je me sentirais mieux. Depuis ce matin, j'ai l'impression de voyager dans un monde de ténèbres où des êtres mystérieux nous observent. Pas vous ?

— Si ça se trouve, on n'a pas besoin d'aller jusqu'au phare pour tester l'appareil à peindre les fantômes. Il y en a plein autour de nous ! Jules, fais tourner la manivelle, plaisanta Caroline.

Au fond, pourtant, elle avait la même sensation que Huan.

— Continuons, répondit simplement Jules.

Ils n'avaient aucun moyen de savoir l'heure qu'il était, mais midi avait dû sonner depuis longtemps lorsqu'ils aperçurent, au loin, les premiers toits de Paimbœuf.

Peu après, le sentier déboucha sur une route qui menait sans doute au village. Ils la suivirent en partie, heureux de fouler la terre ferme. Ils s'en écartèrent une centaine de mètres avant Paimbœuf et s'engagèrent sur un autre sentier qui faisait le tour de la ville.

— C'est désert, commenta Huan.

En effet, ils ne croisèrent personne, ni sur la route, ni sur le chemin. Un chien qui avait dû les flairer se mit à aboyer. On aurait dit qu'il donnait l'alerte, mais personne ne vint le faire taire, ni voir ce qui se passait. Les aboiements se transformèrent alors en hurlements de désespoir. Ou de peur.

Ce cri, de plus en plus aigu, les accompagna bien après Paimbœuf. Par chance, le sentier qu'ils parcouraient continuait de longer le fleuve.

— Le gardien du phare doit emprunter ce chemin pour faire ses courses au village, supposa Jules.

— Déjà, il n'y a plus de gardien, et ensuite, les fantômes ne mangent pas, lui rappela Caroline. Peut-être se nourrissent-ils des âmes des enfants intrépides qui osent les déranger.

Huan lui jeta un regard noir : il n'avait aucune envie de plaisanter. La marche au bord du fleuve, le paysage désertique et le hurlement interminable du chien l'avaient rendu inquiet.

— Vous entendez ce bruit de galop ? On est poursuivis ! s'exclama-t-il.

— Je n'entends rien, déclara Caroline.

— Si, je l'entends aussi, confirma Jules.

Le trio, tournant la tête, aperçut un cheval noir monté par un cavalier à l'accoutrement tout aussi sombre qui approchait à vive allure.

Huan se cacha dans la végétation. Jules et Caroline s'écartèrent, mais ils restèrent sur le sentier pour saluer l'inconnu.

— S'il s'arrête, pas un mot sur le phare, d'accord ? dit Jules à sa cousine. Nous sommes seulement des randonneurs à la recherche d'un lieu pour camper.

Mais le cavalier ne fit pas ralentir son cheval, au contraire, il l'éperonna quand il fut à leur hauteur. Il ne leur jeta même pas un regard. Eux, en revanche, firent bien attention à cette sorte de tourbillon que formait le cavalier sur l'animal. La peau du cheval brillait de sueur ; il avait dû courir des kilomètres. Ses yeux étaient exorbités et sa langue sortait de sa bouche, comme s'il s'était emballé. Le cavalier portait une longue cape dont l'étoffe ondulait à cause de la vitesse ;

on ne voyait pas son visage, masqué par une sorte de turban qui ne laissait apparaître que ses yeux.

Il s'éloigna dans la direction qu'ils suivaient. Une fois le bruit des sabots disparu, le silence se fit plus profond encore.

— C'était le fantôme qui rentrait dans son repaire..., prophétisa Huan en sortant de sa cachette.

Caroline n'eut pas le courage de le contredire. Jules resta silencieux. Lui, si peu superstitieux, avait un mauvais pressentiment.

Il se remit en route, Caroline sur ses talons. Huan hésita, regardant tour à tour ses amis et le chemin vers Nantes. S'il proposait de faire demi-tour, il passerait pour un lâche... De plus, que deviendrait le club des Aventuriers du XXIe siècle si Jules et Caroline allaient seuls au phare ?

— Attendez-moi ! cria-t-il.

Ce ne fut pas l'unique apparition du cavalier masqué cet après-midi-là. Quelques kilomètres plus loin, tandis qu'ils gardaient à l'esprit son passage effréné, ils le virent s'avancer vers eux dans une chevauchée encore plus sauvage que la précédente.

Cette fois, le cavalier les vit. Son regard était pénétrant comme un coup d'épée.

— On dirait qu'il revient du phare…

— Au moins, si c'était le fantôme, on sait qu'il n'est plus là-bas, observa Huan.

— Vous avez vu ses yeux ?… murmura Caroline.

CHAPITRE 8

LES RENFORTS ARRIVENT. DANS L'ANTRE DU SPECTRE

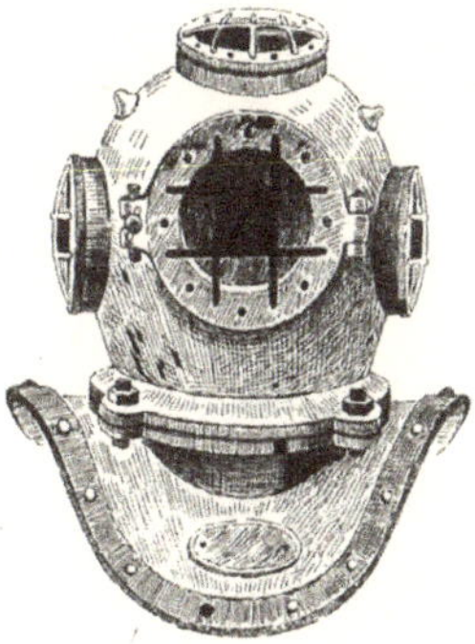

Le capitaine avait bien décrit les lieux. Dans l'estuaire, le fleuve était aussi large qu'un lac, et dans la faible lumière de ce jour orageux on n'apercevait pas l'autre rive. Une odeur d'eau salée flottait dans l'air.

Le phare, aux murs décrépis et moisis, se hissait sur un monticule rocheux à l'entrée du canal. Pour l'atteindre, il fallait traverser un pont de singe délabré dont les planches étaient à demi rongées par l'humidité.

Un bateau était échoué au pied du bâtiment. C'était celui dont leur avait parlé le capitaine Nemo, un voilier vermoulu du siècle passé dont les deux mâts gardaient encore des lambeaux de voile. Tout dans ce décor donnait la chair de poule.

— On va y aller chacun notre tour, en prenant garde à ne poser qu'un seul pied par planche pour répartir notre poids, indiqua Jules.

— À vos ordres, chef ! s'exclama Caroline avec un salut militaire. Je suis volontaire pour passer la première !

— Non, j'y vais en premier, la contredit son cousin. Je suis le plus lourd et le plus chargé. Si le pont s'écroule, au moins vous serez du bon côté de la rive. Tu ne sais toujours pas nager, Huan ?

— Non. Faisons comme tu dis.

Jules s'avança avec précaution sur le pont, posant un pied, puis l'autre sur les planches de bois qui craquèrent et ployèrent sous son poids. Par endroits certaines manquaient : il devait faire de grandes enjambées.

À leur tour, Caroline et Huan reproduisirent les mêmes gestes, bien que Huan, plus petit, ait du mal à allonger les jambes aussi loin que ses amis.

À la moitié du pont, Jules atteignit un trou plus large.

— Attention !

Il fit une grande enjambée pour passer sur la planche suivante et tendit la main à Caroline. La jeune fille traversa sans difficulté. Une fois de l'autre côté, elle encouragea Huan :

— Il va falloir que tu sautes, mais si la planche tombe, nous te rattraperons.

Huan réfléchit longuement. Ce trou lui semblait soudain un gouffre dans lequel il serait précipité si le bois cédait.

Cela n'arriva pas, mais ce fut tout juste, et Jules et Caroline retinrent leur ami, au cas où.

— Faisons demi-tour, s'il vous plaît, les supplia Huan. On ne va pas arriver vivants au phare ! Le pont est encore long et l'eau est de plus en plus profonde.

— Bien sûr qu'on va y arriver, Huan. Ne t'inquiète pas, on est là.

Quand elle commençait quelque chose, Caroline allait jusqu'au bout. Hors de question de renoncer si près du but. Et elle savait que ce serait désormais à elle de soutenir Huan : Jules, comme sur l'île perdue, penserait que ses projets mettaient en péril ses amis mais ne dirait rien.

Il mourait d'envie de tester son appareil et le ferait coûte que coûte, même seul.

— Marchez sur les côtés, le bois a l'air plus résistant, conseilla-t-il en évitant le regard de Huan.

Aucune planche ne cassa et ils parvinrent au pied du phare en sueur mais satisfaits. Le pire était sans doute derrière eux – s'il était vrai que les fantômes n'existaient pas.

Un escalier en pierres serpentait à flanc de colline jusqu'à la porte du bâtiment. Arrivés en haut, ils firent une halte.

— Et si on mangeait quelque chose ? proposa Huan. Ma mère a rempli mon sac de nourriture, je crois qu'il y en a assez pour trois.

— C'est pour ça que la planche a craqué quand tu as sauté ! se moqua Caroline. Mangeons ce que tu as apporté. Au retour, tu bondiras sur le pont comme une sauterelle.

Mme Shian, excellente cuisinière, les surprenait toujours avec les délicieux goûters qu'elle leur apportait dans l'arrière-boutique.

Mais ils étaient loin d'imaginer les trésors que Huan sortit de son sac : du poisson pané croustillant qui fondait dans la bouche, de la charcuterie aux épices, une salade aux mille ingrédients, du riz, et des biscuits au miel pour le dessert.

Jules, tout en mangeant, observait le phare pour essayer d'en calculer la hauteur.

Soudain, une silhouette apparut à contre-jour. Le trio de randonneurs poussa un cri tonitruant.

— Enfin ! C'est pas trop tôt !

Ils avaient reconnu la personne qui parlait, mais la frayeur leur cloua le bec.

— Je vous ai fait peur, on dirait.

— Toi ! s'exclamèrent les trois amis de concert.

— Moi, en chair et en os. Si tu ne me crois pas, mets en route ton appareil, Jules, comme ça vous serez sûrs que ce n'est pas mon esprit qui vous parle, dit Marie en riant.

Elle s'était bien rendue à la Charité Nantaise, mais les sœurs n'avaient finalement pas besoin d'elle. Malheureusement, aucun don n'était parvenu à l'hospice ces derniers jours, il restait tout juste de quoi nourrir les résidents. Marie avait donc couru jusqu'au phare dans l'espoir d'arriver à temps pour l'expérience de Jules. Elle était passée par la route, ce qui expliquait son avance sur eux.

— Je ne voulais pas vous effrayer. Ou peut-être un peu, dit-elle à l'intention de Caroline.

— Un peu plus et tu aurais pu faire l'expérience toi-même avec nos cadavres ! répliqua celle-ci. Comme j'ai eu peur !

Mais elle souriait : c'était sa manière de lui faire comprendre qu'elles étaient quittes.

Ils lui demandèrent si elle avait croisé un homme à cheval, mais elle n'avait rien vu ; elle avait contemplé le fleuve de l'autre côté et n'avait pas bougé jusqu'au moment où elle avait entendu leurs voix.

— Quel festin ! Il en reste pour moi ? Je n'ai rien mangé de la journée.

La porte du phare était fermée à clé. Ils tentèrent de l'enfoncer chacun leur tour puis tous ensemble, mais elle résista.

— Je m'en occupe. Cette porte ne sait pas encore à qui elle a affaire, fanfaronna Huan.

Il sortit un petit couteau de sa poche et glissa la pointe dans la serrure. Ils entendirent un bruit métallique, mais la porte ne s'ouvrit pas. Huan râla et se baissa pour continuer sa manœuvre, l'œil au niveau de la serrure. Il essaya de placer la lame du couteau vers le haut, vers le bas et sur les côtés, mais rien n'y fit. Il la tourna encore et encore, et on entendit finalement un craquement. Ce n'était pas le verrou, mais la lame qui s'était brisée.

Les autres regardèrent le couteau avec désolation. Huan, de rage, fit mine de le jeter à l'eau.

— Attends ! l'arrêta Jules.

Il avait repéré, à côté de la porte, une petite plaque métallique où était gravée l'année de construction du phare. Il demanda son couteau à Huan et la dévissa.

— Qu'est-ce que tu vas faire de cette plaque ? Un souvenir ?

Jules ne répondit pas. Il se servit de la plaque pour faire levier entre le mur et la serrure. Il dut s'y reprendre à trois fois, mais il parvint à faire sauter le verrou.

— Où tu as appris à faire ça ? s'étonna Caroline. Non, je préfère ne pas le savoir. Il n'y a que les voleurs qui savent ce genre de choses.

— Les voleurs et les scientifiques, mademoiselle.

— Les scientifiques voleurs, tu veux dire.

— Je peux garder la plaque ? intervint Huan. C'est un bien meilleur passe-partout que mon couteau.

Ils pénétrèrent enfin dans le phare.

La pièce était circulaire, avec une cheminée, un lit, une table de chevet et un garde-manger. Au centre se trouvait une table à tiroirs sur laquelle reposaient des livres et des coupures de journaux. Pas d'armoire, seulement des cintres pendus à des clous et un vieux coffre.

— Il y a des braises dans la cheminée, fit observer Marie.

Tous l'avaient remarqué et étaient parvenus à la même conclusion : quelqu'un vivait là.

— Les fantômes n'ont pas froid et n'ont pas besoin de cuire leurs aliments, pas vrai ? déduisit Huan pour se rassurer.

Ils s'approchèrent de la table. Les livres parlaient tous d'un même thème : l'assassinat. Les coupures de journaux relataient la disparition d'enfants.

— Je n'aime pas du tout ça, dit Huan. Peu importe qui vit ici, ou quoi, c'est un être malveillant. On ferait mieux de s'en aller.

— Oui, allons-nous-en…, approuva Marie. On trouvera un autre endroit pour dormir.

— Une minute ! Essayons d'abord l'appareil, on partira tout de suite après.

Jules déposa la boîte sur la table. Il commença à actionner la manivelle tandis que ses amis regardaient alentour avec inquiétude.

Soudain, ils entendirent du bruit au niveau supérieur ; Jules s'immobilisa.

Ils levèrent la tête : le haut de l'escalier en colimaçon disparaissait dans les ténèbres.

— J'ai vu une ombre ! s'écria Marie. Sur le mur !

— Un fantôme ! conclut Huan.

— C'est la peur qui vous fait voir des choses, dit Caroline. Gardons notre calme.

Plus facile à dire qu'à faire : un énorme livre vint s'abattre sur eux. Ils s'écartèrent juste à temps. L'ouvrage se fracassa au sol, à l'endroit même où se tenait Caroline un instant plus tôt. Il s'ouvrit en tombant et une enveloppe s'en échappa.

Jules la ramassa, en sortit une feuille et lut les quelques mots écrits en lettres capitales : YEUX VERTS, NEZ EN TROMPETTE, UN MÈTRE ET DEMI, MAIGRELET.

En dessous était dessinée une croix latine.

— Je suis certaine d'avoir déjà vu cette écriture, commenta Marie.

Mais ce n'était pas le plus effrayant. La description correspondait en tout point à celle de Jules. Il mesurait un mètre cinquante, avait les yeux verts et le nez pointu, et il était mince. Pas de doute, c'est à lui que le mystérieux message faisait allusion. Et, grâce aux encyclopédies, tous connaissaient la signification de cette croix : dans les biographies, on la plaçait juste après le nom, devant l'année de décès du personnage. Une condamnation à mort.

Le garçon ne pouvait détacher son regard du papier, incapable d'assimiler ce qu'il venait de lire. Caroline et Marie étaient au bord des larmes.

Huan, lui, leva les yeux vers le palier supérieur. Il ouvrit la bouche pour crier, mais aucun son n'en sortit. Il leva alors un bras pour désigner quelque chose. Les autres regardèrent dans la direction qu'il indiquait, mais il n'y avait rien.

— Là, j'ai vu une ombre, je vous assure ! finit-il par s'exclamer.

Les bruits reprirent.

CHAPITRE 9

TOUS AU BATEAU ! TOUS À LA CALE !

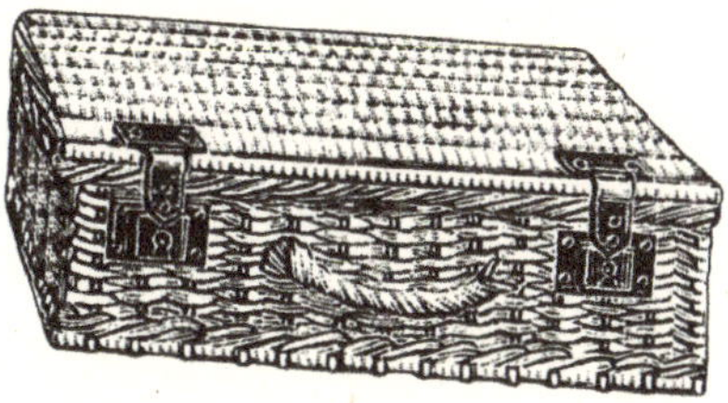

Jules n'avait pas protesté quand les autres – Caroline comprise – l'avaient supplié de déguerpir. À cet instant, après avoir lu le papier, il n'était plus en mesure de réfléchir ni de donner une explication sensée aux bruits et aux ombres.

Ils dévalèrent la pente en direction inverse. Mais il n'y avait plus de pont. Dans l'estuaire, la marée montait autant que dans l'océan et elle l'avait englouti.

Huan était hors de lui. Jamais il ne les laisserait le traîner à la nage jusqu'à la rive. Il faudrait attendre que la marée descende, c'est-à-dire plusieurs heures. Et ces heures pouvaient se révéler très difficiles, à en juger par le ciel, plus sombre que jamais, et le vent froid qui s'était levé. De grosses vagues, aussi fortes que celles qui frappent la côte, secouaient le fleuve.

Jules regarda autour de lui : les premiers éclairs illuminaient le ciel et la pluie commençait à tomber. Ils devaient trouver un abri. Il posa à nouveau les yeux sur la porte du phare, restée ouverte.

— Non, pas le phare, Jules, dit Caroline comme si elle lisait dans ses pensées.

Il ne restait qu'un seul endroit pour s'abriter : le voilier échoué, qui avec la marée flottait désormais à quelques mètres du monticule. Quelques rochers affleuraient à la surface de l'eau.

— Montons sur le bateau, proposa le garçon. On ne sait pas combien de temps va durer cet orage et on ne peut pas rester immobiles sous la pluie, on mourrait de froid ! Vous croyez que vous pouvez sauter de rocher en rocher ?

— Oui ! affirma Marie. Je passe devant.

— Attends d'abord que tout le monde soit d'accord.

Que Marie en soit capable ne signifiait pas que les autres le soient aussi.

— Allez, on a fait pire sur l'île perdue ! C'est l'aventure, oui ou non ?

Les paroles de la jeune fille les revigorèrent un peu ; mais Huan hésitait toujours : il avait trop peur de l'eau.

— Dans le bateau, on sera plus loin du fantôme, Huan, déclara Caroline avec conviction.

Marie passa la première, pour que les autres observent où elle mettait les pieds. Elle sautait avec une assurance déconcertante. Arrivée au bateau, elle grimpa sur le pont.

Huan titubait avant chaque saut. La peur le rendait maladroit… et c'est en retombant sur le plus gros rocher qu'il trébucha. Caroline, derrière lui, bondit pour le retenir, mais ils manquèrent de finir à l'eau tous les deux. Le garçon tremblait comme une feuille. Caroline le serra contre elle et Huan se sentit rougir.

— Tout va bien ? leur demanda Jules en les voyant enlacés, en équilibre sur le rocher.

Lui fermait la marche.

Huan avait désormais à affronter le saut le plus difficile. Le rocher sur lequel il devait atterrir était minuscule et ne servait que d'appui pour bondir sur le suivant.

— Ne réfléchis pas, Huan, lui conseilla Caroline. Regarde où tu dois poser les pieds puis concentre-toi sur les rochers suivants !

Huan réussit à enchaîner les sauts sans problème. Marie l'aida à grimper sur le bateau, l'enlaçant à son tour.

Par chance, ils trouvèrent une grande bâche sous laquelle s'abriter de l'orage et des fantômes. Mais cette sensation ne dura pas longtemps : le mot trouvé dans l'enveloppe leur revint à l'esprit.

— Quelqu'un veut ta peau, Jules, dit Marie. Mais il devra tous nous tuer d'abord, parce qu'on va te défendre.

Sa voix tremblait.

— Merci, Marie, je le sais.

Jules aussi avait la voix chevrotante. Il voulut masquer sa terreur.

— Brrr, ce que j'ai froid !

— Tu vas voir comme ça va te passer, annonça Marie avant de se mettre à le chatouiller.

Caroline, jalouse de cette intimité, chatouilla Huan. Ils avaient toujours aussi froid, mais ils riaient.

Collés les uns contre les autres, ils attendaient que la pluie cesse en parlant de tout et de rien pour masquer les bruits inquiétants qui les entouraient.

Les lambeaux de voile claquaient furieusement contre les mâts, le vent gémissait comme un torturé en s'infiltrant entre les planches et le clapotis de l'eau contre la coque leur semblait autant de mains qui montaient à bord pour les attraper.

Chaque fois qu'un éclair zébrait le ciel, ils croyaient apercevoir des formes fugaces. Huan paniqua.

— Il y a quelque chose sur le bateau !

— C'est à cause des éclairs que nous voyons des ombres, voulut le rassurer Jules. Moi aussi, je les vois.

— Non, pas des ombres ! Un corps lumineux, insista Huan.

Mais les autres ne voyaient rien.

— Le revoilà ! cria-t-il au bout de quelques minutes.

À son cri s'unirent ceux des trois autres, car cette fois il y avait bien une silhouette étincelante devant eux.

Bien que terrorisé, Jules réagit en véritable scientifique. Il visa l'étrange lumière avec son appareil et actionna la manivelle. Les boules de cuivre crachèrent des étincelles, il retira le cache de l'objectif. La silhouette s'évanouit l'instant d'après.

— Dans quelques minutes, nous saurons quel genre de fantôme rôde dans ce phare, déclara Jules après avoir rebouché l'objectif.

— Pas besoin d'en voir plus ! s'emporta Huan. C'était un fantôme ! Allons-nous-en !

Mais comme personne ne bougeait, le garçon resta assis et se rapprocha encore de ses amis.

Jules sortit la plaque et l'observa. Au milieu, on distinguait une tache lumineuse. L'aventure du capitaine Nemo était donc bien vraie, comme toutes ces histoires monstrueuses que les gens racontent au coin du feu la nuit. Les fantômes existaient.

— Un autre ! Au secours ! s'écria Marie.

Un éclair illumina le pont et ils purent voir le visage du fantôme. Un visage lisse et brillant, dépourvu de traits. Il fonçait droit sur eux en flottant.

— Vite, dans la cale ! hurla Caroline.

CHAPITRE 10

SQUELETTES ENCHAÎNÉS. À LA BELLE ÉTOILE

Descendre dans la cale fut comme descendre en enfer. Un enfer où croupissait déjà un groupe de condamnés : quand Jules craqua une allumette, des squelettes apparurent.

— Encore des fantômes…, gémit Huan avant de s'effondrer sur le sol, les jambes en coton.

Il rampa le plus loin possible des ossements. Les autres aussi reculèrent, sans pouvoir détacher leurs yeux de cette abomination.

— Ce sont les passagers du bateau ? se demanda Jules à voix haute quand il put enfin parler.

On voyait encore les fers qui enserraient leurs poignets et leurs chevilles. Ils n'étaient pas très longs : les condamnés devaient avoir les mains et les pieds presque joints. Malgré le temps qui avait dû s'écouler depuis leur mort, ils portaient toujours leurs vêtements. Un squelette avait un crochet de pirate à la place d'une main. Sur le crâne d'un autre, une couleuvre ondulait entre les deux orbites.

Jules n'y comprenait rien. Des pirates emprisonnés et abandonnés dans la cale de leur propre bateau ? Ce ne pouvait être que l'œuvre de malfaiteurs, de commerçants assoiffés de vengeance ou bien… de spectres.

Face à cette scène insoutenable, seul Jules était capable de réfléchir. Les autres criaient, affolés.

— On va finir comme ces malheureux, engloutis dans ce bateau diabolique ! Le fantôme nous a obligés à descendre ici et il ne nous laissera pas nous en échapper !

L'allumette s'éteignit et les hurlements redoublèrent. Jules en craqua une autre.

Que faire pour les rassurer ? Lui aussi avait du mal à garder son sang-froid. Il fallait pourtant qu'ils se calment : effrayés comme ils l'étaient, ils ne feraient que commettre imprudence sur imprudence. Il les observa. Chacun réagissait à sa manière : Huan tremblait comme une feuille, les bras croisés sur sa poitrine pour se protéger ; Caroline était plus blanche que jamais ; Marie, elle, avait le visage rouge comme un piment – surtout le nez.

— Ce sont des squelettes, oui, dit Jules, mais, pour cette même raison, ils ne peuvent rien nous faire. Et le fantôme ne nous a pas poussés ici, on a décidé nous-mêmes d'y entrer. Comment cette… chose pouvait-elle deviner ce qu'on allait faire ?

Les cris cessèrent quelques instants. Caroline retrouva un peu de courage.

— Attendons ici que l'orage passe.

— On ferait mieux de sortir, et gare au fantôme s'il veut s'en prendre à nous ! répliqua Marie.

— Retrouvons d'abord notre calme. Ces gens sont morts, Huan, comme ceux des cimetières, sauf que ceux-là n'ont pas été enterrés.

— Les fantômes sortent des morts, Jules ! Celui qui nous attend dehors appartient à l'un de ces macchabées. Et il doit y en avoir d'autres, autant de fantômes que de squelettes ! C'est un piège !

Huan n'avait peut-être pas tort. L'esprit du phare ne pouvait être que celui d'un de ces hommes, c'est pour cela qu'il rôdait là et avait fait de la tour abandonnée son repaire.

La seconde allumette s'éteignit.

— Allumes-en une autre, Jules.

— Pas besoin : il faut que nos yeux s'habituent à la pénombre. En plus on sait déjà ce qu'il y a ici.

Il avait raison : au bout d'un moment, ils y voyaient même mieux qu'avec l'allumette.

Mais le soleil commençait à se cacher derrière les nuages et la cale devint de plus en plus sombre. Quand l'obscurité fut complète, ils cessèrent de distinguer les squelettes – ce qui les effraya davantage. Des sons sinistres leur parvenaient de l'extérieur. Le clapotis des vagues sur la coque s'était transformé en tambourinage.

Un bruit dans leur dos se superposa à tous les autres. Il émanait d'une gorge, sorte de plainte sinistre et continue. Ils se retournèrent.

Le fantôme fonçait droit sur eux.

Ils grimpèrent l'échelle à toute allure, se bousculant les uns les autres. Sans se concerter, ils quittèrent le voilier et sautèrent de rocher en rocher jusqu'au phare ; cette fois, Huan ne tituba pas un seul instant. Arrivés sur le terre-plein, ils ne surent plus que faire. Le pont de singe était toujours submergé, l'orage déversait une pluie torrentielle et le vent soufflait avec furie. En quelques secondes à peine, ils furent trempés jusqu'aux os. Les vagues les éclaboussaient et menaçaient de les emporter.

— Allons jusqu'à la porte, proposa Marie, on pourra s'accrocher à la balustrade.

Mais, même là-haut, une vague immense projeta Caroline au sol. Si ses amis n'avaient pas été là, elle aurait fini au milieu du courant.

— On doit entrer dans le phare ! conclut Jules avec un regard vers Huan. C'est notre seule chance de survie.

CHAPITRE 11

RETRANCHÉS. AU SOMMET DU PHARE

Une fois tout le monde à l'intérieur, Jules referma la porte et s'y appuya de tout son poids.

— Vite, approchez ce que vous pouvez !

Ses amis tirèrent les meubles jusqu'à la porte et hissèrent le coffre sur la table, mais ils ne parvinrent pas à bouger le lit. Puis ils s'assirent sur la table, les jambes ballantes. Ce n'était pas une grosse barricade, mais elle résistait à l'assaut des vagues.

Ils grelottaient, transis ; il fallait qu'ils se sèchent, ou ils tomberaient malades.

— Allons près du feu, suggéra Caroline.

Elle s'approcha de la cheminée, suivie de Jules. Pour Marie et Huan, c'était un véritable dilemme : si le fantôme essayait d'entrer, les meubles seuls ne l'arrêteraient pas ; mieux valait qu'ils restent assis dessus. D'un autre côté, ils mouraient d'envie de sentir la chaleur du feu.

— Regardez ! s'exclama alors Jules en montrant les flammes, ce qui fit venir Marie et Huan.

Le garçon sortit du foyer une feuille à moitié consumée et un article de journal reliés par un trombone. Sur la feuille, on ne voyait plus qu'un heaume doré, en haut. Le reste était calciné. L'article était lisible en grande partie : il parlait de l'explosion et du naufrage du bateau à vapeur dans le port de Nantes.

Ces deux papiers mis ensemble confirmaient les soupçons du capitaine Nemo : c'était l'ordre du heaume auquel appartenait le directeur de leur collège, Claude Mathieu, qui était derrière la bombe. Ces individus formaient une organisation criminelle sans scrupules, qui n'hésitait pas à ôter des vies au cours de leurs sabotages.

Mais qu'est-ce que ces papiers faisaient là ?

Au même moment, l'être qui les avait fait fuir du bateau frappa un coup à la porte. Puis un autre, plus fort. Ensuite ce fut comme si un bélier ou un rocher s'était abattu contre le bois. Les meubles s'écartèrent, laissant un espace d'un centimètre par lequel s'infiltra la lumière morne du crépuscule.

Ils coururent à la table et poussèrent de toutes leurs forces, mais une autre bourrade les fit reculer. Ils ne résisteraient pas longtemps.

— On est mal, Jules…

— Ne parle pas, Caroline, pousse ! s'exclama Marie.

— Il va entrer, il va entrer ! hurlait Huan. Il va nous changer en fantômes à notre tour !

Un dernier assaut et la porte s'ouvrit davantage. Une main se glissa dans l'entrebâillement, tâta le mur puis s'y appuya pour faire levier.

— Vite, à l'étage ! cria Jules.

Ils bondirent de la table et grimpèrent l'escalier quatre à quatre jusqu'au sommet de la tour. Une fuite temporaire, car le fantôme ne tarderait pas à enfoncer la porte d'entrée.

Bientôt, ils entendirent qu'on traînait des meubles sur le sol. Le fantôme avait franchi le seuil. Ils se dépêchèrent de gagner la plate-forme métallique bordée d'une galerie vitrée. En son centre se dressait la lanterne du phare.

Ils haletaient. Après la randonnée du matin et les courses-poursuites avec le spectre, gravir l'escalier les avait épuisés.

Jules lut dans les yeux de ses amis qu'ils attendaient de lui qu'il les sorte de cette situation. Ils feraient tout ce qu'il leur dirait. Le garçon examina le lieu avec attention. Comment se défendre contre un fantôme ? Existait-il un moyen physique de blesser une chose qui n'était pas vivante ?

Il fit mentalement l'inventaire de ce qu'il y avait autour de lui : la grosse lanterne, une bâche qui servait à la couvrir, des bouteilles d'huile de baleine pour l'alimenter, des feux de Bengale pour envoyer des signaux, un récupérateur d'eau de pluie, un porte-voix, des lentilles de rechange… Rien qui ne puisse les aider face au spectre.

Jules sortit sur l'étroite terrasse. Si seulement il y avait eu une échelle d'accès à l'extérieur ! Ils ne pouvaient pas non plus se laisser glisser le long du mur, il était trop lisse, sans prise. Jules dut s'accrocher au parapet, poussé par le vent déchaîné. Ses amis vinrent le chercher et le ramenèrent à l'intérieur.

Ils jetèrent un œil en bas. Le fantôme se tenait près de la porte. Une longue cape noire recouvrait son corps. Son corps… ou son absence de corps.

La créature se pencha pour regarder sous la table.

— Il nous cherche, murmura Caroline.

— Oui, il va tout retourner jusqu'à ce qu'il nous trouve.

— Et il va nous briser le cou !

— Ne crie pas, Huan, le supplia Marie.

Après la table, le fantôme jeta un œil sous le lit. Comme il ne les voyait toujours pas, il leva la tête vers l'escalier.

C'est alors que Huan éternua. Le fantôme fit volte-face et leva les yeux vers le sommet. Il émit le même son guttural qu'ils avaient entendu dans la cale, mais plus épouvantable encore, car il résonna dans la tour.

Instinctivement, les enfants se tapirent derrière le récupérateur d'eau, comme s'il allait les protéger du fantôme. Marie mit sa main devant la bouche de Huan.

— Qu'est-ce qu'on fait ? susurra Caroline. Il monte !

Personne n'avait la réponse, pas même Jules, qui continuait de regarder autour de lui, pensif.

Curieusement, ce fut Huan qui agit. C'était un acte impulsif, quasi désespéré. Il s'empara d'une bouteille d'huile de baleine et la lança sans regarder. La bouteille alla se fracasser contre le mur et l'huile se répandit sur les marches.

— Bonne idée, approuva Caroline. Il va glisser s'il essaie de monter.

Il fallait au moins reconnaître à Huan son initiative.

— Je n'en suis pas certaine, mais j'ai l'impression qu'il n'a pas de pieds, répliqua Marie, qui disait toujours ce qu'elle pensait. Il flotte au-dessus du sol !

Le fantôme s'était arrêté. Peut-être à cause du fracas de la bouteille, peut-être à cause de l'huile.

— J'ai une idée…, murmura alors Jules. Je vais avoir besoin de votre aide.

Ses amis le regardèrent comme des soldats attendant les ordres de leur supérieur.

CHAPITRE 12

FANTÔMES CONTRE FANTÔMES

Jules était parvenu à la conclusion que, si leur attaquant était un être fantasmagorique, ils ne pouvaient l'affronter qu'avec les mêmes armes. Bien sûr, ils ne possédaient pas de pouvoirs surnaturels, mais ils devaient le lui faire croire.

Et pour cela, il allait s'aider de la science.

Le garçon donna ses instructions à ses amis : Caroline devait se cacher sous la bâche qui couvrait la lanterne et remuer les bras et la tête à son signal ; Marie approcherait ou éloignerait une des lentilles de rechange ; Huan se chargerait de produire des sons horrifiants avec sa gorge, le porte-voix bien collé à sa bouche ; lui-même, enfin, allumerait une fusée derrière la lentille.

Ils s'approchèrent de l'escalier et se mirent en position. Le fantôme avait commencé à gravir les marches, à pas lents.

— À ton signal, Jules, souffla Caroline sous la bâche.

— Attendons qu'il monte encore, je ne voudrais pas qu'il manque le spectacle, plaisanta-t-il.

« Le rideau se lève, monsieur le fantôme », songea Jules avant de lancer :

— À toi, Huan !

— Aaah… grrr…, gronda le garçon de sa voix la plus grave.

Puis il prit l'initiative d'ajouter :

— Ce phaaare est à moiii, vaaa-t'en !

Dans le bâtiment silencieux, ce genre de sons donnait la chair de poule.

La créature s'arrêta, déconcertée. C'était le moment parfait pour que le nouveau spectre montre son visage.

Jules alluma la fusée. Sa lumière traversa la lentille que soutenait Marie et projeta l'ombre du corps de Caroline sur le mur. Une ombre gigantesque, aux contours distordus.

PLAN D'ÉVASION

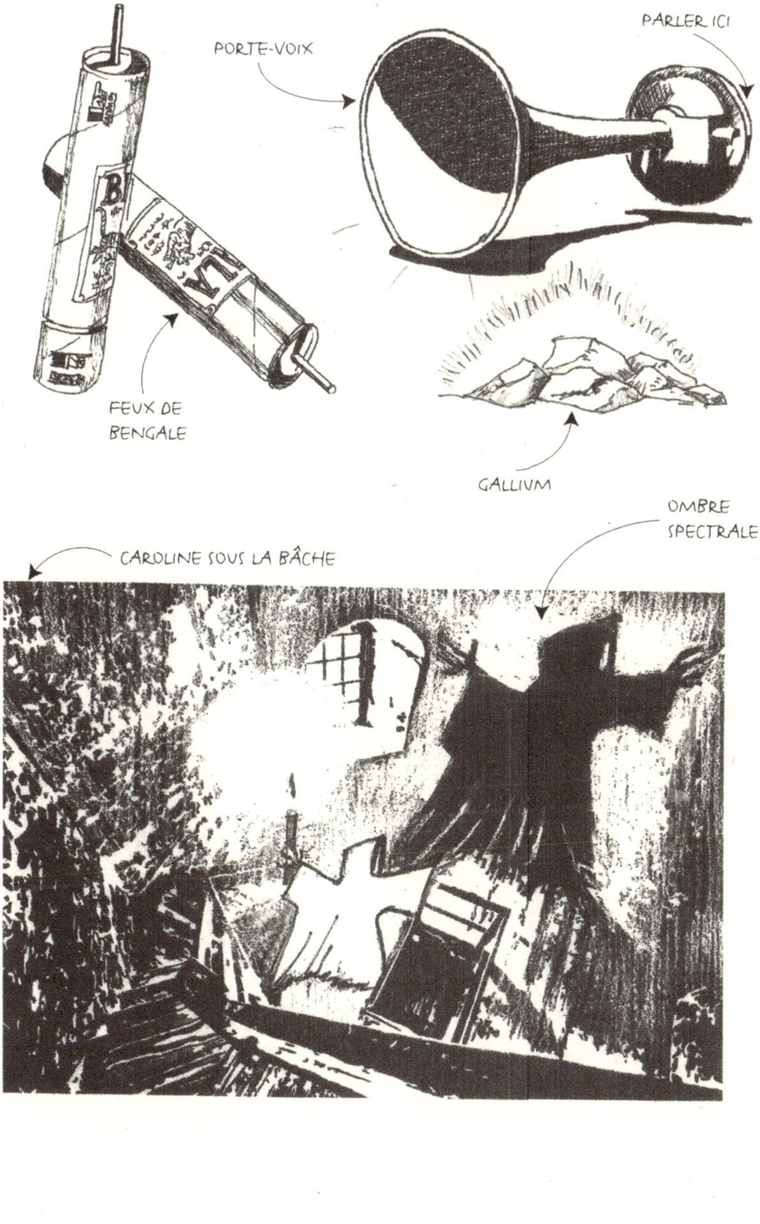

— Marie, Caroline, à vous !

Comme Huan, Caroline se prit au jeu et, en plus de lever les bras et de pencher la tête, elle remua son corps de gauche à droite. Marie, pour sa part, fit tourner la lentille tout en l'approchant et en l'éloignant du feu de Bengale.

L'ensemble était terrifiant : une ombre évanescente ondulait sur le mur. L'intérieur du phare était plongé dans une atmosphère d'outre-tombe.

Les enfants – sauf Caroline, qui ne voyait rien sous sa bâche – virent le fantôme sursauter. Peu importe ce qu'il était, il était effrayé. Et il avait des pieds – la peur l'avait fait glisser sur une marche et il avait dû se retenir à la rampe.

— Vous croyez qu'il va s'en aller ?

— Pourvu que oui !

Mais non, il continua tout de même son ascension. Jules décida d'allumer une seconde fusée et l'ombre de Caroline se dupliqua de la taille à la tête : leur spectre avait désormais deux troncs, deux têtes et quatre bras.

— À toi, Huan, crie de toutes tes forces !

Le garçon poussa un hurlement assourdissant.

Dans l'escalier, le fantôme lâcha la rampe pour se boucher les oreilles. Erreur fatale : il perdit l'équilibre et dégringola les marches jusqu'en bas. Les enfants l'entendirent se cogner la tête plusieurs fois. En se penchant, ils virent, épouvantés, son visage éclater en mille morceaux en se fracassant sur le sol.

CHAPITRE 13

INFIRMIERS POUR FANTÔMES. LA CONFESSION

Ils restèrent un moment à observer la pièce depuis le haut de la tour, à la lueur de la seule fusée encore allumée. Caroline avait ôté sa bâche, Huan et Marie avaient déposé la lentille et le porte-voix.

Le fantôme ne bougeait pas, fardeau noir au pied de l'escalier.

— Un spectre qui se tue dans un escalier comme n'importe qui…, commenta Caroline.

— Descendons tant qu'il reste de la lumière, suggéra son cousin.

À la queue leu leu, agrippés à la rambarde, ils descendirent avec précaution pour ne pas glisser. Parfois, un pied dérapait et ils finissaient sur les fesses, mais c'était plutôt rigolo. Même Huan riait de ses glissades.

À l'instant où la fusée s'éteignit, ils étaient arrivés en bas et pouvaient voir le fantôme à la lueur du feu de cheminée.

Première observation : la créature avait des pieds et marchait comme les humains, puisque des bottes et des jambes dépassaient de sa cape. Et, comme les humains, elle glissait sur l'huile.

— Que ces bottes sont laides ! plaisanta Caroline.

— Les fantômes ont toujours très mauvais goût, enchaîna Jules.

La seconde découverte les apaisa un peu : ce n'était pas sa tête qui s'était brisée sur le sol, mais un masque de porcelaine. Son visage, cependant, n'avait rien de rassurant. Il portait la marque d'anciennes brûlures et était zébré d'affreuses cicatrices. Un peu impressionnés, ils ôtèrent sa cape et constatèrent qu'il était vêtu de haillons. Jules lui prit le pouls au poignet.

— C'est un homme, et il est vivant, déclara-t-il.

— Et si on le menottait avant qu'il ne se réveille ? suggéra Huan.

Il avait beau ne pas être un fantôme, il les avait attaqués et il recommencerait sûrement en reprenant connaissance.

— Voyons d'abord s'il est blessé, proposa Caroline.

Huan n'osait pas le toucher ; Jules et Caroline vérifièrent que ses os n'étaient pas cassés ni son crâne fendu. Deux grosses bosses pointaient déjà sur le sommet de sa tête ; sur son front, une tache rouge ne tarderait pas à devenir bleu violacé.

— C'est sans doute le choc qui l'a fait tomber dans les pommes.

Il y avait un moment que Marie n'avait pas parlé. Elle ne les avait pas non plus aidés à examiner le fantôme. Pire, elle avait détourné la tête en découvrant son visage.

— Je connais cet homme, déclara-t-elle devant le regard interrogateur de ses amis. Il vient parfois à l'hospice, mais il ne reste jamais. C'est un clochard qui mendie à la porte de la cathédrale ou sur le port.

Elle se tut quelques instants, peinée. Toute la rage ou la haine qu'elle pouvait ressentir envers l'inconnu s'étaient envolées.

— Vous vous souvenez du vagabond qu'on a rencontré l'autre jour, quand on revenait de l'hospice ? reprit-elle.

— Celui à qui tu as demandé où était son camarade, confirma Caroline.

— C'est lui, le compagnon disparu. Bizarre, il nous a dit que c'était comme si des esprits l'avaient capturé…

— Alors, on l'attache ? demanda Huan à nouveau.

— Allongeons-le sur le lit, suggéra Marie.

— C'est nous qui devrions nous allonger sur le lit ! protesta Huan. Lui, on devrait l'attacher bien serré à la rampe de l'escalier !

Mais, comme ses amis, Huan se baissa pour soulever le corps inconscient et le porter jusqu'au matelas.

Marie trouva des torchons propres dans le garde-manger, les mouilla et nettoya les blessures de l'homme. Quelques égratignures, rien de plus.

Ils ranimèrent le feu, s'assirent à même le sol et jetèrent sur leurs épaules les couvertures qu'ils avaient apportées pour camper.

— Belle excursion à la campagne, dit Caroline. Quand mes parents me demanderont quels animaux j'ai vus, je pourrai répondre : plusieurs types de squelettes et un spécimen de la fameuse espèce des spectres au visage brillant.

— Et aussi un cheval, des grenouilles et des rats d'eau, ajouta Jules.

— Des rats ? Quels rats ? demandèrent Huan et Caroline d'une même voix.

— Je ne savais pas que c'était toi, avoua l'homme à Marie.

Il venait de reprendre connaissance et la première chose qu'il avait vue était le visage de la jeune fille, celle qui lui servait parfois à manger à la Charité Nantaise.

— Pourquoi tu nous as attaqués ? Pourquoi tu portais ce masque ? Qu'est-ce que tu fais ici ?

Toutes les questions que Marie s'étaient posées tandis qu'elle attendait que l'homme se réveille jaillissaient d'un coup.

— Calme-toi, Marie, mieux vaut qu'il nous raconte tout dans l'ordre et depuis le début, intervint Jules. Nous savons que vous avez disparu une nuit près du fleuve. Que s'est-il passé ?

— C'était peu avant l'aube. Je dormais profondément à côté d'un copain sans abri, comme moi, quand quelqu'un m'a secoué. En ouvrant les yeux, j'ai vu deux hommes penchés sur moi.

— C'était qui ? questionna Jules.

— Aucune idée.

— Comment ils étaient ?

— Je n'ai pas vu leur visage, il était couvert d'un grand capuchon.

— Un capuchon ?

— Oui, la capuche d'une cape. On aurait dit des costumes d'une autre époque, des romains ou des rois de l'Antiquité, quelque chose comme ça. J'y connais rien.

— Je parie qu'ils portaient un heaume brodé sur la poitrine, continua Jules.

— Oui. Comment tu as deviné ?

— Peu importe, continuez.

— Ils m'ont demandé de les accompagner pour faire une promenade, ils avaient quelque chose à me proposer. J'ai refusé, bien sûr ! Hors de question de suivre ces types bizarres. Alors ils m'ont attrapé et m'ont bâillonné. L'un d'eux a sorti une cagoule de bourreau et me l'a enfoncée sur la tête.

— Donc vous ne savez pas non plus où on vous a emmené.

— Non. Ils m'ont fait monter dans un fiacre qu'ils devaient avoir préparé. On a voyagé longtemps, même si j'ai eu l'impression qu'on faisait pas mal de détours – peut-être pour me désorienter. On n'était sans doute pas si loin, finalement. Ensuite ils m'ont fait descendre un escalier.

— Dans un sous-sol, donc.

— Oui. Je le sais parce que, là-bas, un homme m'a enlevé ma cagoule. C'était un souterrain voûté, très long, tout en pierre. Au milieu, devant moi, se trouvait une table avec une bougie, un masque et un petit sac. Les deux hommes qui m'avaient réveillé se tenaient debout dans le fond.

— Assez loin pour que vous ne puissiez pas voir leur visage, n'est-ce pas ?

— Exactement. J'étais mort de peur. Il y a des gens très méchants par ici, vous savez ? Nous, les mendiants, on est les plus exposés à la cruauté. Personne ne se soucie qu'on nous roue de coups ou qu'on nous tue.

— Ils t'ont frappé ? s'inquiéta Marie.

— Non, ils ne m'ont fait aucun mal. Comme ils me l'avaient dit, ils voulaient me proposer quelque chose.

— Que vous deveniez le fantôme du phare ! s'exclama Huan.

— Oui. Bon, ils ne l'ont pas dit comme ça, mais c'était leur idée. Ils m'ont proposé de l'argent, beaucoup d'argent, pour que j'effraie tous ceux qui s'approcheraient du phare, en me faisant passer pour un fantôme, avec le masque et la cape. Même si, sans masque, je suis déjà bien effrayant, pas vrai ?

— Ne dis pas ça, protesta Marie.

— Les petits malins ! commenta Caroline. Ils comptaient sur la crédulité des gens, puisque le bruit courait que le phare était hanté par un fantôme…

— D'accord, approuva Jules, mais pourquoi vouloir empêcher les gens de s'approcher du phare ?

— Parce que personne ne devait être témoin du débarquement d'une certaine marchandise, répondit l'homme.

— Une certaine marchandise ?

— Un minéral qu'on appelle le… le… Oh, je ne sais plus.

— Le gallium !

— C'est ça, le gallium. En plus de faire peur aux gens, je devais envoyer des signaux aux bateaux qui l'apportaient. De toutes petites embarcations qui accostaient la nuit.

— Et vous avez accepté, conclut Marie.

— Je ne voulais pas, je le jure ! Cette somme d'argent me tentait, je ne le nie pas. Et pas pour moi, pour ma famille.

— Vous avez une famille ? Je vous ai toujours vu avec votre ami, l'autre mendiant.

— Ma famille habite dans un village à des kilomètres d'ici. J'ai une femme et deux jeunes enfants. En mendiant à Nantes, je ne leur faisais pas honte… Ils racontent aux voisins que je travaille ici et que je leur envoie de l'argent. Et c'est ce que je fais, je leur en envoie quand on me donne l'aumône.

— Pourquoi vous ne travaillez pas ? l'interrogea Huan.

— Personne ne voulait m'engager après mon accident à l'usine. Regardez-moi, regardez ces cicatrices et ces brûlures… est-ce que vous m'embaucheriez ?

— Moi, oui ! affirma Marie. Et mes amis aussi.

— Vous avez accepté, donc, répéta Jules pour que l'homme reprenne son histoire.

— Parce qu'ils m'ont menacé ! Oui, l'argent était tentant, mais je me suis dit – et je leur ai dit – que je préférais continuer à mendier plutôt qu'être mêlé à cette affaire sordide. Alors ils ont menacé de me tuer. L'homme qui était dans mon dos a pointé le canon de son pistolet sur ma tempe. J'ai cédé, bien sûr, j'ai dit oui à tout, au masque, à la cape, au travail de fantôme et à celui de gardien de phare… J'ai aussi dû promettre de ne rien raconter à personne. Si je les trahissais, mes proches le paieraient. Ils étaient très renseignés, ils savaient pour mon accident, ils savaient où vivait ma famille… ils savaient tout.

L'homme se mit à pleurer.

Mais il restait encore deux choses à éclaircir, deux sujets délicats à aborder. Les quatre amis avaient surtout peur d'entendre les réponses.

Comme l'homme pleurait toujours, ils le laissèrent se calmer.

— Aidez-moi, demanda Caroline, on va ranger un peu.

Jules, Huan et elle replacèrent la table au centre de la pièce et remirent le garde-manger contre le mur, à sa place. Marie, pendant ce temps, raviva le feu en y ajoutant du bois. Il faisait bon désormais, mais elle avait froid. Un froid qui n'était pas causé par la tempête hivernale mais par les confessions de l'homme.

CHAPITRE 14

CRIMINEL FORCÉ. UN JURY CLÉMENT

L'homme s'était enfin apaisé. Les enfants s'assirent sur le lit, deux de chaque côté. Jules lui tendit son mouchoir pour qu'il sèche ses dernières larmes.

Puis il se décida à poser la première des questions délicates.

— Est-ce que vous saviez à quoi servait le gallium ?

— Oui, ils m'en ont fait la démonstration dans le sous-sol. Un des hommes a déposé de la poudre dans un gant. Le gant s'est mis à briller comme s'il émettait sa propre lumière. Ils m'ont dit qu'avec ça, j'aurais l'air encore plus effroyable. Il fallait que j'en recouvre le masque qu'ils avaient laissé sur la table. Ce que j'ai fait en arrivant au phare. J'ai enduit le masque de colle et j'ai saupoudré le minéral par-dessus. Le masque resplendissait, comme par magie !

— Je ne faisais pas référence à cet usage-là du gallium…, insista Jules.

L'homme baissa la tête, fuyant le regard des enfants. Il demeura silencieux.

— Dans la cheminée, on a trouvé un article de journal qui parlait de l'explosion d'un bateau, et une feuille brûlée sur laquelle on voit toujours un heaume, dit Caroline.

— Je ne savais pas ! Je le jure !

Il se remit à pleurer mais continua.

— C'est la vérité ! Je ne savais pas que ce minéral servait à fabriquer des bombes… Je croyais que c'était une simple affaire de contrebande, comme il y en a tant d'autres sur la côte.

— Jusqu'à ce que vous lisiez l'article, déduisit Marie.

— Ils me l'ont fait parvenir le lendemain de l'explosion, le jour de la parution du journal.

— Qui vous l'a apporté ? intervint Jules.

— Je ne sais pas. Ils l'ont laissé à l'endroit où ils me déposaient la nourriture, derrière un rocher près du pont.

— Je ne comprends pas pourquoi ils voulaient que vous sachiez, pour le gallium…, se demanda Caroline.

— Cela fait partie du chantage, ils le précisaient sur la feuille.

— Que disait cette feuille, exactement ?

Huan participait à l'interrogatoire pour la seconde fois.

— « Voilà à quoi sert ce minéral. Tu es aussi coupable que nous. Trahis-nous, et tu iras en prison, si on ne te tue pas avant. Pense à ta famille. » Et j'ai pensé à ma famille, bien sûr. À la honte qu'ils auraient quand ils apprendraient que j'étais un criminel.

Évidemment, les membres de l'ordre préméditaient chacun de leurs mouvements. Ils avaient enrôlé cet homme dans leur machination de telle sorte qu'il ne puisse ni leur échapper ni les dénoncer.

— Est-ce qu'ils ont aussi laissé derrière le rocher… ceci ? demanda Jules avant de sortir de sa poche le papier sur lequel était notée sa description.

Il la lut :

— « Yeux verts, nez en trompette, un mètre et demi, maigrelet. »

L'homme jeta un regard affligé au garçon avant de faire oui de la tête.

— C'était aujourd'hui même, n'est-ce pas ? Un cavalier monté sur un cheval noir.

— Oui.

— Et la croix latine, à la fin, ça signifie que vous deviez me tuer ?

— Oui… Enfin, c'était le fantôme qui devait te tuer. Sur un autre papier, que j'ai brûlé, ils me donnaient les instructions. Je pouvais te faire tomber du haut du phare, te noyer, t'étrangler… L'important, c'était que j'inscrive sur le mur, en lettres bien grandes pour qu'on le voie de loin, que c'est ce qui arriverait à tous ceux qui oseraient s'aventurer au phare.

Les quatre amis n'avaient pas quitté l'homme des yeux, mais ils ne le voyaient déjà plus.

Huan et Caroline s'approchèrent du feu. Jules fixa le sol. Marie observa l'escalier et imagina Jules en train de le gravir, poursuivi par le fantôme ; elle entendit même le hurlement qu'il aurait poussé en chutant du haut de la tour…

L'homme se cacha le visage dans les mains et bredouilla :

— Qu'est-ce que vous allez faire de moi ? Je… je vous demande pardon. Je ferai ce que vous me direz, je ne résisterai pas et je n'essaierai pas de m'échapper. Il faut que cette histoire s'arrête une bonne fois pour toutes. Pour moi et pour ma famille.

Jules et Marie rejoignirent leurs amis devant la cheminée. Que faire ?

— Il faut prendre une décision, articula enfin Jules.

Les autres levèrent les yeux vers lui dans l'espoir qu'il ajoute quelque chose, parce qu'eux étaient perdus. Mais Jules n'avait pas la réponse.

— On est comme le jury d'un tribunal… et l'accusé attend notre verdict.

— À la différence que nous savons qu'il est coupable, puisqu'il a avoué…

— Pas exactement, Huan. Il nous a dit ce qu'il a fait, et ce sont de mauvaises choses, mais il a aussi dit *pourquoi* il l'a fait. On l'a forcé, poursuivit Jules.

— Nous aussi on nous oblige à faire de mauvaises choses, intervint Caroline.

— Comme quoi ?

— Ben… je ne sais pas. Mais je crois bien qu'on en fait.

— On nous force à nous laver les dents…, suggéra Huan.

— Mais se laver les dents n'est pas une chose mauvaise !

— Alors à faire nos devoirs, proposa encore le garçon.

— Ce n'est pas comparable, Huan, les devoirs ne font de mal à personne, observa Jules.

— Ils me font du mal, à moi ! répliqua-t-il. Surtout ceux de M. Mathieu.

Entendre le nom du directeur les fit frissonner. Dans leur esprit, d'horribles images défilèrent : ils voyaient l'homme à capuche lâcher la montgolfière avec eux à l'intérieur, ils revoyaient son expression le jour de l'explosion du bateau, le pistolet dans son manteau, sa façon de tempêter contre le progrès à chaque cours…

— Les yeux du cavalier…, murmura Caroline comme pour elle-même. C'était lui, le messager !

Bien sûr ! Jules comprit tout : pour se justifier de lire des ouvrages sur les spectres, le garçon avait raconté à M. Mathieu les rumeurs sur le phare hanté. Le professeur en avait déduit que Jules tenterait de vérifier par lui-même la véracité de ces ragots, et il avait ordonné au « fantôme » de le liquider à l'instant où il se montrerait au phare.

— On doit prendre une décision, rappela Huan, les ramenant à la réalité.

— Je propose que ce soit Marie qui la prenne, dit Caroline. Je serai d'accord avec elle, quel que soit son choix.

Jules observa sa cousine avec admiration. Elle ne savait peut-être pas grand-chose de la science, mais elle possédait plus de bon sens que lui. Elle avait raison : de par son travail à la Charité Nantaise, Marie était celle qui connaissait le mieux l'univers de cet homme, celle qui était le plus à même de juger son comportement. À côté d'elle, les autres n'étaient que des enfants gâtés, même Huan.

— C'est d'accord, dit Jules.

— Ça me va, confirma Huan.

Marie ne dit rien, mais elle fit un geste affirmatif du menton. Elle savait déjà quoi faire.

Elle s'approcha du lit et demanda à l'homme :

— Est-ce qu'ils vous ont aussi payé pour tuer Jules ?

— Oui. Dans l'enveloppe que vous avez trouvée, il y avait une bourse remplie de pièces. Une petite fortune.

— Et est-ce que vous avez toujours l'argent qu'ils vous ont donné pour jouer le fantôme ?

— Presque tout. J'en ai envoyé une partie à ma famille.

— Alors voilà ce qu'on va faire, annonça Marie avant de tout lui expliquer en détail.

L'homme devait se présenter aux gendarmes et leur raconter qu'une nuit, dans ses vagabondages de mendiant, il était passé devant un phare abandonné et avait vu de la lumière. Comme il ne croyait pas aux fantômes, il était allé voir de plus près. Un bateau s'approchait de la rive, guidé par la lanterne du phare. Des hommes en avaient déchargé deux petites caisses, très rapidement, comme le font les contrebandiers. Puis ils s'étaient enfuis en calèche, le bateau s'était éloigné et la lanterne s'était éteinte. Il croyait bon d'en informer la police.

— Vous ne serez pas soupçonné, on vous prendra même pour un citoyen exemplaire. J'espère qu'ils enquêteront et mettront la main sur les coupables ! Même si, maintenant que plus personne n'est là pour allumer la lanterne, ils ne déchargeront probablement plus de gallium ici.

— J'irai à la police dès demain. Et qu'est-ce que je fais de l'argent, je le garde ?

— Nous allons nous le répartir, décréta Marie. Gardez ce qu'on vous a payé pour faire le fantôme.

Mais l'autre bourse, celle qu'on vous a donnée pour tuer Jules, elle est pour nous.

Jules et Caroline étaient médusés. Huan, lui, se réjouissait déjà.

L'homme accepta le marché, sortit la bourse de sous le lit et la leur tendit.

— À votre place, poursuivit Marie, je partirais loin avec ma famille, là où les hommes à capuche ne pourront pas vous retrouver. Vous avez assez d'argent pour ça.

— Maintenant restez tranquille, lui conseilla Jules. On a tous besoin de repos. Quand il fera jour, nous retournerons à Nantes. Vous, vous rassemblerez vos affaires, et vous vous présenterez à la police lundi.

CHAPITRE 15

SANS PREUVE. LES PARENTS

Le lendemain matin, la marée était basse et l'orage avait cessé. Le pont unissait à nouveau les deux rives et, à l'est, une bande de lumière rougeoyante annonçait le lever du soleil.

Ils ne réveillèrent pas l'homme ; mieux valait qu'il se repose et prenne le temps d'effacer les traces de son passage.

Sur le chemin du retour, le paysage, baigné d'un soleil éclatant, était méconnaissable. Près du village, ils croisèrent de nombreux habitants et certains chiens aboyèrent, comme pour les saluer. Ils firent de nombreuses haltes et mangèrent tout ce qu'ils avaient apporté.

— Si je n'avais pas balancé cette bouteille d'huile, à l'heure qu'il est, on serait des fantômes, se félicita Huan.

— Ne te vante pas trop, lui reprocha Marie. On serait des fantômes si Jules n'avait pas eu l'idée de son plan.

— Les fantômes n'existent pas ! s'emporta Caroline.

— Dommage... si vous étiez des fantômes, j'aurais pu vous photo-grapher avec mon appareil, se moqua Jules.

Ils croisèrent de nombreux animaux, des vaches et des brebis, mais aussi des faucons et des aigles.

— Et ceci est un rat d'eau, dit Jules quand ils s'assirent au bord du fleuve.

Ils notèrent le nom de toutes les plantes qu'ils virent et dessinèrent celles dont ils ne connaissaient pas le nom.

Ils s'amusèrent tant qu'à la fin il se fit tard et ils durent marcher d'un bon pas, presque en courant.

Caroline, en tête, pressait les autres. Elle était aussi épuisée qu'eux, mais elle craignait son père : à chaque minute de retard, un jour de punition supplémentaire.

Jules se lamentait intérieurement : bien qu'ils soient sûrs du rôle de M. Mathieu dans cette affaire, ils n'avaient aucune preuve pour le démontrer. Lui et ses complices resteraient une nouvelle fois impunis et ils continueraient à organiser leurs sabotages.

Ils firent la dernière partie du chemin dans le noir. L'eau des flaques s'infiltrait dans leurs chaussures et les trempa jusqu'aux genoux.

Les premières lumières de Nantes leur donnèrent du courage. Ils étaient si pressés de rentrer à la maison, de se changer et de se réchauffer qu'ils finirent en courant.

Par chance, le père de Caroline était absent quand elle arriva chez elle. Sa mère la gronda un peu, mais elle était surtout déconcertée par la conduite inhabituelle de son mari. Il était sorti de la maison en prétextant devoir parler de toute urgence à quelqu'un et avait demandé à ce qu'on l'attende pour dîner. Caroline eut le temps de changer de robe et de chaussures. Puis elle flâna dans la maison en attendant qu'on l'appelle. Elle fouina même dans le bureau de son père dans l'espoir d'y trouver un indice sur sa sortie soudaine – et ainsi rassurer sa mère. Elle ne vit rien qui lui donnât une piste, en revanche elle découvrit quelque chose qui la terrifia. Sur un papier vierge à demi caché par un dossier était imprimé le même blason que celui qu'ils avaient vu sur la feuille sauvée des flammes, dans le phare. Le même heaume doré qui était brodé sur la poitrine du chef des hommes à capuche qui avaient lâché la montgolfière quelques mois plus tôt, et le même encore que celui qui était gravé sur l'anneau que le singe avait volé à M. Mathieu à la fin de cette aventure. Elle se souvint alors que, la nuit de son retour de l'île, elle avait vu son père parler avec le directeur de la Bonne Tradition.

L'espace d'un instant, avant cette découverte, Caroline avait envisagé de raconter à son père ce qui s'était produit dans le phare. Après tout, elle était sa fille et avait couru un grave danger à cause de scélérats assassins d'enfants. Mais non, elle ne lui dirait rien. Elle pria de toute son âme pour que son père n'apprenne pas qu'elle n'était pas partie en excursion avec le collège, mais à la chasse au prétendu fantôme du phare.

Jules aussi dut supporter des réprimandes, de la part de sa mère puis de son père.

— Je suis sûr que tes camarades sont rentrés tôt après l'excursion, eux. Toi, tu as encore traîné avec tes petits amis..., lui dit M. Verne. Tes professeurs sont des gens sérieux, ils savent que les élèves doivent être à l'heure à la maison. Aucun doute que tu es entièrement responsable de ce retard.

Le garçon, vexé, lança sans réflechir qu'on avait essayé de le tuer et que M. Mathieu, le directeur du collège, était derrière tout ça. Son père ne le crut pas, encore moins quand il entendit qu'ils étaient allés au phare capter l'image d'un fantôme. Que n'inventait pas son fils pour se justifier !

— Pour accuser quelqu'un, il faut des preuves, trancha-t-il avec tout le sérieux d'un avocat.

Sa mère, du reste, exigea qu'il rende la manivelle du moulin à café.

Une mauvaise nouvelle attendait Marie chez elle. Après y avoir beaucoup réfléchi, ses parents avaient pris la décision de la retirer du collège pour qu'elle cherche un travail. Cela leur faisait de la peine, mais ils n'avaient pas le choix ; ils étaient au bord de la famine, elle le savait.

Il y avait un moment qu'elle s'y préparait, mais c'était tout de même un coup dur. Elle ne verrait presque plus ses amis, elle ne serait plus une Aventurière du XXIe siècle et elle ne pourrait peut-être même plus aider les sœurs à l'hospice.

Elle se coucha et pleura longuement avant de s'endormir.

Au dîner, entre deux éternuements, Huan raconta à ses parents comment ses amis avaient été sur le point de perdre la vie, et comment lui les avait sauvés en affrontant une armée de fantômes, qu'il avait fait fuir en y mettant le feu.

Sa mère l'enlaça, lui dit que son courage provenait probablement de ses ancêtres guerriers et lui couvrit le visage de baisers. Le père écoutait son menteur de fils avec un sourire en coin.

— Mange et cesse tes fantaisies. Va savoir ce que tu as vraiment fait pour rentrer dans un tel état.

Puis il demanda à sa femme de ne pas se montrer si crédule : Huan n'avait rien d'un guerrier courageux, mais il ferait un bon commerçant.

CHAPITRE 16

L'ÉCRITURE RÉVÉLATRICE. COMME UN FAUCON

L'homme au masque tint parole : il se présenta devant les gendarmes le lundi matin pour leur parler du phare et du bateau qu'il avait vu accoster en secret. Les gendarmes ne posèrent aucune question compromettante et il sortit très vite de la préfecture.

Les quatre amis, qui s'étaient postés dans les environs avant d'aller en classe, l'attendaient avec impatience. Ils voulaient s'assurer que la police lui laisse sa liberté.

Dehors, l'homme leur raconta qu'il partait loin avec sa famille, comme ils le lui avaient conseillé. Il ouvrirait un atelier de charpentier, un métier qui l'avait toujours attiré. Ils lui souhaitèrent bonne chance et lui serrèrent la main avant de se diriger vers le collège.

Les professeurs auraient préféré que les quatre amis ne viennent pas en cours ce jour-là. Jules, Huan, Caroline et Marie passèrent la matinée à renifler, tousser et se moucher. La professeure de langues des garçons perdit son calme face à leurs éternuements incessants. Elle les accusa même de le faire exprès. Finalement, ce fut elle qui quitta la classe avant la sonnerie : elle ne les supportait plus.

Marie avait M. Mathieu en deuxième heure. Rien que le voir lui donnait des frissons, mais elle dut faire semblant d'être attentive. Le directeur commença par écrire au tableau la date et le titre de la leçon. Alors qu'elle s'apprêtait à les recopier sur son cahier, Marie fut saisie d'effroi. Le L de « Lundi » était identique au L de « MAIGRELET » qu'ils avaient lu dans la description de Jules, sur ce papier, au phare. M. Mathieu avait tenté de camoufler son écriture en écrivant en majuscules, mais Marie n'était pas dupe. Elle devait le dire à ses amis. Jules ne cherchait-il pas une preuve pour démontrer à son père et aux autorités que M. Mathieu avait engagé un pauvre homme pour qu'il le tue ?

— Je n'ai plus le papier, Marie, lui dit Jules pendant la récréation. Je suppose que notre fantôme l'a brûlé avec le reste, hier.

Ce fut un coup de massue pour les Aventuriers du XXIe siècle. Des dizaines, des centaines d'élèves auraient pu témoigner devant la police que cette écriture était celle du professeur.

— Si seulement on savait où se trouve le sous-sol où ils ont conduit de force le fantôme, dit Huan. On irait régler leur compte à ces canailles !

Ses amis échangèrent des regards stupéfaits. Ils constataient la transformation mentale qui s'était opérée chez leur ami. Comme il l'avait raconté à ses parents, il était persuadé d'être un héros qui ne recule devant rien.

Les autres restèrent silencieux. Tous enrageaient de ne pas pouvoir traîner le directeur en justice.

Ils levèrent la tête vers la tour en angle où se trouvait son bureau. Il surveillait la cour, posté à sa fenêtre. Comme un faucon qui guette ses proies.

— Il fait peur, pas vrai ? commenta Jules.

— Moi c'est à la maison que j'ai peur, dit Caroline. Mon père a quelque chose à voir avec l'organisation de M. Mathieu, j'en suis de plus en plus persuadée. Hier soir, dans son bureau, j'ai trouvé une feuille avec un heaume doré, la même que celle qu'on a trouvée dans le phare. Si mon père appartient à cet ordre, il doit savoir que c'est M. Mathieu qui a lâché la montgolfière ou qu'ils voulaient t'éliminer, Jules. Et il s'en fiche.

— Alors tu devras faire très attention à ce que tu dis chez toi, Caroline, lui conseilla son cousin. Moins il en sait, moins nous sommes en danger.

— Je fais déjà attention. Avec ma mère aussi : elle prend toujours son parti, quoi qu'il fasse... Je pense qu'elle n'est au courant de rien, puisque hier elle s'inquiétait de son absence. Il participait sûrement à une réunion secrète. Jules, tu as déjà pensé que ton père aussi pourrait être impliqué ?

— Oui, mais je ne crois pas. Ce n'est pas un ennemi du progrès comme M. Mathieu. Il veut seulement qu'on ne dérange pas son univers, qu'on lui laisse le temps de s'adapter. Il prend mes inventions pour des jeux d'enfant, mais si, par exemple, un académicien écrit en faveur de l'avancée que représente le chemin de fer, alors le chemin de fer obtiendra son respect.

— Je n'ai jamais entendu mon père parler du progrès, intervint Huan, mais si cela permet aux marchandises d'arriver plus vite à la boutique, je parie qu'il est pour.

— Mes parents ne pensent pas à ce genre de chose…, dit Marie tristement. Seulement à nourrir leur famille.

Et elle tapa du pied, de rage.

— Qu'est-ce qui t'arrive, Marie, c'est parce que j'ai laissé le papier dans le phare ?

— Ça et… autre chose.

Elle leur raconta qu'à la fin de l'année, elle devrait quitter l'école pour travailler.

— Mais j'ai bien l'intention de terminer ma scolarité avec les meilleures notes de ma vie ! déclara-t-elle fièrement.

CHAPITRE 17

THÉ AVEC LE CAPITAINE NEMO

Ils n'avaient pas vu le capitaine depuis l'après-midi du naufrage dans le port. Aussi, en sortant du collège, ils partirent à sa recherche. Il n'était pas sur le quai, mais le marin de garde du *Nautilus* leur dit qu'ils le trouveraient à son hôtel.

C'était le plus bel hôtel de la ville, celui dans lequel séjournaient les princes étrangers, les ministres et les grands artistes. Jules et Caroline y étaient déjà allés avec leurs parents, pour prendre le goûter ou célébrer quelque chose. Huan et

Marie n'y avaient jamais mis les pieds, ni dans aucun autre hôtel d'ailleurs.

— Revenons un autre jour, quand le capitaine sera sur le quai, proposa Marie.

Ils se tenaient sur le trottoir d'en face et elle se sentait très intimidée. Le portier ne les laisserait jamais passer.

— Moi je veux y aller ! dit Huan, qui s'imaginait déjà raconter à ses parents qu'il avait fait affaire avec un homme très important dans un hôtel luxueux.

Jules et Caroline n'étaient pas très sûrs non plus que le portier autorise ainsi quatre enfants à entrer, mais ils n'avaient pas l'intention de renoncer. Après avoir convaincu Marie, ils traversèrent la rue.

Le portier, naturellement, les arrêta.

— Hé ! où allez-vous, comme ça ?

— Bonjour, monsieur, nous venons rendre visite au capitaine Nemo, répondit Caroline avec son meilleur sourire.

L'homme scruta avec attention ces jeunes gens en uniforme d'écoliers.

— Et peut-on savoir pourquoi vous voulez le voir ?

— C'est une affaire de la plus haute importance, dit Jules. S'il vous plaît, pouvez-vous l'avertir que Jules Verne et ses amis l'attendent dehors ?

« Le plus probable, se dit le portier, c'est que ces enfants ont entendu parler du célèbre capitaine et veulent lui demander un autographe. » Son travail de portier consistait, entre autres, à éloigner les curieux. Mais le ton sérieux du garçon l'avait impressionné et il ne voulait pas commettre d'impair. Il appela un groom et le chargea d'informer le capitaine de la présence d'un certain « jeune M. Verne ».

Le groom ne tarda pas à revenir et, depuis l'intérieur, il fit un geste affirmatif au portier, qui les laissa passer et leur ouvrit même la porte. Ils pénétrèrent dans un vestibule immense, très haut de plafond, aux murs de marbre et au grand lustre de verre. Le groom leur demanda de le suivre dans un salon.

— Si ça se trouve, dans quelques mois, je travaillerai ici en uniforme et petit chapeau, plaisanta Marie. Par contre, je dirai au portier de ne pas vous laisser entrer, vous vous attirez toujours des ennuis.

Le capitaine, occupé à lire le journal, se leva et les salua comme des adultes, serrant la main des garçons et baisant celles des filles. Cela les mit plus à l'aise. Huan fit très attention au baisemain pour pouvoir le reproduire. Dans son nouveau rôle de héros, il devrait se comporter en parfait gentleman.

Ils prirent place dans des fauteuils et on leur apporta du thé et des gâteaux secs. Huan les dévora tous.

— Quelle est cette affaire si urgente ? demanda Nemo.

— J'ai dit que c'était urgent pour que le portier nous laisse passer, avoua Jules. En réalité, on voulait vous raconter que nous sommes allés au phare vérifier si l'histoire du fantôme était vraie.

— Et elle l'est ?

— Non ! s'exclama Caroline.

— Alors il n'y avait personne dans le phare ?

— Si, un pauvre homme, répondit Marie.

— Excusez-moi, je ne comprends rien.

Jules lui expliqua, mais il commença par sa théorie des spectres comme concentration d'énergie lumineuse, puis il expliqua le fonctionnement de son appareil à photo-grapher les fantômes. Il poursuivit avec l'excursion au phare et les dangers qu'ils avaient courus. À ce moment de l'histoire, ils durent faire taire Huan, qui le coupait à chaque instant pour introduire des luttes imaginaires contre le fantôme.

La confession de l'homme au masque fit ouvrir de grands yeux au capitaine, qui reconstitua rapidement le puzzle.

— Je vous félicite, vous avez momentanément rendu impossible l'approvisionnement en gallium. Mais si on ne fait rien, ils imagineront un autre système pour s'en procurer.

— Le problème, c'est qu'on n'a aucune preuve, se lamenta Jules.

— Voilà votre nouvel objectif à partir de maintenant : en obtenir.

— M. Mathieu nous surveille tout le temps, objecta Caroline. Et il se peut qu'il ait des complices dans nos propres familles…

— Ton père ? devina le capitaine. Une fois, tu m'as raconté que tu l'avais vu parler en secret à ce M. Mathieu.

— Oui…

— Et si vous en profitiez pour les surveiller à votre tour ? Peut-être trouverez-vous des preuves pour les inculper. Cela fait un moment que je tente de convaincre les autorités de l'existence d'un ordre opposé au progrès dont le siège se trouve précisément ici, à Nantes. Jusqu'à maintenant, on ne m'avait guère prêté attention, mais depuis l'explosion du bateau à vapeur, j'ai l'impression qu'on est davantage disposé à m'écouter.

Ils sortirent de l'hôtel le moral regonflé à bloc. Discuter avec le capitaine Nemo les faisait se sentir moins seuls, dans un monde qui semblait ligué contre eux. Un jour, M. Mathieu se trahirait et leur livrerait une preuve irréfutable.

À la porte, Huan salua le portier comme un amiral son moussaillon.

CHAPITRE 18

DES CÂLINS DEBOUT. ADIEU, RICHESSE !

Durant les deux semaines qui suivirent, l'effervescence revint dans l'arrière-boutique de M. Shian : Jules avait eu une nouvelle idée. Il n'était pas satisfait de son réconforteur ; il avait l'impression qu'il ne répondait pas complètement au besoin d'affection des personnes âgées.

L'idée lui était venue lorsqu'il avait aperçu dans un coin de la remise un vieux mannequin dont M. Shian voulait se débarrasser. Un jour, en pleine réunion des Aventuriers du XXIe siècle,

Jules se leva de sa caisse, se dirigea droit sur le mannequin et l'enlaça.

— Ce n'est qu'un pantin, Jules, pas un nouveau membre du club, le taquina Caroline.

— Il est devenu fou, ajouta Marie.

Le garçon s'écarta un peu du mannequin puis vint l'enlacer à nouveau, cette fois en collant son visage contre sa poitrine – d'abord une joue, puis l'autre.

— Il est amoureux de lui, reprit Marie.

— Et si on les laissait seuls ? Je me sens toujours mal face à un jeune couple.

Le cousin de Caroline ne les entendait même pas. Il s'écarta de deux pas, dévisagea le pantin et recula encore. Là, il se mit à marcher vers lui.

— Cher monsieur Untel ! lança-t-il comme s'il venait de rencontrer quelqu'un dans la rue.

Il lui donna quelques tapes dans le dos.

— Maintenant ce n'est plus sa fiancée, mais un ami qu'il n'a pas vu depuis longtemps, clarifia Marie.

— Ça suffit, Jules ! Tu peux nous dire ce que tu fabriques ?

Le réconforteur seconde génération s'utiliserait debout et aurait un bouton central pour choisir entre deux options : câlin maternel ou tape amicale. Avec la première, la machine serrerait affectueusement la personne dans ses bras quand celle-ci s'approcherait et poserait sa tête sur son épaule ; avec la seconde, l'accolade serait plus vigoureuse et la machine rendrait les tapes dans le dos qu'on lui donnerait. Voilà ce que leur expliqua Jules. Pour eux, ce fut plutôt « câlins de fiancée » et « accolades avec M. Untel ».

— Appelez-les comme vous voudrez, se résigna Jules, mais seulement entre nous, pas à l'hospice. Est-ce que vous m'aiderez ?

Cet après-midi-là, ils dressèrent la liste du matériel, et le lendemain, ils vidèrent l'intérieur du mannequin pour y installer les mécanismes.

C'était la machine la plus sophistiquée qu'ils aient jamais construite ; Jules se rendit bientôt compte qu'ils n'étaient pas assez habiles pour façonner certaines pièces. Il se rappela alors la proposition des anciens ouvriers pensionnaires de l'hospice. Un jour, il accompagna Marie pour leur parler. Les vieillards furent ravis de se montrer utiles et acceptèrent de fabriquer les pièces dessinées par Jules sans demander à quoi elles serviraient. Jules voulait que sa machine soit une surprise pour tout le monde.

Une fois terminée, les amis l'essayèrent à de nombreuses reprises, jusqu'à être certains qu'elle n'aurait pas de défaillance, comme cela s'était produit avec le premier réconforteur. L'apporter à l'hospice leur fit de la peine ; ce « M. Untel » faisait presque partie du club.

Les résidents reçurent avec bonheur le mannequin et, après le premier câlin, ils se placèrent en file indienne.

— Elle m'embrasse comme m'embrassait ma sœur, se réjouit une femme.

— C'est ainsi que mon meilleur ami de l'armée me saluait, affirma un vieillard.

Les anciens ouvriers étaient très fiers et demandèrent à Jules quels autres engins il avait à l'esprit.

Malheureusement pour les quatre amis, la vieille aux grosses lèvres leur colla à nouveau un baiser baveux sur la joue.

Cette fois, cependant, il n'y eut pas de gâteaux pour célébrer la nouvelle invention. Les réserves de la Charité Nantaise étaient quasiment épuisées, et ce depuis plusieurs semaines. Les sœurs pouvaient à peine nourrir les résidents et avaient interrompu la distribution aux vagabonds de la ville.

RÉCONFORTEUR N° 2

1. BOUTON DE SÉLECTION
2. MÉCANISME CÂLIN MATERNEL
3. MÉCANISME TAPES DANS LE DOS

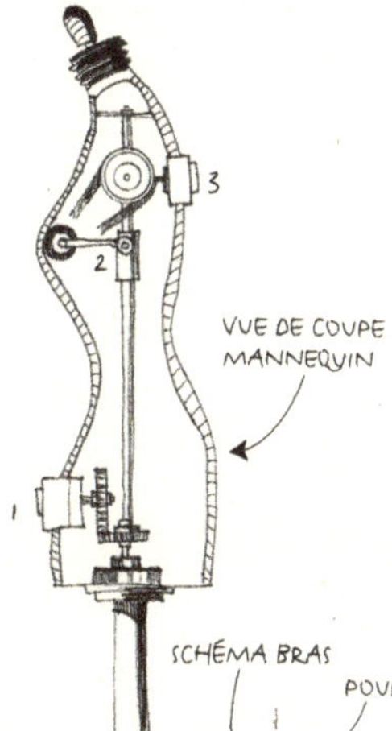

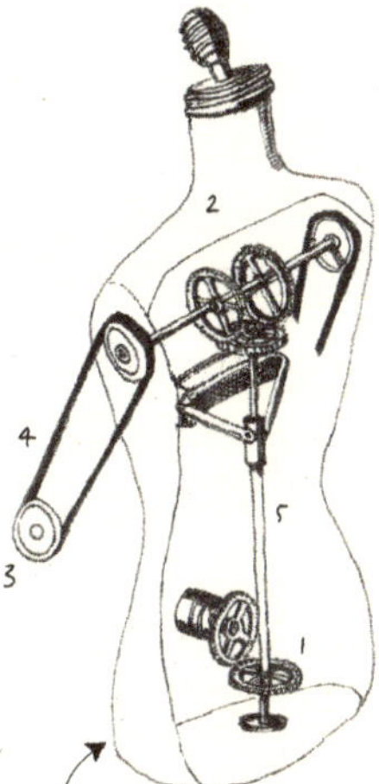

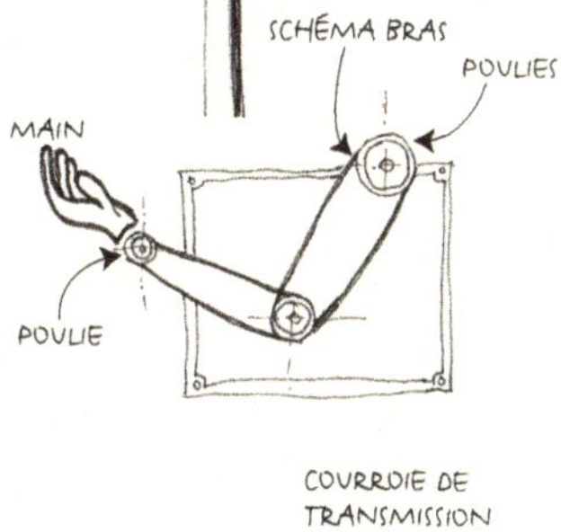

INTÉRIEUR RÉCONFORTEUR :

1. ENGRENAGE MOTEUR
2. ENGRENAGES BRAS
3. POULIES
4. COURROIE TRANSMISSION MOUVEMENT
5. AXE PRINCIPAL

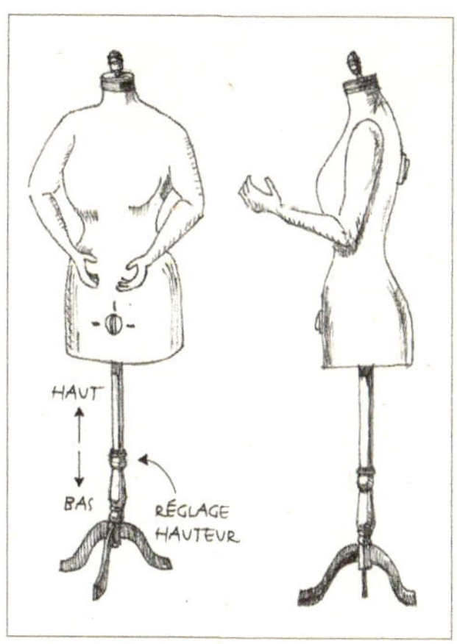

Marie n'avait pas oublié la situation de l'hospice. Elle avait vu de ses propres yeux les rations diminuer. C'est pour cela qu'elle avait exigé que le fantôme leur donne la récompense perçue pour tuer Jules. Elle leur appartenait à eux quatre, bien sûr, et sans doute plus à Jules qu'à aucun autre, mais elle voulait en faire don à la Charité Nantaise et elle en parla à ses amis. S'ils refusaient, ils la partageraient et elle donnerait sa part aux sœurs.

Huan, qui avait pensé employer cet argent pour débuter la fabrication en série des inventions qui les rendraient riches, n'osa pas dire non – cela l'aurait fait passer pour un avare. « Adieu, richesse », songea-t-il.

Jules ne s'y opposa pas non plus. Pour rien au monde il ne voulait profiter de l'argent qui avait servi à monnayer son assassinat.

— Marie, avec cet argent, ta famille s'en sortirait sans que tu aies besoin de travailler et tu pourrais rester au collège avec nous, objecta Caroline.

— Je le sais, mais l'hospice en a plus besoin.

Ils ne discutèrent pas davantage. Ils donneraient l'argent quand ils apporteraient le mannequin à la Charité Nantaise.

Ce qu'ils firent, discrètement. Marie prit à part la mère supérieure et lui tendit la bourse remplie de pièces de monnaie. Devant l'air interrogateur de la religieuse, elle dit que c'était le don de quelqu'un qui préférait rester anonyme.

— Remercie de tout cœur cette personne, ma fille. C'est un miracle.

CHAPITRE 19

ON NE JOUE PAS AVEC LES ESPRITS

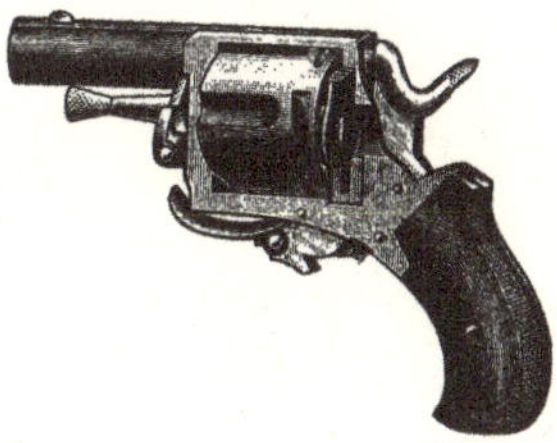

S'ils ne pouvaient pas mettre Claude Mathieu derrière les verrous, là où il aurait dû être, ils pouvaient au moins se venger.

Pour mener à bien leur plan, ils durent faire une autre excursion jusqu'au phare. Cette fois, le capitaine Nemo avait mis à leur disposition son fiacre et ils firent l'aller-retour en un après-midi. Ils attendirent ensuite le moment idéal où le directeur resterait dans son bureau après les cours.

Enfin, un jour, l'occasion se présenta. La nuit tombait déjà et la lumière s'alluma dans le bureau du directeur. Il allait donc continuer à travailler. C'était tout ce qu'ils avaient besoin de savoir. Ils montèrent en silence à l'étage supérieur et mirent en place leur matériel.

D'abord, ils firent traîner une lourde chaîne sur le sol. Le bruit métallique devait s'entendre dans tout le bâtiment, jusque dans le bureau de M. Mathieu.

Quelques secondes plus tard, le directeur entrouvrit sa porte. Il était à l'affût, sans doute son pistolet à la main. Ils traînèrent à nouveau la chaîne et la porte s'ouvrit en grand. M. Mathieu sortit dans le couloir.

Il ne vit rien sur quoi tirer, à part une ombre monstrueuse qui remuait sur le mur, entourée d'un halo de lumière surnaturel. Il se figea, les yeux exorbités. Mais le pire était à venir. Une voix d'outre-tombe murmura :

— On ne jouuue pas avec les espriiits, Claude… tu nous le paieraaas…

Les enfants virent les jambes et les bras du directeur vaciller.

— Vieeens, Claude…

Le vaillant chevalier de l'ordre du heaume doré s'enfuit à toutes jambes, ils entendirent bientôt ses pas sur le gravier. Il n'avait même pas fermé la porte.

Les Aventuriers rirent aux éclats.

— On devient de plus en plus forts, pas vrai ?

Cet ouvrage a été composé
PCA - 44400 REZÉ

PKJ• www.pocketjeunesse.fr
POCKET JEUNESSE

MIXTE
Papier issu de
sources responsables
FSC® C003309
FSC www.fsc.org

Pocket Jeunesse, une marque d'Univers Poche,
est un éditeur qui s'engage pour
la préservation de son environnement
et qui utilise du papier fabriqué à partir
de bois provenant de forêts gérées
de manière responsable.

Imprimé en France par EPAC Technologies
N° d'impression : 4550414329320
Dépôt légal : novembre 2016